새로운 한중관계를 모색한다

한중관계의 오해와 진실

새로운 한중관계를 모색한다

한중관계의
오해와 진실

김승일 지음

경지출판사
Kyungji Wisdom China

이 책을 읽는 분에게

한중관계의 역사는 수천 년 동안 이루어졌고, 그러한 오랜 시간을 지나면서 여러 사안들도 발생했지만, 서로의 보호와 협조 아래 세계에서도 몇 안 되는 오랜 역사를 지닌 국가로써 오늘날까지 존재하고 있는 매우 드문 교류관계를 지니고 있다. 그런데 이러한 고귀한 역사가 근대화 과정에서 제국주의국가의 침략에 휘둘려 자칫 국가의 존망을 가름해야 하는 벼랑 끝 상황으로 치닫게 되면서, 절대 절명의 위기를 극복해야 하는 운명 속에서 한중 양국은 약 100여 년 동안 소원해 지는 시기도 가져야 했다. 하지만 오늘에 이르러서는 이러한 수난을 모두 극복하고 다시 과거처럼 양국이 좋은 협력관계를 회복하고자 노력하고 있다는 것은 주지의 사실이다. 인간의 인생역정처럼 국가도 수많은 굴곡과 역경을 거치면서 발전하기 마련이다. 그리고 이러한 역경을 이겨내기 위해서는 자신이 의지할 수 있는 기둥이 있어야 하는 것처럼 국가도 어려울 때 기댈 수 있는 협력 국이 필요한 것이다. 그러나 이런 점에서 한국이 중국에 협력해 줄 수 있었던 것보다는 중국이 한국을 지원 협조해준 사례가 훨씬 크다고 할 수 있다. 그렇게 된 원인에는 중국이 중화문화권인 동아시아세계를 자신들의 통치방식에 의해 지배해왔다는 점에서 책임감을 가져야 했기에 그렇게 하지 않으면 안 되었다고 하는 당위론을 말할 수도 있지만, 문화적, 경제적, 군사적 우위에 있었던 위치에서 주변국 상황을 헤아리고 그들을 이끌어 나가야 했던 덕치

(德治)를 이념으로 한 통치국 입장에서 보면, 그렇게 하는 것이 자연스런 발로였을 것이라고 하는 인식이 중국을 연구하는 학자들의 공통된 시각이라고 하겠다.

그러나 문제는 과거의 상황은 그렇다 치더라고 향후 미래지향적인 한중관계를 어떻게 지속시켜 나가야 할 것인가를 생각해 보지 않을 수 없는 환경이 눈앞에 도래해 있다는 점이다. 그것은 한중 양국만의 문제를 넘어 세계 모든 지역에서의 공동적 발전, 평화와 안정 등이 근대 이후 지금까지 행해져 온 구미적 국제협력 시스템만으로는 치유될 수 없다는 점이 공감되고 있고, 이를 대신할 수 있는 대안으로서 전통적인 동아시아의 유기적 시스템(본서 내용 참조)이 대두되고 있기 때문이다. 그렇기 때문에 어떻게 과거의 우호협력 관계를 미래에 적용시킬 수 있을까 하는 방법을 찾아내는 것이 앞으로 우리들이 해결해 내야 할 중대 과제인 것이다.

따라서 본서는 이러한 문제에 대한 접근 방식의 일환으로서 과거와 현재의 한중관계의 진면목이 무엇이었는지를 찾아보고자 시도한 책이라 할 수 있다. 물론 학술적으로만 접근할 수 없는 대중 서라는 점에서 보다 깊은 분석은 피했지만, 그래도 개괄적으로 나마 한중 양국의 독자들이 이러한 한중관계의 진실을 이해할 수 있는 시발점으로 작용할 수만 있다면 저자로서는 더 이상 바랄 것이 없다고 하겠다.

최근에 불거지고 있는 동아시아에서의 영토문제, 자원문제, 역사인식문제, 군사력 확대 문제 등으로 자칫 과거의 우호협력 관계를 되돌릴 수 없게 되는 것은 아닌지 하는 노파심도 가져보지만, 지정학적인 측면, 경제적 측면, 국제관계적 측면 등에서 본다면 이 문제를 도외시 할 수 없는 숙명적인 처지에 놓여 있다는 점을 인식해야 할 것이다. 다시 말해서 과거의 안정되고 공생과 화해(和諧)를 추구하는 가운데 수천 년 동안의 우호협력 관계를 유지해 올 수 있게 했던 진실이 어떤 것이었는지를 생각해 보는 계기를 만들어, 다시 한 번 동아시아세계의 유기적 교류관계를 회복하여 인류의 화해와 공생에 공헌할 수 있는 기대를 가져보자는 것이다.

　이 책을 쓸 수 있었던 것은 한국, 대만, 일본에서 역사학을 전공하고, 미국과 중국 등 여러 지역을 왕래하며 조사와 연구생활을 해온 경험이 그 토대가 되었다고 할 수 있다. 그러나 시간과 공간상에서의 제약으로 말미암아 미진한 부분이 분명히 있을 것이라고 생각되지만, 한중관계를 21세기 시점에 맞춰 새로이 보면서 미래지향적으로 동아시아세계만의 협력관계 회복만이 아니라, 세계 각 지역과의 협력관계로까지 확대 전개되어 나갈 수 있는 계기가 될 수 있는 장이 되기를 고대해 본다. 이러한 점을 더욱 수정 보완해 갈 수 있도록 독자들의 따끔한 질책과 지도편달을 바라는 바이다.

지은이
2014년 4월 1일

제1장

한국인이 본
중국의 가치관

우리 동아시아인 품덕의 원천이며 기본이 되어 온 중국의 전통 가치관이 거시적으로 어떻게 생성되게 되었고, 시대가 전개 되는 과정에서 그 의미가 어떻게 변천되어 왔으며, 또 오늘날과 같은 시대 속에서 어떻게 피어올라야 인류의 화해와 공생에 도움이 되는지를 살펴보는 것은, 향후 인류의 평화적인 발전을 모색하는데 있어서 반드시 필요한 공통점을 찾아내는 배경이 될 수 있기 때문에 매우 중요한 일이라고 여겨진다.

1. 중국의 전통가치와 현대세계

1) 교화(教化)적 문화이념을 전파해온 중국

서양학계에서 제출된 20세기 말의 통계에 의하면 동양의 학문에 대해서 관심을 가지고 연구하는 학자는 전체 서양 학자들 중 10%에도 미치지 못한다고 했다. 그러나 최근의 통계에 의하면 그 비율이 30%까지 증가하고 있다고 한다. 통계에 대한 신뢰성이야 어찌되었든 간에 서양인들이 동양에 대해서 관심이 높아지고 있다는 점은 곧 그들의 우월주의가 많이 축소되어 가고 있음을 알게 해준다. 그런데 그들 서양 학자들이 대부분 주목하는 분야는 또한 통계에 의하면 경제와 정치 분야에 편중되어 있음을 알 수 있다. 물론 역사 문화 분야에 대해 관심을 갖고 있는 학자들도 더러 있기는 하지만, 그러한 그들 중에서 동양인의 행동양식 및 정신 구조를 파악하는데 필요한 동양인의 가치관에 대해서 관심을 가지고 있는 학자는 매우 적다는 사실도 또한 알게 해준다. 어쩌면 이들 서양 학자들과 마찬가지로 우리 동양인들도 우리 자신이 가지고 있는 가치관의 우월성과 그 내력에 대해 아는 이들이 많지 않을지도 모른다. 그것은 관심이 없어서라기보다 우리 스스로가 가지고 있는 가치관이고, 동시에 자연적으로 문화전통 속에서 동화되면서 정립되어 진 것이라고 생각하기 때문이 아닐까 생각된다.

그렇지만 우리는 물론이고 서양인들도 동양적인 가치관의 진수를 이해해야 할 이유는 반드시 있는 것이다. 그것은 19세기 이래 세계를 지배해온 서양인들의 제국주의적 사고로서는 더 이상 인류의 화해와 공생을 실현할 수 있을 가능성이 희박하다는 점이 이제 누구나 인지하고 있는 사실이 되었기 때문이다. 여전히 패권주의라는 말이 쓰여 지고는 있지만, 이제 패권주의를 말하는 시대는 완전히 지나갔다고 보여 진다. 몇 년 전 튀니지에서 발발한 자스민운동이 요원의 불길이 되어 전 세계의 민주화운동에 불을 집혔다는 것은 바로 이러한 사실을 증명해 주는 것이라고 할 수 있다. 그동안 의식 있는 동아시아 몇몇 나라에서만 이루어지고 있던 민주화운동이 이제 세계적으로 확대되어 가고 있다는 사실은 더 이상 제국주의, 혹은 패권주의가 걸어 온 비민주적 행태를 그대로 방관하고만 있지는 않겠다는 전 인류의 의지의 표현으로도 볼 수 있기 때문이다.

이러한 때에 수 천 년의 역사 속에서 꽃 피워온 중국의 가치관 곧 동아시아의 가치관은 오늘날 이루어지고 있는 경제적, 정치적, 사회적 발전을 통해 보더라도 그 가치가 얼마나 참 된 것인지를 잘 설명해 주고 있다고 할 수 있을 것이다. 그렇기 때문에 우리 동아시아인 품덕의 원천이며 기본이 되어 온 중국의 전통 가치관이 거시적으로 어떻게 생성되게 되었고, 시대가 전개 되는 과정에서 그 의미가 어떻게 변천되어 왔으며, 또 오늘날과 같은 시대 속에서 어떻게 피어올라야 인류의 화해와 공생에 도움이 되는지를 살펴보는 것은, 향후 인류의 평화적인 발전을 모색하는데 있어서 반드시 필요한 공통점을 찾아내는 배경이 될 수 있기 때문에 매우 중요한 일이라고 여겨진다.

동시에 미시적으로는 한중 양국의 밀접성과 공통성, 그리고 미래 동반자로서의 필연적, 운명적 관계를 살펴보는 것은 21세기 세계적 중심 지역으로서의 역할이 가능할 수 있는지를 가늠해 보는 중요한 바로미터가 될 것이고, 그러한 가치의 중요성이 현대세계에서 어떠한 의미를 지니고 있는지를 알리는 계기가 될 것으로 본다.

이러한 중국의 전통가치관은 후한 말, 3국, 남북조, 당말오대, 청말민

초 등에 나타난 분열시대와 북방민족을 위주로 한 이민족 지배인 정복왕조 시대를 경험하면서, 또 지리적, 역사적, 민족적, 언어적 면에서 일치성이 없음에도 불구하고 진시황의 천하 통일 이래 2천년 이상이 지난 오늘에 이르기까지 하나의 중국이 지속되어 온 원천이었던 것이다.

이러한 가치관을 통해 "중국은 오직 하나"라고만 생각하는 문화정서가 나타나게 되었는데, 다른 국가 즉 한국, 일본, 독일, 이탈리아, 프랑스 등도 하나의 국가이기는 하나 이들의 하나라는 국가적 개념은 세계사에서 나타난 국민주의가 배경이 되어 나타난 것으로 19세기 이후에야 비로소 나타난 개념이었던 데 비해, 중국은 2천 수 백 년 전부터 이러한 생각이 계속되어 왔다고 하는데 차이가 있다. 즉 "중국은 오직 하나"라는 의식은 역사적이고, 전통화된 것이었다. 이는 『시경(詩經)』과 『초사(楚辭)』, 『논어』와 『맹자』 이래 중국고전을 우선으로 해온 중국문화의 대 전통이 뒷받침 되어 왔기 때문에 가능했던 것이다.

그러면 이러한 중국문화 대전통의 본질은 어떠한 것인가? 그것은 한마디로 말해 왕조의 교체, 이민족에 의한 피정복, 격렬한 문화의 파괴시기를 경험하면서 생겨난 강력한 중화민족의 복원력(復元力)이라고도 할 수 있다. 이를 통해 중국은 항구적인 지속성을 가지면서 오늘에 이르고 있는 것이다.

에드윈 라이샤워(Edwin Oldfather Reischauer), 페어뱅크(John King Fairbank) 등 미국의 학자들은 "송 이후 거란, 여진, 몽골, 만주족들에 의한 「정복왕조」가 일어나 중국본토를 정복하여 이민족이 황제와 지배 상층에 있었어도, 중국의 정치적 통일은 계속되었고, 민중은 이적(夷狄)의 천자를 받아들였으며, 국호도 요, 금, 원, 청이라는 중국풍으로 지어졌다. 나아가 문화와 사회의 조직도 전일성적(全一性的)이었고, 침략자들도 중화민중도 그 문화적 전통의 전승을 이으려고 노력했다"고 평했다.[1]

---

1. 라이샤워, 페어뱅크 공저, 『동아시아 : 위대한 전통(East Asia : The Great Tradition)』, 하버드대출

한편 경제학자 힉스(Sir John Richard Hicks)는 중국의 「문신관료제(文臣官僚制)」의 성과 때문에 이러한 전통이 이어질 수 있었다고 주장했는데, 이러한 면을 뒷받침 해주는 감찰제도(문무의 분리를 포함해서), 승진제도, 신인등용제도 등의 비밀제도가 있었기에 가능했다고 보았다.[2] 이러한 나라는 역사상 중국 외에 이집트가 있었다고 했는데, 이러한 시각은 막스 베버 이래 경제학의 정설이 되고 있다.

이에 대해 신 마르크스주의 입장의 영국 경제사가 마크 엘빈은 농업 경제사 측면에서 「고위균형(高位均衡)의 함정론(陷穽論)」을 통해 중국의 문화적 대전통을 분석했는데, 즉 「고위(高位)」란 중국의 경제가 자원, 특히 토지로부터 대단히 높은 생산성을 가져오게 하였는데, 그 원인은 예전부터 발달된 전통기술을 사용해서 많이 개량되었다는 수준을 말하는 것이었다. 다시 말해서 19세기 이전에는 외국으로부터의 기술 이입이 전혀 없었는데 이는 농업뿐만이 아니라 견(絹). 목면(木棉) 등 직물업(織物業), 도자기 등의 요업(窯業), 건축, 토목, 조선, 제철 등 기타 모든 공업에 있어서, 또 회화, 조각, 서예, 공예 등 예술에서도 같은 상황이었다고 했다. 비록 불교도나 16. 17세기 예수회 선교사들에 의한 기술이 들어오기는 했었으나 그다지 큰 의미는 없었다고도 했다. 「균형」이라는 것은 중국 경제에서 인구의 수요가 아주 적절히 배합되는 상황을 의미하는 것이었다. 그러나 「균형」의 기저에는 경제가 기술이 생성해 내는 최대생산량이 인구의 생존을 간신히 지탱해주었다는 의미가 있었다. 따라서 이 균형점에 도달하게 되면 될수록 인구 1인당 이용할 수 있는 잉여는 점점 감소하게 되어 생산될 수 있는 잠재적인 잉여는 가장 훌륭한 방법으로 이를 지탱하려고 해도 감소해 가게 마련이었다는 것이었다. 그렇기 때문에 역대 중국정부는 만약에 인구가 이 균형점을 넘으려고

판회, 1960.

2. 「힉스전집」, 케임브리지대학출판사, 1982.

한다면 인구성장을 억제시켜 이 균형점이 그 이하로 내려가게 하였다고 했다. 「함정」은 근대기술이 사용되지 않는 한 전통기술만 가지고는 균형점을 넘을 수 있는 잠재 잉여를 가져올 수 없다고 하는 한계성을 의미한다고 하면서 이 「함정」은 장기적인 인구, 기술, 자원의 평형이 달성된 정점에서 나타난다고 하였다.[3]

엘빈은 중국이 19세기에 이미 이 함정에 빠져들어 있었다고 했지만 중국인들이 과거에 항상적으로 기술혁신을 위해 긴박감을 가지고 생활했던 춘추시대, 송대 등 2시대의 변혁을 가져오게 했던 실적을 예로 들면서 근대화에 필요한 과학기술을 극복해서 이를 발휘하기 시작한다면 분명히 신속한 시기에 이 함정에서 빠져나올 수 있다고 보았다.

이러한 중국 역사발전에 있어서 중국문화의 역할을 보는 견해가 비록 그것이 사회의 다른 분야, 즉 시민의식, 사회의 가치관, 정치문화 등에 대해 충분한 설명은 없었지만, 현대 중국의 발전상황을 보면 탁월한 견해였음을 인정하지 않을 수 없는 것이다.

중국어에서 문화의 의미는 "무(武) 혹은 형벌(刑罰) 등의 폭력, 위력을 사용하지 않고 인민을 복종시키는 것"이다. 다시 말해서 인민을 교화(敎化)시킨다는 의미로서, 영미의 'Culture', 독일의 'Kultur'라는 말이 번역되어 현재 우리가 쓰고 있는 문화(나아가서는 문명)와는 큰 차이가 있다. 현재 우리가 생각하는 문화라는 개념은 문명보다 가벼운 의미로 해석하고 있는데, 중국에서 말하는 문화의 의미는 이러한 문화적 개념보다 상당히 무거운 의미를 가지고 있다. 이러한 중국문화의 본질을 대변할 수 있는 것으로 한자와 한문, 황제제도, 율령제도, 유교사상, 대승불교 등을 들 수가 있다.

이러한 중국문화는 동아시아문화의 영양소가 되었는데, 이는 3중 4중의 동심원적(同心円的) 수여관계(授與關係)를 이루며 동아시아세계에

---

3. 마크 엘빈, 『중국역사의 발전형태』, 서울, 신서원, 1989.

"덕화(德化)" "교화(敎化)"라는 형태로써 확대되어 보편화 되어졌던 것이다. 그러한 확연(擴延)해 나간 구조형태는 "황제→신하→서민", "중앙→지방", "중국→외국"이라는 형식이었다.

그러한 중국문화는 어떤 시기 어느 지역에서도 자신들만의 중국사회(차이나타운)를 만들고, 당해 지역 사람들에게 자신들의 문화를 받아들이게 했다. 이러한 "중국문화의 대 전통" 속에는 자신들이 창출해 낸 고급문화를 주변에 전달하는 시스템을 통해 주변국을 교화시켰고, 이를 바탕으로 하여 화해와 공생을 추구하는 덕치를 펼침으로서 장기간 상호협력하는 우호관계 네트워크를 만들어 주변국과 함께 수천 년의 역사를 지속시켜 올 수 있게 했던 것이다.

2) 동아시아에 대한 서양의 시각 변화와 동아시아인의 대처

폴 베이로츠(Paul. 1930-99)는 세계경제사의 심각한 오류를 바로 잡은 학자로서, 그는 서양의 동양 지배가 근대부터 시작됐다는 종래의 신화를 깨고, 19세기까지도 동아시아가 세계 경제의 중심이었음을 증명해 냈다. 그가 제시한 전 세계 총생산(GNP)의 통계를 보면, 1750년대말 전 세계의 총생산(GNP)은 1,550억 달러(1960년 달러가치 기준)였는데, 그 중 77%인 1,200억 달러가 아사아의 몫이었다고 했다. 또 1860년의 전 세계 총생산(GNP)이 2,800억 달러였는데, 60%인 1,650억 달러가 일본을 제외한 동아시아의 몫이었다고 했다. 그가 제시한 1인당 총생산은 1800년에는 중국이 228달러였고, 영국과 프랑스가 각각 150달러와 200달러로 중국이 영국과 프랑스보다 높았다고 했다.[4]

1400-1800년 사이는 서양의 팽창 기간이었는데, 안드레 프랑크는 그

---

4. 『중앙일보』, 2012년 8월 24일자, 「김영희(金英熙)칼럼」 참조.

의 저서, 『ReOrient(동아시아의 재부상)』[5]에서 "이 기간도 세계는 동아시아의 지배하에 있었다"고 했다. 물론 그 주역은 중국이었다. 그러한 물질적 풍요로움이 유물론을 배제케 하고 유식론에 빠져들게 한 원인이 되었는지는 몰라도 동아시아 지식인들의 인식론은 문명과학론을 도외시 하게 하는 바람에 서양세계에 그 선두자리를 빼앗기고 말았다는 것이다.

그러나 오늘날의 학자들은 다시 동아시아를 주목하기 시작했고, 21세기는 동아시아의 시대가 될 것이라고 점치고 있다. 다시 말해서 19세기 서양에 빼앗겼던 패권을 동아시아가 다시 되찾을 것이라고 예견하고 있는 것이다. 그 주요 추진 세력이란 중국, 한국, 대만, 홍콩, 싱가포르 등 소위 동아시아의 큰 용과 작은 용들로서, 이들의 비약적인 발전에 의해 미국 오바바 정부를 비롯한 구미제국들과 19세기 이래 서양 행세를 해온 일본을 동아시아로 회귀시키고 있는 것이다.

그 때문에 21세기에 들어서면서부터 이러한 동아시아 각국의 비약적 발전의 원동력에 대해 서양인들은 어떻게 생각하기에 이처럼 동아시아에 대한 관심을 고조 시키고 있는 것일까 하는 문제가 대두되고 있는 것이다. 그것은 한마디로 말해서 동아시아 각국의 비약적인 발전과정을 바라보면서 지금까지도 갖고 있는 「발전하는 구미지역」과 「뒤처진 아시아」라고 하는 2분법적인 시각을 다시 재고하지 않으면 안 된다고 하는 명제를 구미인들이 갖게 됨으로서 나타난 결과라고 볼 수 있다.[6] 이렇게 된 상황에 대해 부연설명을 한다면 다음과 같다.

현재 동아시아지역에서는 비교적 완만하게 화해(和諧)와 공생(共生)을 도모하려는 차원으로의 시도가 엿보이는 측면도 있지만, 내면적으로는 정치, 군사, 경제적으로 엄청난 변화와 갈등적인 면을 보이고 있는데[7], 이

---

5. Frank, Andre Gunder, 『Reorient : Global Economy in the Asian Age』, California, 2008.

6. 이매뉴얼 월러스틴(Wallerstein, Immanuel), 『자유주의 이후』, 당대총서 7, 서울, 당대출판사, 2000, 참조.

7. 이매뉴얼 월러스틴, 대담, 「21세기 시련과 역사적 선택 - 세계 체제, 동아시아, 그리고 한반도」, 『창작

러한 엄청난 격동의 물결에 대해 구미제국들은 이 지역에 대한 간섭과 통제를 강화할 수 있는 절호의 기회로 여기고 있고, 이에 대응하는 동아시아 각국들은 자신들만의 잣대를 가지고 이들 세력과 연계하면서 서로를 견제하느라 군비를 확충하고 대외 관계에 온 힘을 쏟고 있는 모습을 보이고 있다.[8] 이런 점에서 21세기 국제사회는 동아시아지역의 역동성이 미치는 이해관계 하에 서로가 헤게모니를 장악하기 위해 한중일 삼국을 중심으로 하는 동아시아지역과 미국·유럽공동체 등 세 지역이 서로 경쟁하는 체제를 형성하고 있다고 할 수 있다.[9]

이러한 상황에서 미국은 단일국가적 차원에서 앞으로도 계속적으로 주도권을 행사 할 것이고, 질서변용의 역학적인 법칙성을 유지하면서 단계적으로 실질적 통합을 진행하고 있는 유럽공동체는 미국의 주도권 행사를 견제하고 있다. 그러나 동아시아지역은 이들 지역에 비해 어떤 방향으로 나아갈지조차 예상할 수 없는 유동적이고 파행적인 진행을 하고 있어, 언제 새로운 문제로 인해 운명이 바뀌어 질지 모르는 예측 불능의 상태로 나아가고 있다고 할 수 있다. 다시 말해서 지역공동체를 구성하려는 구상도 없고, 그저 독자적으로 지정학적 조건에 따라 전통적인 세력 균형질서로 회귀하려는 경향만이 두드러지고 있으며, 그러는 가운데 끊임없이 경제적, 군사적, 외교적 면에서 구미지역의 영향을 받고 있는 상황이다.

그러나 다른 한편으로 생각해보면 자신들의 당면한 수많은 어려움 속에서도 엄청난 지출을 감내하면서 동아시아지역에 관심을 집중해야 하는 구미 각국의 불안한 현실을 동아시아 국가들이 역으로 활용하는 측면이 없지 않아 있다는 것이다. 그렇게밖에 될 수 없는 배경은 무엇보다도 구미인 자신들이 이해할 수 없는 정치적·문화적·사회적 구조의 틀

과 비평』 1999년 봄호.

8. 車驍涉, 趙利濟, 金勝一 等著, 『東北亞的和諧與共生』, 北京, 中國人民大學出版社, 2010, 2쪽.

9. 柳莊熙, 『APEC과 신국제질서』, 서울, 나남신서(421), 2005, 참조.

속에서 발전을 구가하고 있는 이들 지역에 대한 미래 예측이 불가능하기 때문이 아닐까 여겨진다.

근대 유럽과 같은 발전 경험을 가지고 있지 못하고, 서로 다른 다양한 문화를 바탕으로 지역적 원리에 의해 살아가면서도 공생을 해왔던 동아시아적 요소가 유럽인들에게는 불가사의한 일로 여겨지는 것은 어쩌면 당연한 일일지도 모른다. 이는 기독교적인 개인주의와 유교적인 가족집단주의라는 단순한 도식만 가지고는 해결할 수 없는 문제이고, 또한 어떤 이론 체계에 의해서도 설명될 수 없는 문제이기 때문이다. 1980년대 동아시아 국가들의 경제발전에 대해 유교적 이론에 의한 체계적인 설명을 많이들 시도해 왔지만, 결국 성공하지 못한 것이 그 좋은 예이다.[10]

이러한 동아시아에 대한 궁극적인 의문은 바로 서구가 아시아를 지배하던 때와 같은 척도 및 수단으로 동아시아지역의 흐름을 바라보아서는 해결점을 찾지 못한다는 말로도 설명될 수 있을 것이다. 따라서 서구적인 요소가 어떤 형태로 전통적 비서구적인 요소와 결합하고 있는가 하는 측면에서의 분석이 오히려 더 설득력 있는 논지가 될 것으로 보여 진다.[11] 이러한 차원의 시각에서 서구사람들이 동아시아지역에 대해 바라보는 견해가 달라지기 시작한 것이고, 그렇기 때문에 지금까지와는 다른 차원에서 관심을 집중하고 있는 것이다.

이러한 상황에서 더욱 더 동아시아지역에 대한 관심을 집중시키게 했던 직접적인 계기는 바로 IMF가 아시아의 금융위기 상황을 점검하기 위해 과거의 GDP(국내총생산) 산정기준을 구매력평가로 변경하면서 새

---

10. 金耀基, 「유가 윤리와 경제 발전 - 막스 베버 학설의 새로운 탐색」, 「동아시아, 문제와 시각」, 서울, 문학과 지성사, 1995. 김승일, 「동아시아 공동체의 전통 이념과 계승발전」, 「21세기 동아시아 협력」, 미래인력연구센터, 1999. 함재봉, 「유교 자본주의 민주주의」, 전통과 현대, 2000.

11. 姜尙中, 1999년 9월 30일-10월 1일, 「'일본의 아시아'와 지역통합」, 「두 세기의 갈림길에서 동아시아를 다시 묻는다」, 서남재단 국제학술대회, 자료집.

로이 작성하여 발표한 「세계경제개황」 때문이었다. 당시 여기에 나타난 경제지표는 지속적 성장을 해 온 동아시아지역이 세계경제에서 점하는 비율이 구 산정방식에 의해서는 1985년에 18%였는데. 새로운 산정방식에 의해 산출된 지표는 1990년에 34%나 되었던 것이다. 이에 대해 선진국이 점하던 비율이 구 산정방식에 의해서는 73%였던 것이 54%로 감소된 사실을 알게 되었던 것이다. 이것은 단지 숫자에 의한 결과가 아니라, GDP를 달러시장의 교환비율로 환산해서 그 나라의 경제력을 규정해 본 결과 달러 교환비율이 대폭적으로 평가절하 되었던 것이 그 주요 원인이었음을 알게 되었던 것이다. 더구나 이러한 문제만이 아니라 국제조직, 특히 원조기관으로부터의 차관을 얻기 위해서 당시까지 각국 정부는 GDP를 가능한 한 낮춰서 보고하는 경향이 강했고, 나아가서는 언더그라운드의 경제활동을 IMF나 세계은행 등이 통계에서 이를 배제함으로써 대부분의 동아시아지역의 경제력이 부당하게 적게 평가되어 왔다는 사실도 알게 되었던 것이다.

이러한 것에 기초해서 세계은행도 동아시아지역의 잠재력에 대해 새로이 평가해야 한다는 인식을 갖게 되었고, 이러한 태도 변화는 세계를 주도하던 구미 선진국가들의 동아시아에 대한 인식을 바꾸게 하는 계기를 가져다주었던 것이다.[12] 더구나 최근에 발표되고 있는 통계를 보면서 구미 각국에서는 동아시아지역에서 엄청난 변화가 일어나고 있음을 더욱 절실하게 느끼고 있을 것이라고 예측할 수가 있다.[13] 따라서 현재까지의 "개발도상국은 아시아", "선진국은 구미"이라는 등식이 깨지고 있다는 점을 구미인들이 의식하기 시작한 것이라고 볼 수 있는 것이다.

---

12. The Economist, May, 1993, 15-21쪽.

13. 독일은행이 전망한 2020년 세계경제(GDP)구성 지수를 보면, 미국>중국>인도>일본>독일)영국>프랑스>이탈리아>스페인 등으로 예상하고 있다. 세계은행 수석 부총재 겸 수석경제연구위원 린이푸(林毅夫) 베이징대 교수는 중국의 GDP가 22년 후인 2030년에는 미국의 2.5배가 될 것으로 전망했다. 『서울파이낸스경제』. 2008. 02. 05.

이처럼 동아시아지역의 경제적, 국제정치적 위상은 과거와는 판이하게 다른 양상을 보이고 있는데, 이러한 것들은 얼마 전까지만 해도 유럽인들이 의식조차 하지 못했던 결과였던 것이다. 다시 말해서 그것은 지금까지 자본주의적 사고방식에 의거한 차별적 관념으로만 동아시아지역을 봐왔다는 것을 의미하는 것으로서, 동아시아지역의 독특한 전통적 경영방식에 대해 전혀 관심을 두지도 않았을 뿐만 아니라, 이를 이해하려는 시도조차도 하지 않았었다는 것을 의미하는 것이라 하겠다.

그렇다고 동아시아지역에 문제점이 없다는 것은 아니다. 그것은 여러 국내외적 요인이 복합적으로 깔려 있다고는 하지만 점점 불거지고 있는 한중일 삼국의 영토 및 역사인식의 갈등에서 교류와 협력이 제대로 이루어지지 않고 있다는 점일 것이다. 바로 이것이 21세기 동아시아 시대를 구가하는데 빨간불을 켜게 하는 원인이 되고 있고, 그 원흉이 역사적 반성을 하지 않으려는 일본에 있다는 것은 주지의 사실이다.[14] 일본이 외치고 있는 독도에 대한 영유권 주장은 한반도 통치의 끝자락을 놓지 않겠다는 의도로 보이고 있고, 댜오위다오(釣魚島)를 둘러싼 중일 간의 갈등은 이미 감정싸움의 한계를 넘고 있는 실정이다. 나아가 위안부 문제와 남경학살 등 일제가 저지른 과거의 만행에 대해 일본이 전적으로 부인하고 있는 현실은, 양심을 저버렸던 군국주의적 발상이 아직도 내면에 남아 있다는 사실을 대변해 주고 있다는 점에서 매우 유감스런 일이 아닐 수 없는 것이다.

이러한 한중일 삼국의 갈등은 동아시아 질서의 개편 과정에서 겪는 진통이라고도 할 수 있지만, 3국 나름대로의 계산이 깔려 있음도 부인할 수 없는 실정이다. 즉 중국은 미국 주도의 1국 체제를 미중 양국 체

---

14. 미국 국무부가 2014년 1월 27일 발표한 "2013년 국가별 인권보고서"는 재일한국인을 겨냥한 일본 극구단체들의 혐한(嫌韓)활동을 한국인에 대한 모욕이라고 비판했다. "재일한국인의 특권을 용납하지 않는 모임" 등 극우단체들은 일본 내 한인 타운에서 "한국인을 죽이라" 같은 구호를 외치며 시위를 벌이고 있는데도, 일본 당국은 이런 시위가 표현의 자유라며 방관하고 있다.

제로 바꾸려는 의도가 있고, 일본은 동아시아의 주요국 지위를 중국에 양보하려 하지 않으려는 의도가 있으며, 한국은 균형자로서의 존재감을 높여 3국의 경쟁구도 하에서 주역의 하나가 되고자 하는 것은 아닐까 하는 의구심을 떨칠 수가 없는 것이다. 이러한 모든 계산의 원천에는 한중일 간의 과거사에 대한 감정이 깔려 있기 때문인데, 이러한 과거사에 대한 감정이 치유되지 않는 한 3국간의 협력은 고사하고 지속적인 발전을 위한 안정된 동아시아의 국제환경과 외교질서를 구축하는 데까지도 차질을 가져오고 있는 현실에 대해 이제라도 신속하게 해결책을 강구하지 않으면 안 된다고 생각된다.[15]

옆에서 지켜보고 있는 미국도 이러한 분위기로의 전개가 탐탁하지 않음은 당연한 일이다. 미국은 지금의 동아시아 상황을 바라보면서, 일본이 자신의 안보를 위해 미국에서 멀어질 수 없다는 점을 알고 일본과 협력하면서 중국을 견제할 수 있는 호재로 작용케 할 수 있다는 점에서 좋은 점도 있겠지만, 한일 분규가 중국을 시야에 둔 미국의 한미일 삼각안보협력체 구상에 균열을 가져오게 할 수 있다는 점에서 매우 안 좋은 상황임을 알고 있기 때문이다.

그러나 무엇보다도 걱정이 앞서는 것은 한중간의 관계가 이러한 일에 말려들어가 자칫 나빠질 수도 있다는 염려 때문이다. 2012년 8월 24일은 한중 수교 20주년이 되는 날이었다. 그동안 한중간의 관계는 외형적으로는 성장이 컸으나 내실은 상대적으로 빈약하기 짝이 없었는데, 그것은 교류와 협력이 기능주의적 논리에 기초하여 이루어져 왔기 때문이

---

15. 이러한 역사적 갈등을 해소하기 위한 방편에서 한중일 삼국의 역사학자들이 참여하여 공동 역사교과서를 개발하고자 20세기 말에서 21세기 초에 걸쳐 공동연구를 시도한 적이 있었는데, 비록 형식적인 결과물로서 2005년 『미래를 여는 역사』가 출판되기도 했으나 근현대사를 둘러싼 인식차이로 인해 결국 자국역사를 출판하는 식으로 끝나고 말았다. 이렇게 된 근본적인 동기는 삼국 정부가 공동연구 비용을 지원함으로써 각국 정부의 입김을 무시할 수 없었던 상황 때문이었다고 볼 수 있다. 따라서 정부지원 없이 학자들 간의 자발적인 참여와 공동연구에 의한 성과가 중심이 되어 발행되어야 동아시아 공동역사교과서가 나타날 수 있다고 보여 진다.

었다. 특히 외교 안보 분야에서 낙후 되었는데, 그 원인은 북중 관계와 한미관계에 의해서 굴절되어 졌기 때문이었고, 민간 차원의 공공 외교가 부재했던 데다가 한국 정부의 친미외교 때문이기도 했다. 그러한 가운데서 중국은 한국의 가장 큰 경제협력 파트너로서, 또 한반도의 전쟁 방지와 통일의 중요한 파트너로써 인식되어지기도 했지만, 남북한 통일에 가장 장애물로써 작용할 가능성도 점쳐져 왔기 때문이었다.

　그런 점에서 한중 양국은 현실적 이해관계에 의해서만 교류와 협력문제를 생각하지 말고, 동아시아의 안정적이고 지속적인 발전과 이를 바탕으로 한 세계 인류의 화해와 공생을 실현시킬 수 있는 유일한 파트너라는 거시적 차원에서 서로를 바라보아야 할 것이다. 이를 위해서는 먼저 한중관계의 역사에서 찾아볼 수 있는 유기적 관계가 어떤 것이었는지, 그 성격과 운용시스템에 대해 연구하여 그 도출된 결과를 정립한 다음 이를 바탕으로 비록 향후 나타나는 사안에 따라 이해 관계적 충돌이 나타난다 하더라도 우호적 교류가 지속될 수 있도록 정지작업을 해야 할 것이다. 다시 말해서 과거의 한중관계 속에서 전통 협조주의의 이념을 재 발굴하여 이를 회복시킴으로서 동아시아 나아가 세계의 인류애적 협조주의 네트워크를 구축할 수 있는 기반을 정립해야 하는 시대적 사명이 한중 양국에 있다는 사실을 주지하면서, 한중관계의 역사적 기능과 작용이 다시 한 번 재현될 수 있도록 노력과 기대를 가져야 한다는 점을 이 책을 통해 초보적으로 나마 점쳐보고자 하는 것이다.

2. 중국 전통가치관의 한국적 수용문제

1) 호칭을 통해 본 한국인의 중국·중국인관

고대부터 한국인은 중국의 문화와 사상 등을 들여와 전파시키는 일에 대단한 열정을 가지고 활동을 지속해 왔다. 조선시대에 간행된 3,000여 종의 문집 중에 나타난 모든 지식인들의 마음속에는 중국의 사상과 가치이념에 대해 흠모(欽慕)하는 마음을 표하지 않는 이가 없었다. 한국 성균관(成均館)대학의 진영미(晉永美) 박사는 북경대학에서 3년 동안 객원교수로 재직하면서 1,200여 종에 달하는 한국의 고전번역원이 영인한 조선시대 문집 속에서 한중관계에 관한 내용만을 뽑아내는 작업을 해왔는데, 이는 곧 북경대학출판사에서 출간할 예정이다. 그가 이 문집을 분석하는 가운데 밝혀낸 바에 의하면 조선의 지식인들은 사상문화, 과학기술, 생활방식 등 방면에서 모두 중국의 것을 배우고자 심혈을 기울였다고 밝혔다.

사실 근대이전 중국의 가치이념이 한국에 전래된 주요 경로는 모두가 한국의 사신단, 유학생, 유학승, 한국에 온 중국을 비롯한 외래의 지식인들 및 상인계층에 의해서 이루어졌다. 그들이 가지고 온 중국의 새로운 정보와 서적은 문화 및 교육 수준면에서 한계가 있던 한국의 지식인들에게 단비나 다름없었다. 이러한 관계로 이들 정보를 대할 수 있었던 지식인 일부만이 중국의 정보에 대해 어느 정도 알고 있었을 뿐 일반 백성이나 향촌의 선비들조차 제대로 당시의 국제정세에 대해서는 알 수가 없었던 것이다. 따라서 이들은 일부 지식계층 혹은 외래 상인들이 전해 주는 정보에 의해서 중국을 이해하고 판단할 뿐이었다.

이렇게 해서 정립된 일반 한국인들의 중국 및 중국인에 대한 인식은 주로 세 가지 면으로 나뉘어졌다고 볼 수 있다. 그 첫째는 가장 전통적인 인식으로서 중국은 땅이 넓고 인구가 많으며 물자가 풍족하다는 객관적 관념에서 "대국(大國)"이라는 인식을 갖고 있다는 점이다. 여기에는 이러한 객관적 배경에다 아량이 넓어 많은 관용을 베풀고 사람의 마음을 이끌어내는 용인술이 뛰어나다고 하는 중국인에 대한 존경스런 마음이 또한 포함되어 있었다. 결국 이러한 인식이 합쳐져 중국과 중국인에 대해 "대국"과 "대인"이라는 인식을 갖게 되었던 것이다. 그러나 여기에는 한중간 조공 책봉을 통한 교류에서 중국에 예를 취해야 했던 외교관계에서의 영향이 더 컸음을 부인할 수는 없을 것이다. 매년 정기적으로 공물을 바칠 때마다 직접적인 피해를 입어야 했던 일반인들은 언제나 경계심을 가지고 정부의 요구를 들어주어야 했고, 책봉 시 여러 가지 정치적 잡음으로 인해 요동치는 정계를 보면서 두려움을 느껴야 했던 일반인들은 그러한 소용돌이의 원천이었던 중국과 중국인에 대해 당연히 "대국"과 "대인"이라는 인식이 잠재적으로 쌓이게 된 것이 그렇게 부르게 된 근본 원인이라고 볼 수 있다.

다만 이러한 한국인의 중국과 중국인에 대한 인식은 오랜 한중관계가 지속되는 가운데 이루어진 것이므로 어떤 압력이나 무력에 의해서 나타난 인식은 아니고, 자연적으로 한국인의 뇌리에 각인되어진 것이라고 할 수 있다. 이런 점에서 볼 때 이러한 인식은 고대부터 한중관계가 지속되어오는 가운데 정립된 관념임을 알 수 있다.

이에 대해 아래의 둘째, 셋째 관념은 20세기에 들어서면서 생겨난 새로운 관념이라고 할 수 있다. 즉 둘째는 한국인이 중국인을 "짱꼴라(掌柜, 혹은 藏柜)"라고 부르게 된 호칭에서 한국인의 변화된 관념을 엿볼 수가 있다. 이러한 인식은 한말부터 들어오기 시작한 한국 화교들이 한국

경제에 큰 영향을 미치기 시작했던 1920년대 이후에 생겨난 별칭이라고 할 수 있다. "장궤(掌柜)"라는 의미는 "가게의 주인"이라는 뜻으로 이말을 중국어로 "장꿰이"라고 발음하고, 특히 한국 화교의 주류를 이루고 있는 산동(山東) 사람들은 습관적으로 명사에 '아(兒)'자를 붙여 발음하기 때문에 "장궤"에다 '아(兒)'자를 더해 "장궤아(掌柜兒)"로 발음하는데 이를 중국어 발음으로 읽으면 "장꿜"이라는 발음이 되어 이들의 말을 들은 한국인이 그 말을 전달하는 과정에서 정확한 중국어 발음이 아닌 편한 한국식 발음으로 발음하느라 "짱꼴라"라고 하는 강한 발음으로써 발음하게 되었고, "중국음식점의 주인"을 부르던 명사가 일반 중국인을 부르는 대명사로 와전되면서 일반 한국인들에게 인식되어진 호칭이라고 하겠다.

한국인이 중국인 모두에게 그렇게 부른 의미는 한국에 거주하는 중국인들이 당시에는 모두 돈 많은 사장으로 인식되어졌다는 점을 시사해 주는 것이라고 하겠다. 당시 한국의 경제정황에서 볼 때 화교들의 부(富)는 한국인으로서는 상상할 수 없을 정도의 대단한 부로 여겨졌기에 그렇게 불렸을 것으로 추정된다. 아마도 당시 중국음식점에서 중국음식을 먹는 것을 제일로 치던 데서 생겨난 인식이었을 것이다. 1980년대까지도 한국인들이 가장 먹고 싶어 했던 음식은 자장면(炸醬麵) 등 중국음식이었다는 조사통계를 보면 이해할 수 있을 것이다.

그러나 이 명칭에는 중국인을 부러워하는 의미도 들어 있었지만 돈만 모으고 한국사회에 대한 환원이나, 한국인에 대해 경멸하는 태도를 취했던 중국인에 대한 반감 섞인 감정도 들어 있던 호칭이었음을 간과할 수는 없을 것이다. 결국 이러한 화교에 대한 한국인의 인식은 한국정부 건립 이후 한국 화교들이 한국정부로부터 차별대우를 받게 되는 원인으로 작용하게 되었던 것이다.

세 번째로 한국인은 중국인을 "떼놈"이라고 경멸의 뜻이 담긴 호칭으로 불렀는데, 여기에는 두 가지 뜻이 담겨 있다. 하나는 단순히 중국인들이 "예"하고 대답하는 의미로 "뒈이(對)"라는 말을 쓰는데, 한국인들이 중국인들이 말할 때 제일 많이 쓰는 단어라고 알고 그 의미도 모르면서 흉내 내어 중국인을 가리키는 말로 쓰게 된 것이다. 다른 한 의미는 중국의 역대 왕조 특히 한족(漢族)왕조 이외의 이적(夷狄)왕조는 무리하게 한국에 대해 조공을 강요했고, 때로는 무력을 통해 한국을 압박했는데, 이러한 점들이 학교 교육이나 연속극 등을 통해 한국인들의 뇌리에 박히면서 "무리한 요구를 강요하며 억지를 쓰는 자(賴皮·不讲理)" 혹은 "야만인" 같은 의미로 중국인에 대한 인상이 뇌리에 박혀서 중국인을 비하하는 식으로 호칭하였다는 점이다.[16]

이러한 세 가지 호칭을 통해 중국인에 대한 한국인의 감정이 표출되고 있는 것을 볼 수 있는데, 이에 대해 그렇게 큰 의미를 둘 필요는 없다고 본다. 왜냐하면 이러한 중국인에 대한 이미지는 한국인의 중국인에 대한 본질적인 측면에서의 이해가 아니라 표면상으로 보여 지는 이미지만을 통해서 생겨난 인식이라는 점이기 때문이다.

그러나 문제는 이러한 이미지가 과거에는 중국인과의 접촉이 거의 제한되어 있던 상황에서 생겨난 것이기에 그다지 문제 삼을 필요가 없었지만, 오늘날처럼 중국과 한국이 빈번하게 교류하고 있는 시점에서도 중국과 중국인에 대한 본질적 이해가 이루어지지 않고 있다는 점이 더 큰 문제인 것이다. 그러한 원인에는 여러 가지가 있을 것이지만 역시 가장 중요한 원인은 중국을 잘 안다고 할 수 있는 한국인들, 즉 외교관, 상사주재원, 언론 특파원, 전문연구원, 유학생, 여행사 직원 등조차도 중국을 충분히 이해할 수 있는 매뉴얼을 갖고 있지 않은데다가, 그들의 활동이 자신의 직업과 관계있는 범위 내에서만 이루어지고 있어, 중국인과 중국사회를 전반적으로 이해할 수 있는 제한된 상황에 처해 있다는

---

16. "떼"라고 하는 한국어의 의미는 '억지를 부린다'는 뜻으로, 한국인이 자주 사용하는 "떼를 쓴다"는 말은 이유나 근거 없이 막무가내로 자신의 힘이나 권력, 지위 등을 이용해 상대방에 대해 자신의 뜻을 관철시키려 하거나 상대방의 것을 강제로 빼앗는 행위를 말할 때 사용하는 말이다.

점이다. 그렇기 때문에 자신이 경험한 피상적 인상만을 가지고 중국을 진단하는 편협한 시각이 중국사회와 중국인을 간접적으로 접촉할 수밖에 없는 일반 한국인들에게 전달됨으로서 오히려 접촉이 별로 없던 예전보다도 더욱 중국과 중국인을 제대로 이해하지 못하고 오해하는 상황으로 치닫고 있는 점이 많아지고 있는데, 이에 대한 대비책이 하루속히 강구되어야 할 필요가 있는 것이 현재의 과제이다.

2) 수교 이후 중국 가치이념의 한국 전파 경로와 문제

따라서 1992년 한중수교 이후 중국의 가치이념이 어떤 경로를 통해서 한국에 전해지고 있는지, 그리고 그러한 경로상의 폐단은 어떤 것인지를 본 절에서는 살펴보고자 한다. 대체로 중국의 가치 이념이 한국에 전파되는 경로는 9개 방면으로 나눌 수 있다.

첫째는 중국에 상주하는 한국기업의 임직원들을 들 수 있다. 한중 국교 수립 이래 한국과 중국의 교역량이 대폭적으로 증가함에 따라 중국 주재 한국 기업인들의 수는 폭발적으로 증가하고 있다. 1992년 한중 양국의 무역액은 64억 달러에 불과했었는데, 2014년에는 대중무역액이 2,742억 달러로 약 45배로 증가했고, 한국의 중국에 대한 투자규모도 1992년 2억 달러에서 2012년에는 565억 달러나 되어 282배나 늘어 났다. 이러한 상황에 따라 중국을 넘나드는 기업인들에 의해 전해지는 중국정부의 기업정책, 기업 환경 등에 대한 정보는 비교적 정확한 편이지만, 중국사회를 이해하는 데는 기본 지식이 약하여 중국에서 기업 활동을 하는데 있어서 필요한 중국사회의 정서나 중국인의 심리 등은 오히려 오해의 소지를 가져올 수 있는 정보들만 난무하고 있는 형편이다. 이로 인해 중국 노동자들의 심리, 중국 관리들과의 관계, 중국사회의 한국기업에 대한 시각 등 전반적인 면에서 잘 못된 견해를 가질 수 있는 가능성이 크기 때문에, 중국에 진출하려는 한국기업인들에게 좋지 않은 편견을 갖게 할 가능성을 배제할 수 없는 것이다.

둘째 한국인이 2011년에 중국을 여행한 관광객이 418만 명에 달했는데, 이들에 의해 전해진 중국에 대한 인상이 또한 한국인의 중국관 형성에 큰 작용을 하고 있다. 그러한 원인에는 아직은 덜 개발된 중국의 지방 모습을 보면서 직접 느낀 체험일 수도 있고, 정규 교육을 받지 않은 가이드의 말을 왜곡되게 들을 수도 있다는 데 있다고 하겠다.

셋째는 중국에서 공부하는 한국 유학생으로 그 수는 2011년에 6.8만 명이나 되었다. 이들 숫자는 중국에 유학하고 있는 외국인 총 유학생 수 29만 명 가운데 21.3%를 차지할 정도로 높은 비율을 차지하고 있는데, 아직 충분한 경험과 확실한 학식이 없는 상황 하에서 겪어야 하는 경험과 중국 문화와 중국사회에 대한 부정확한 인식이 향후 한중관계에 좋지 않은 작용을 할 가능성이 많다는 점이다.

넷째는 한국 언론에서 파견한 언론분야 종사자들인데, 현재 한국에서 파견하고 있는 신문사는 《한국매일경제》, 《한국경제》, 《연합신문》, 《서울경제》, 《서울경제신문》, 《세계일보》, 《한국일보》, 《한민족일보》, 《서울신문》 등 9개 사와 텔레비전 방송국으로 한국YTN 1곳 등 총 14개 사나 된다. 그 외 잡지사 등에서 파견한 기자 등을 합치면 숫자 상으로도 적지 않은데다가 매스컴 종사자라는 측면에서 이들이 전하는 영향력이 매우 크기 때문에, 이들에 의한 중국 가치 이념의 전달은 그 영향력이 다른 수단보다 더 클 수밖에 없어 이들 기자들의 중국에 대한 정확한 판단은 매우 중요한 것이다. 그러나 이들 또한 중국의 역사와 문화에 대한 기초적 이해 없이 현실적으로 나타나고 있는 중국의 겉모습만을 취재하고 있기 때문에, 진실한 중국의 내면을 제대로 파악하지 못하고 자신의 눈에 비치는 단편적인 면만을 전달하는 차원에 머무르고 있기 때문에, 한국인들의 중국에 대한 편견을 갖게 하는 큰 요인이 되고 있다. 따라서 이들에 대한 철저한 교육이 필요하다고 본다. 예를 들면 유명 일간지의 어떤 기자는 중국 불교의 법회 모습을 보면서 "상가의 개(喪家之狗)"[17] 로 표현한 적이 있다. 어떤 느낌으로 그런 기사를 썼는지는 몰라도 중국불교가 가지고 있는 참 모습은 보지 않고 겉모습에서 풍겨지는 이미지만 보고 그런 기사를 내 보낸 것은 지나친 주관적 행태가 아닐 수 없는 것이다. 이러한 예가 너무나 많이 나타나고 있는 한국 언론의 현실에 대한 대책 강구가 그래서 필요한 것이다.

다섯째는 정부에서 파견한 대사관, 영사관, 문화원, 교육원 등에서 활동하는 외교관과 직원들에 의한 전파인데, 이들의 전문성이야 두 말할 필요 없이 높을 수밖에 없지만, 그들의 직책상 대하는 분야의 사람들이 한정되어 있고, 또한 한국에 관심이 있는 중국인들만을 접하는 경우가 많기 때문에 올바른 중국사회의 모습을 파악하는 데에는 한계가 있다고 할 수밖에 없다. 또한 그들의 임기가 제한되어 있어 이동이 잦은 관계로 중국사회를 파악하는데 충분한 시간이 없는 상황이기 때문에 중국에 대한 잘못된 인식을 가질 위험성이 높음에도 그들의 인식이 국정이나 외교 정책상에 반영되고 있다는 점에서 이들의 임기 연한, 전문분야에 대한 전문성 확립, 중국사회에 대한 조사와 분석 등이 필요함을 논하지 않을 수 없는 것이다.

여섯째는 중국과의 학술교류를 빈번히 하는 학자, 연구자들에 의한 가치 전달인데,[18] 이 또한 매우 우려할만한 문제의 소지가 있는 것이다. 이들 가운데는 중국어를 구사하는데 문제가 없는 경우도 있지만, 대부분은 반년 내지 1년 간 연수 차원의 교류를 통해 한정된 경험만을 하고 귀국하는 경우가 대부분이기 때문에 이들의 한계성 있는 경험이 수업

---

17. 공자가 14년간 떠돌아다니며 유세(遊說)할 때 정(鄭)나라에서 제자들과 헤어져 지치고 힘든 나머지 동문(東門) 밖에서 혼자 쪼그리고 앉아 있는 모습을 본 한 노인이 그의 제자인 자공(子貢)에게 "상가 집의 개"처럼 초라한 인간이 그곳에 있다고 알려준 데서 유래한 말로 "초라해서 볼품이 없다"는 의미로 쓰여 지고 있는 말이다.

18. 중국인민대학의 경우 서울대학, 부산대학, 연세대학 등 19곳이나 되는 한국의 고등교육기관과 교류 협력을 체결하고 있어 교원, 학생 등의 교류를 확대하고 있다.

이나 문장을 통해 전파될 수 있다는 점에서 또한 우려의 소지가 있는 것이다.

일곱째는 중국에 거주하는 조선족들이 취업 혹은 친족 방문 등으로 한국에 들어와 한국인들과 접촉함으로써 자신들의 한정적인 중국에 대한 이해가 그대로 전달되고 있다는 점이다. 이들은 사회주의 환경 속에서 성장함으로써 자본주의 사회인 한국생활에서 통하지 않는 인식과 행위로 인해 많은 어려움을 겪고 있는데, 그러는 과정에서 한국인과의 트러블이 잦고, 또 이들의 언행을 통해 느끼게 되는 한국인들의 중국에 대한 오해는 실질적으로 가장 큰 문제가 아닐 수 없는 것이다. 곧 그들에 대해 느끼는 한국인의 이미지가 중국인에 대한 이미지가 된다는 점이다. 2013년 한국에 입국한 조선족 동포는 28만 명에 달했고, 장기 거주자는 23만 명에 이르고 있다. 숫자적으로 볼 때 이들의 한국사회에 미치는 영향이 얼마나 큰지를 알 수 있을 것이다. 그러나 이들 문제에 대한 정확한 대책이 매우 애매모호하다는 점이다. 한국재외동포재단에서는 이들에 대한 지원 내지 교류협력 방면에만 관심을 갖고 사업을 추진하고 있지, 이들이 한국사회에 미치는 영향, 이들에 의한 한국인의 중국에 대한 영향 등에 대한 연구는 전혀 고려되지 않고 있는 상황이다. 이 문제도 향후 반드시 개선되어야 할 사항으로 이에 대한 새로운 정책 대안이 필요하다고 본다.

여덟째는 중국 유학생 및 중국정부에서 파견된 기관원, 중국 기업에서 파견한 기업인에 의한 가치이념의 전달도 그 영향이 매우 크다. 2013년 통계에 의하면 5만 4천 명에 이르는 중국 유학생이 한국에 들어와 있고. 그 외 중국정부에서 파견된 기관원, 중국 기업에서 파견한 기업인 등의 숫자도 적지 않은 규모이다. 이들의 한국사회에서의 활동은 외부인과의 접촉이 한정적이어서 중국의 가치 이념 전달이 국한적이기는 하지만, 유학생의 경우는 숫자도 많고 아르바이트 등을 통해 한국인과의 접촉이 많다는 점에서 그들의 영향을 과소평가해서는 안 될 정도다. 문제는 한국 내 거주 조선족들처럼 한국사회 적응에 많은 어려움을 겪고 있는데, 그 큰 원인은 역시 자라온 중국 내의 환경과 다르다는 점에서 발생하는 오해에서 비롯되고 있다고 볼 수 있다. 그러는 가운데 형성되는 한국인들의 중국유학생에 대한 이미지는 또한 중국에 대한 이미지로 전환되기 때문에 이들에 대한 대책 또한 급히 필요한 부분이다. 역으로 이들에 의해 형성되는 한국에 대한 나쁜 이미지는 향후 한중교류에 좋지 않은 영향을 줄 것이 기정사실이라는 점에서 또한 이들에 대한 대책이 절실하다고 할 수 있다.

아홉째는 번역을 통한 도서출판 교류에 의해 가치이념이 전파되고 있다는 점인데, 이는 다른 어떤 방법보다도 효과적이고 정확한 가치이념을 전달하는 유일한 방법이라고 볼 수 있다. 그것은 당해국의 저자들에 의해 집필된 것이기 때문에 내용상에서 정확할 수 있고 기록물로서 오랫동안 남겨질 수 있는 것이기 때문에, 상대방의 가치이념을 정확하게 전파시킬 수 있는 장점이 있는 것이다. 최근 중국도서의 판권수출량 통계를 보면 한국이 가장 많은 중국 도서를 번역 출간하고 있음을 알 수 있다.[19] 이는 매우 중요한 일로 이를 위한 양국 정부의 충분한 뒷받침이 요구되는 차제이다.

3) 한중 양국 상호간의 올바른 가치관 정립을 위한 제언

그렇다면 이러한 다양한 경로를 통해 전해지는 양국의 가치이념이 제대로 양국에 받아들여지고 이해되어지고 있는가에 대한 분석과 이러한 과정 속에서 나타나는 문제들에 대한 개선 방안을 생각해 보지 않을 수가 없다.

---

19. 2013년 「중국출판연감」 참조.

첫째로 교수, 연구원, 외교관, 기자 등 전문 지식인들에 의한 중국 가치이념의 전파는 중국의 가치이념이 어떤 것인지 그 정체성을 가장 정확히 확인해 줄 수 있는 계층이다. 그러나 생각보다 이들 계층의 양국에 대한 이해가 그다지 깊지 않다는 데 문제가 있다. 전공에 따라 다를 수는 있으나 전반적으로 양국을 이해하는데 기준이 될 수 있는 역사나 문화에 대한 일반적인 이해가 매우 일천한데 그 원인이 있다고 하겠다. 물론 이들 계층은 당장에 나타나는 상황이나 그 변화에 대한 분석을 나름대로 하면서 양국에 대한 이해의 기준점을 제시하고는 있지만, 실질적으로 양국이 갖고 있는 참모습에 대해서는 제대로 파악하고 있는 경우가 매우 드물다고 할 수 있기 때문이다.

박근혜 대통령이 당선 후 중국과의 원활한 교류 협조를 위해 보다 효율적인 대책을 강구하는 것처럼 보이지만, 이에 대한 올바른 의견을 제시하는 경우가 매우 적다는 데서도 이런 한계성을 엿보게 된다. 따라서 단시간적인 체제나 단편적인 교류를 통해서 중국을 이해하는 것은 오히려 문제의 소지를 키울 수 있다는 점에서 보다 신중한 태도로의 전환이 필요하다고 본다. 즉 영속적이고 규칙적인 교류와 공동연구를 통해서 서로를 충분히 이해할 수 있는 결과를 분야별로 내놓을 수 있는 토대가 만들어져야 할 것이다.

지금까지 많은 학술회의가 열렸고, 교환 교수로서 상대국에 파견되어 연구를 하는 등 많은 교류가 있었지만, 기대하는 만큼의 성과를 거두지 못하고 있는 상황에 대해 반성하면서 궁극적으로 어떤 시스템이 도입돼야 괄목할만한 성과를 낼 수 있는 것인지에 대한 고민이 필요하다는 말이다. 이를 위해서는 역시 일회성 혹은 단기성적인 교류는 지양하고 영속적으로 교류하며 연구할 수 있는 협력관계를 맺어 그 결과물이 세상에 나타나도록 해야 하는 자세와 마음가짐이 필요하다고 보여 진다.

둘째로는 한중 간 경제적 교류 협력이 더욱 강화됨에 따라서 많은 기업인들의 내왕 및 투자 합작이 빈번해 지고 있는데, 이에 비해 이들의 교류를 지원할 수 있는 시스템은 미약하다는 점이다. 예를 들면 모든 교류가 공상인들 스스로에 의해 교류가 이루어지지 않고 유학생이나 조선족의 통역에 의지하여 교류함으로써 많은 시행착오를 겪어야 함과 동시에 오히려 낭패를 보는 사안이 속출해 왔다는 점에서 이에 대한 대책이 시급하다고 본다.

유학생의 경우 상대방 국가의 언어에 대해 미약한 점이 있어 충분히 의사 전달이 안 되는 경우가 많고, 조선족의 경우 성장해온 사회 환경이 다름으로 말미암아 상대방의 의도를 제대로 파악하지 못하는 경우가 허다하다는 점이다. 조선족은 언어상에서도 중국어나 한국어 모두가 부족하다는 점도 한중 상공업자 간에 오해의 소지를 불러일으키는 원인을 제공하고 있다. 지금까지 중국에 투자하여 실패한 수많은 한국의 상공인들이 모두 이러한 경우에 속한다고 할 수 있다. 결국 이러한 실패는 서로에 대한 믿음을 저버리게 하여 상대방을 일방적으로 매도해 버리는 악순환을 가져다주기 때문에 이로 인한 부정적 산물은 헤아릴 수 없을 정도이다. 따라서 이들 문제를 해결할 수 있는 법제를 마련해야 하고 이들이 믿고 의지할 수 있는 지원시스템을 하루속히 구축할 필요가 있는 것이다. 특히 지적하고 싶은 것은 지금까지 한국정부에서는 조선족을 포함한 재외동포에 대해서 모국으로서의 책임을 다하기 위해 지원하는 점에 초점을 둔 정책을 일관되게 해오고 있는데, 이제부터는 이들 재외동포에 대한 교육, 즉 의식형태, 풍속습관, 삶의 구조, 생활패턴 등 한국 사회만이 갖고 있는 특수상황에 대한 이해 교육이 무엇보다 필요하다는 점을 제기해 두는 바이다.

그리고 향후 전 중국의 균형적 발전을 위해 약 1000만 개의 중소기업이 건립되어야 한다고 하는 연구결과를 보더라도,[20] 이러한 사업의 성공적 실현을 위해서는 지리적, 정서적, 기술적 측면에서 볼 때 가장 적합

---

20. 若林敬子, 『中國人口超大國のゆくえ』, 岩波文庫, 1994, 참조.

한 대상으로서 한국의 기업이 점쳐지고 있는데, 향후의 이런 프로젝트를 성공적으로 실현시키기 위해서라도 이 분야의 지원시스템이 하루속히 이루어지도록 양국 정부는 관심을 가져야 할 것이다.

셋째는 수많은 관광객들이 상대국을 방문하면서 느끼는 인상이 서로를 이해하는데 도움이 되기보다는 부정적 인상만 갖게 되는 원인이 되고 있다는 점이다. 그런 것은 주로 화교나 조선족 가이드들의 잘못된 설명에 의해서 이루어지는데, 그들 입장에서는 손님들의 피로를 해소해주는 입장에서 생각 없이 하는 말일 수도 있겠지만, 그것을 듣는 여행객 입장에서는 그 말을 진실로 받아들일 가능성이 많아 그렇게 습득한 상대국에 대한 이해를 근거로 주변 사람들에게 전달하기 때문에, 이는 상대국에 대한 오해를 불러일으키게 하는 주요 변수가 되고 있는 것이다. 따라서 여행가이드들에 대한 교육과 자격증 심사 제도를 강화시킬 필요가 있는 것이다.

넷째는 유학생 문제인데, 대체로 한국이나 중국의 경우 우수한 학생들은 구미로 나가 유학을 하는 경우가 많고, 국내에서의 대학 진학이 불가능하거나 어려운 학생들이 주로 중국이나 한국을 택해 유학하는 경우가 많다는 데 문제가 있다고 본다. 최근에는 이러한 경향이 많이 해소되고 있는 형편이긴 하지만,[21] 아직도 전반적인 추세는 그렇다고 봐야 할 것이다. 특히 점점 늘어나는 유학생 수에 비례하여[22] 이런 추세가 심화되고 있다는 문제는 이에 대한 대책을 속히 필요로 하고 있다. 그

---

21. 최근 한국의 경우 미국 유학파는 점점 그 기세가 줄고 코리나(korena, 코리아+차이나의 합성어)가 뜨고 있는 상황이다. 이들은 대개 어릴 때 중국에 건너가 현지 명문대를 졸업하여 중국어에 능통한 팔방미인이 많아 현지의 한국기업이나 중국기업에서도 앞다퉈 선발하는 대상이 되고 있다. 2010년부터 미국 뉴욕에서만 이 채용박람회를 진행해 오던 한국의 금융감독원 산하 금융지원 센터가 금년에는 채용박람회를 뉴욕을 제치고 중국에서 먼저 열기로 한 점도 이러한 경향을 반영하고 있다.

22. 중국에서 공부하는 한국 유학생 연도별 추이를 보면, 2003년 1만8267명, 2005년 2만8408명, 2007년 4만2269명, 2009년 6만6806명, 2011년 6만2957명, 2013년 6만3488명으로 매년 증가 추세에 있다.

폐해는 학문적 성취를 위한 유학을 택하기 보다는 중국의 경제발전에 따른 취업을 염두에 둔 경우가 많아 언어상에서의 진전에만 만족하고 실질적인 학문에 대한 접근이 잘 안 이루어지고 있다는 점에서 진정으로 상대국에 대한 이해의 정도가 매우 약하다는 점이다. 이 또한 상대국의 가치이념이 제대로 전달되지 않는 원인 중의 하나이므로, 이들에 대한 엄격한 관리와 상대국의 역사와 문화에 대한 교육을 의무적으로 강화시킬 필요가 있다고 본다.

다섯째는 언론계통의 특파원들에 의한 가치이념의 전래 또한 많은 문제점을 안고 있다. 대부분의 언론인들이 그렇듯이 이들의 시각은 항상 피상적인 수준에만 머물고 있다는 점이다. 그저 토픽이 될 수 있는 점에는 관심을 두고 보도를 하기 때문에 진정한 내부 모습에는 관심이 없고 세인의 이목을 끌 수 있는 일에만 집중하는 관계로 본질을 그르칠 수 있는 위험성이 항상 도사리고 있는 것이다. 그런데 더 큰 문제는 이러한 시각이 빠르고 쉽게 널리 퍼질 수 있는 멀티미디어 종사자라는 점에 있다. 이러한 점은 국가 간의 협약을 통해 통제될 수 있는 기준이 마련되어야 한다고 본다. 가령 관계기관에서 매일 크로스체크를 하면서 의견교환을 통해 시정 의견을 교환하는 것도 한 방법이겠지만, 이러한 방식은 문제의 소지를 일으킬 가능성을 많이 내포하고 있는 것이기에 근절될 가능성이 보이지 않으므로, 그들에 대한 소양교육이 우선시 되어야 한다고 보여 진다.

여섯째는 양국의 가치이념이 양국 정부가 파견한 주재원들에 의해서 전달될 경우의 문제이다. 이들의 상대국에 대한 이해는 곧바로 자국의 정책에 반영된다는 점에서 매우 중요성을 띠고 있다. 문제는 이들의 상대국에 대한 이해정도가 얼마나 정확한가에 달려 있는데, 이들의 주재기간이 몇 년에 한하고 있는데다가 자기 분야 외의 것을 이해하는 데에는 시간적 공간적으로 제약을 받을 수밖에 없기 때문에, 상대국에 대한 제대로 된 이해가 부족하다는 점을 지적하지 않을 수 없다. 시간적으로 체제 기간이 적다보니 언어 소통에도 문제가 있고, 공무에 바쁘다 보니 따로 시간을 내어 상대국에 대한 연구도 할 수 없는 상황에서, 자신의 경험에만 의존해 상대국을 이해할 수밖에 없는 불가피성이 늘 존재하고 있다는 점이다. 그러나 가장 큰 문제는 그들의 시각이 자국의 정부 정책에 반영된다는 점이다. 따라서 중국이면 중국, 한국이면 한국 한 곳에서 퇴직 때까지 순회 배치하여 다른 어떤 연구자들보다 훨씬 더 정확하게 상대국을 파악할 수 있는 그런 차원에서의 제도 정립이 필요하지 않을까 제안하는 바이다.

일곱째는 중국에 거주하는 한국인 보다 한국에 거주하는 중국인들 (정부 주재원, 유학생, 취업근로자 등) 대부분이 현지 한국인들과의 접촉을 꺼리고 중국인들끼리만 집단 활동을 하는 경우가 많은데, 그러다 보니 한국 사회를 이해하고 한국문화를 이해하는데 소홀히 될 수 있는 경우가 많다는 점이다. 결국 이러한 생활을 통해 얻어진 한국에 대한 이해가 잘못될 수 있는 가능성이 높기 때문에, 향후 양국 관계에 좋지 않은 영향을 줄 수 있을 뿐만 아니라, 중국의 가치이념 또한 한국인에게 전달할 수 있는 기회가 적을 수밖에 없는 한계성이 있는 것이다. 이러한 문제는 국가별 사정상 쉽게 해결할 수 있는 문제는 아니기에 상대국으로 건너가기 전에 이에 관한 교육이 반드시 필요하다고 본다.

여덟째는 서적 출판을 통한 가치이념의 전달 방법인데 이 분야가 제일 정확하고 가장 널리 전파시킬 수 있는 방법이기는 한데, 문제는 보다 효율적인 지원정책이 필요하다는 점이다. 한국에서는 한국문학번역원[23]이 생겨 한국 서적에 대한 번역과 출판 비용까지 지원하고 있다. 그 성과는 대단히 커서 한국의 많은 작품들이 전 세계적으로 널리 전해지고 있으며, 초기의 문학작품 위주에서 이제는 역사 철학을 포함한 다양한 장르에 이르는 주요 서적들이 각국어로 번역되어 널리 전파되면서 한국

---

23. 한국문학번역원 : http://www.klti.or.kr/

의 가치이념을 널리 홍보하고 있다.

　중국에서도 한국보다는 좀 늦게 출판 번역에 대한 지원 사업이 실시되고 있는데, 실질적으로 지원하는 종류는 한국보다 훨씬 많고 다양하다고 하겠다. 필자가 아는 한 중국의 경우는 세 기구에서 번역 지원 사업을 하고 있는데, 대외추광계획(對外推廣計劃, CBI) 사업, 신문출판총서(新聞出版總署)에서 지원하는 경전중국(經典中國) 사업, 국무원(國務院)의 사회과학기금 사업이 그것이다. 이들 사업은 각각 특징적인 업무의 성격을 띠고 있어 중국의 가치이념이 한국뿐만이 아니라 전 세계적으로 널리 알려지는데 큰 역할을 하고 있다. 작년의 노벨문학상을 중국이 가져간 것도 이러한 지원사업 결과의 하나가 아닌가 생각된다. 다만 문제는 가장 많은 사업을 벌이고 있는 대외추광계획 사업의 경우 번역비만 지원하고 있는데, 이는 각국의 사정에 따라 다르지만, 한국의 경우는 지원액이 너무 적어 그다지 효과를 보지 못하고 있다고 볼 수 있다. 왜냐하면 출판비용이 지원 되지 않고 있고, 번역비 또한 부족한 편이라 선뜻 번역한 책을 출판하고자 나서는 출판사가 매우 드문 현상이다. 이는 한국 출판계의 불황과도 깊은 관계가 있는 것이지만, 어쨌건 기왕에 번역된 작품이 시장에 나와 독자들에게 읽혀지기 위해서는 상대국의 사정에 따른 출판비와 번역비 지원이 뒤따라야 한다고 본다.

　이상에서 살펴본 바와 같이 양국의 교류가 확대되면서 서로의 가치이념 전파도 더욱 폭넓고 다양한 경로를 통해 이루어지고는 있으나, 여전히 형식적 차원에서 이루어지거나 오히려 상대방의 가치이념을 잘못 전달하거나 잘못 받아들일 위험성이 높다는 점에서, 이러한 위험성을 개선하여 실질적인 가치이념의 전달에 의한 양국에 대한 실질적인 이해와 이를 통한 교류 협력이 보다 효율적으로 이루어질 수 있도록 제도와 정책을 정비해 나갈 필요가 있다는 점을 제기하는 것이다.

제2장

중국문화는
한국문화의 원류

역사와 문화를 과학적으로 파악한다는 말은 무슨 뜻인가? 그것은 선악·우열 등과 같은 주관적 가치 판단을 배제하고, 있는 그대로의 역사적 사실을 객관적으로 인식해야 한다는 말이다. 다른 또 하나는 만일 역사발전의 법칙성이라는 것이 있다면, 역사의 전 과정에서 그 법칙성을 발견해야 한다는 말이다.

1. 한국문화를 중국문화 속에서 이해해야만 하는 이유

왜 한국문화를 중국문화 속에서 이해해야만 하는가 하는 것은 한 마디로 말해서 아무리 근대 이후 구미 중심의 국제변화 내지 흐름을 파악하여 모범적인 세계사상을 배우는 것이 중요하다고는 하지만, 아무리 그것이 중요하다고 해도 한국인이 서구유럽 사람이 될 수 없는 것처럼 한국인은 동아시아세계 문화권(중화문화권) 속에서 살아왔기 때문에 문화 등 전반적인 것들을 이 안에서 이해해야만 한다는 말이다. 예를 들면, 민주주의는 유럽적인 것이지 중국과 한국 등에서 자생한 것이 아님에도, 일반적으로 중국이나 한국의 근대화·민주화 등을 이해하려면 유럽의 근대화에 접속해야만 알 수 있다고 생각하고 있는데, 그러한 생각은 잘못이라는 말이다. 다시 말해서 비록 이러한 이념이 우리들에게 잠재적으로 숨겨져 있다고 하더라도, 이러한 이념을 받아들이는 주체는 과거의 역사를 통해서 규정되어져 있는 것이므로 이 역사적 운명을 끊는 행동은 불가능하다는 말이다.

따라서 우리는 항상 "현재 우리를 규정하고 있는 역사와 문화가 무엇인지"를 생각해야만 하는 것이고, 그렇게 해야만 우리의 역사적 반성과 역사적 행동이 이로부터 시작될 수 있는 것이며, 이로서 자국역사와 문화로서의 중요성이 강조되게 되는 것이다.

그럼에도 불구하고 한국에서는 한국을 규정해 온 역사와 문화가 무엇인지를 등한시 한 채 자국의 역사와 문화를 만방무비(万邦無比)의 가장 훌륭한 역사와 문화로서만 보는 비과학적이고 독선주의적인 시각으로 봐온 경향이 강했다는데 문제가 있는 것이다. 그렇기 때문에 이제부터라도 한국의 역사와 문화를 과학적으로 파악해서 지금까지와 같은 만방무비적 시각을 버리고 "한국을 규정해온 역사와 문화가 무엇인지"를 과학적으로 파악하여 이러한 시각에 기초해서 자국의 역사를 조명해야 할 필요가 있다는 말이다.

그렇다면 "역사와 문화를 과학적으로 파악한다는 말은 무슨 뜻인가?" 그것은 선악·우열 등과 같은 주관적 가치 판단을 배제하고, 있는 그대로의 역사적 사실을 객관적으로 인식해야 한다는 말이다. 다른 또 하나는 만일 역사발전의 법칙성이라는 것이 있다면, 역사의 전 과정에서 그 법칙성을 발견해야 한다는 말이다.

비록 지금까지 한국학계에서 "노예제사회의 모습"·"봉건적 농노제사회의 발생과 전개 모습"·"근대 자본제 사회의 전개 모습" 등을 한국역사에서 발견하여 한민족의 역사적 총 과정을 법칙적으로 이해하려고 노력은 했지만, 이러한 노력은 중국, 일본 등 다른 나라와 비교할 때 여전히 부족한 상황이다.[24] 그것은 한국 역사가 가지고 있는 단편성적인 성격 때문에 얻을 수 없는 결론일 수도 있지만, 향후에도 이러한 노력을 지속해야만 지금까지처럼 주관적 시각으로 보는 한국의 역사와 문화가 어느 정도 수정될 수 있지 않을까 생각된다.

비록 한국학계가 지금까지 만방무비의 주관적 역사관을 배제하기 위해 한국사에다 역사발전의 법칙성을 관철시키려고 노력은 했지만, 민주화가 덜 되었다든가, 독점자본주의의 지배하에 있었다는 식의 추상적인 구실을 대어 한국의 역사와 문화를 세계사적으로 이해하고자 역사발전의 법칙성을 찾는 연구를 완결 짓지를 못하고 있는 것이다.

---

24. 물론 반드시 역사발전의 법칙성을 어느 한 이론에만 국한시킬 필요는 없는 것이다. 여기에서 든 예는 지금까지 중국과 일본 학계에서 시도해왔던 하나의 예를 통해 이해를 돕기 위해 예를 들었을 뿐이다. 하지만 한국 역사발전의 법칙성을 어떤 이론에 맞춰 찾아야 할 것인지에 대한 연구와 모색은 한국학계의 중요한 과제라고 본다.

따라서 이제부터라도 개개의 사례(事例)에 기초한 지극히 구체적인 역사적 이해, 즉 특수 구체적 사실관계 속에 존재하는 것을 세계사적인 특수 구체적인 사실관계와의 연관성을 찾아내려는 노력을 해야 할 것이다.[25] 이 말은 한국 역사와 문화의 특수 구체적 사실 속에는 한국의 영역만으로는 설명할 수 없는 사실이 있을 수 있다는 것을 말하는 것이다. 다시 말해서 우리가 한국역사와 문화의 구체적 사실을 이해한다고 해도 그 사실과 국외의 역사문화와의 관계를 인정하지 않는다면 이해하기 어려운 문제가 존재하고 있다는 말과 같은 것이다. 그렇기 때문에 외국의 역사와 문화에 대한 이해 없이 한국의 것을 이해한다는 것은 불가능하다는 결론이 대두되는 것이다. 예를 들어 한국근대사의 출발을 자본제 생산의 시작이라는 시각으로부터 볼 때, 그 기술은 유럽으로부터 들어온 것이고, 그 전개는 중국과 일본 등 동아시아 제국과의 경제적·정치적 관계 속에서 이루어진 것이기 때문에, 유럽사·동아시아사에 대한 이해 없이 한국근대사의 이해는 불가능하다는 말이나 같은 것이다.

　이러한 문제는 근대사에서만 나타나는 것이 아니라 근대 이전의 역사에서도 존재하고 있다. 그렇기 때문에 근대 이전의 역사도 한국의 역사와 문화를 한국 역사와 문화의 전개과정 속에서만 보아서는 안 되고, 한국이 속해 있던 중화문화권의 역사적 흐름 안에서 한국사의 전개 과정을 이해하지 않으면 안 된다는 말이다.

　그렇다면 왜 근대이전의 한국의 역사와 문화를 세계역사와 문화의 일환으로 보지 않고 그 일부에 지나지 않는 중화문화권 즉 동아시아세계 속에서 보아야 하는가 라는 문제가 등장하게 될 것이다. 그 이유는 근대이전은 지구상의 문제를 일괄된 문제로 볼 수 있는 세계상이라는 인식이 형성되어 있지 않았고, 대신 몇 개로 나누어진 소세계가 병존하고

---

25. 여기서 말하는 세계사적 관점이라는 것은 범지구적인 세계사가 성립하기 이전에 있어서의 동아시아 세계라고 하는 역사적 세계를 말한다.

있었는데, 이들 각각의 소세계(小世界)는 오늘날처럼 통신, 교통 등이 발달하지 않은 상황이라 거의 교류가 이루어지지 않은 채 독자적인 소세계를 형성하며 자신들만의 문화를 일구면서 역사를 진행해 왔기 때문이다.[26] 이들 소세계란, 예를 들면 지중해사회·이슬람세계·유럽세계·동아시아세계(중화문화권) 등을 들 수가 있다.

여기서 동아시아세계를 하나의 독립된 소세계라고 할 수 있는 이유는, 첫째 동아시아세계라고 하는 것은 변화 없이 고정되어 있던 세계가 아니라, 그 세계자체가 생성추이(生成推移) 해 왔던 역사적 존재라는 점이다. 둘째는 인류역사에서 범지구적인 단일 대세계가 형성되는 것은 근대 이후의 일이라는 점이다. 셋째는 세계사상에서 지역적인 복수의 소세계가 병존하고 생성되고 소멸해 왔듯이, 동아시아세계 자체 내에서도 여러 나라들이 생성 소멸했던 성쇠의 역사가 진행되어 왔다는 점이다.[27] 그렇기 때문에 동아시아세계 속에 들어 있는 한국 등 각 지역이 갖고 있는 독특한 문화는 동아시아세계의 추이와 관련해서 발생할 수밖에 없었던 것이기에 소위 중화문화권이라고 불리어질 수 있는 동아시아라는 소세계 속에서 그 특징을 살펴보아야만 한다는 말이다. 따라서 근대 이전의 한국 역사발전의 법칙성을 굳이 글로벌한 세계사적 시각으로 이해할 필요도 없고, 세계사의 법칙성을 매개로 해서 볼 필요도 없는 것이다.

그러나 이러한 인식 하에서의 연구는 중국문화의 이입에 대해 "높은 문화는 낮은 문화 쪽으로 유입된다"고 하는 식으로 인식하게 될 위험성이 있는데, 예를 들면 한반도의 왕조들이 견수사(遣隋使), 견당사(遣唐使)를 파견했던 것을 그저 문화를 얻기 위해서 보냈다는 식으로 인식할 가

---

26. 동아시아의 경우 육지와 해상의 실크로드를 통해 중동지역과 유럽지역과의 교류가 있기는 했지만, 그러한 간헐적인 교역만으로 세계상을 정립할 수 없었다는 점을 상기해야 할 것이다.

27. 10세기를 전후해서 한 번 해체되었던 세계이며, 그 후 다시 재생된 세계로 보고 있다. 西嶋定生, 李成市 編, 『古代東アジア世界と日本』, 岩波現代文庫, 2000 참조.

능성이 있다는 말이다. 이러한 생각은 한국의 특수구체적 문화형성의 제 사상(事象)이 갖는 특징을 사상(捨象)시키게 되어, 모든 것을 일반적인 문화현상으로 치부해 버리는 위험성을 갖게 할 수 있는 것이다. 이러한 문제는 비단 고대와 중세에만 한하는 문제가 아니라 근·현대에 있어서도 마찬가지이다. 따라서 "높은 문화는 낮은 문화 쪽으로 유입된다"고 하는 문화의 일반 현상에 대한 시각은 지양해야 하고, 한국문화의 특수구체적인 현상을 찾아내어 이를 역사발전의 법칙성에 대입시켜서 보아야만 하는 것이다.

이를 위해서 한국역사와 문화의 형성과 전개를 중화문화권의 추이와 연계시키면서 그 특성을 살펴볼 때 두 가지 문제가 나타날 수가 있는데, 하나는 한국문화를 중화문화권 속에서 찾아낼 수 있겠는가 하는 문제이다. 예를 들면 한국, 일본, 베트남, 중국 등에서 한자의 사용이 공통적인 문화현상인데, 이러한 공통적인 문화현상 속에 한국문화가 포함될 수 있는 것인지 아닌지 하는 문제이다. 둘째는 한국문화가 중화문화권 속에 포함될 수 있다고 한다면, 한국 특유의 문화적 특성을 찾아낼 수 있겠느냐 하는 점이다. 예를 들면 한글, 고려자기, 금속활자, 김치문화 등의 한국문화가 과연 독특한 한국문화로서 인정받을 수 있겠는가 하는 점이다.

이를 위해 한국문화를 중화문화권 속에서 파악하게 되면 전자는 이해가 쉬우나 후자는 이해하기가 어렵게 된다. 즉 전자의 경우 중화문화권의 특성을 한자문화권으로 파악하게 되면 한국의 한자문화도 중화문화권 속에서 공통되는 문화라는 점을 쉽게 알 수가 있지만, 그러나 후자를 한국의 고유문화로서 특정 지을 수 있겠는가 하는 점을 규명하는 일은 결코 쉬운 일이 아닌 것이다. 따라서 이를 한국의 역사 안에서만 규정하려 든다면 많은 비판을 받게 될 것이다. 그렇기 때문에 중화문화권 안에서 이러한 한국문화를 비교해 보아야만 한국문화로서 특징지을 수 있게 된다는 말이 되는 것이다.

그렇다고 한다면 이때 또한 나타날 수 있는 문제가 있으니 그것은 바로 중화문화권인 동아시아세계 속에서 중국의 역사와 문화를 가장 높은 위에다 위치시켜 놓지 않으면 안 되는 이유는 무엇인가 하는 문제일 것이다. 그러나 이러한 점은 단순히 동아시아세계가 한자문화권이기에 당연히 중국을 중심으로 한 문화권이라는 사실 만에 의해서 그렇게 말해지는 것이 아니라는 점이다. 동아시아세계가 형성된 원인은 한자문화라고 하는 문화현상, 즉 문화 자체력의 전파력에 의해서 실현된 것이 아니라, 그것을 배후로 하여 이를 강하게 뒷받침해준 국제적 정치시스템 즉 책봉(冊封)과 조공(朝貢)체제라고 하는 것이 존재했기 때문에 그렇게 말할 수 있다는 것임을 주지해야 한다는 말이다.

책봉과 조공체제란 중국 왕조의 권위를 중핵으로 해서 구축된 정치시스템으로서 이 책봉과 조공체제의 확연(擴延)과 유지에 의해서 본격적으로 중화문화권인 한자문화권이 구축되게 되었던 것인데, 이 때문에 동아시아 각국이 중국의 역사와 문화를 배워야만 자국의 문화적 특성을 찾아낼 수 있다는 논리가 생겨나게 된 것이다. 이러한 국제적 정치시스템 속에서 중국의 역사와 문화가 한국의 역사와 문화에 연계될 수밖에 없었고, 따라서 이러한 연계성이 어떠한 의미를 갖는지 생각하지 않으면 안 되는 것이다.

이 때문에 우리가 현재의 중국을 이해하기 위해서 그 역사를 고대로까지 거슬러 올라가 배워야 하는데, 그 목적은 우리자신의 본래 모습을 알고자 함에서이다. 다시 말해서 이는 한국사 자체의 세계사적 이해를 위해서 불가피한 일이라는 것이다.

그러면 우리가 중국역사를 배운다는 의미는 무엇인가? 중국의 역사 속에서 교훈을 찾아, 혹은 그 속에서 현재와 유사한 위상을 찾아내어 그것에 의해 자신의 미래의 행동지침을 배우고자 함에서인가? 그런 것은 아니다. 역사는 그 형상 하나하나가 일과성적인 것이기 때문에 거기에다 현재를 투영해 보려는 것은 이론적으로 성립이 안 되기 때문이다.

그렇기 때문에 중국의 역사와 문화를 배운다는 것은 어디까지나 과거의 특수구체적인 형상을 현재의 특수구체적 존재로서의 우리에게 접속시키려는 노력인 것이고, 역사의 법칙성이라든가, 구분론인가 하는 것은 그 접속하고자 하는 방법을 시도해 보는 것에 불과한 것이라고 하겠다. 따라서 우리가 중국의 역사와 문화를 배우기 위해서는 누가 무엇 때문에 그것을 배우려 하는가 하는 입장을 먼저 정해야만 할 것이다. 즉 중국역사와 문화는 어떻게 존재해서 우리에게 의미를 부여해 주는가를 생각해야 한다는 말이다. 그렇기 때문에 미래지향자인 우리가 구체적으로 이를 어떻게 설정시킬 것인가에 따라 자기 성찰의 대상이 되는 역사구조는 서로 다르게 나타날 수 있게 되는 것이다. 예를 들면, 중국역사와 문화를 배울 경우, 현재 중국인들이 배우는 그것과 우리 한국인이 배우는 그것과는 사실 구명에 있어서 공통적인 것이 있다고 하더라도 현재와의 접속이라는 의미에 있어서는 반드시 모든 것이 동일하지는 않다는 말이다. 왜냐하면 현재에 있어서 그들과 우리의 구체적 존재형태가 다르기 때문이다. 마찬가지로 중국인이 한국역사와 문화를 배우는 경우도 받아들이고 이해하는 형태가 그들과 우리와는 다를 수밖에 없는 것이다. 그러한 차이는 우리와 타국인과의 차이로서만 나타나는 것이 아니고, 현재의 우리와 과거의 우리가 서로 차이가 있는 것과도 같은 것이다.

이를 명확히 하기 위해서는 교섭사적 연구시각과 비교사적 연구시각으로 중국문화와 역사를 대하는 것이 좋은 방법이라고 할 수 있다. 교섭사적 관심이란 "구체적 교섭사실의 존재를 통해서만 보자는 것이고, 비교사적 관심이란 교섭사실의 유무에 한하지 않고 정치체제·사회구조·문화현상 등을 비교의 대상으로 하자는 말이다.

구체적으로 말한다면 교섭사적 시각의 연구란 한국과 중국이 어떤 관계를 가지며 역사를 전개해 왔는가 하는 문제의식으로, 예를 들면, 견수사·견당사 등의 사절 파견, 당에 유학생과 유학승의 파견, 고려와 송과의 무역, 명과 조선과의 교역 등을 통해 한국에 미친 영향을 파악해 보자는 것이고, 문화교류사적 시각의 연구란 중국에서 전해들어오는 문물(예 : 종이, 활자, 도자기, 산수화, 서예 등)을 통해 한국적 문화가 태동되게 된 배경을 살펴보는 연구방식이라고 할 수 있다.

또 비교사적 시각의 연구란 중국의 역사와 문화를 우리의 역사와 비교하는 것에 의해서 그 역사의 보편적 성격과 특수한 성격을 적출(摘出)해 내자는 연구이다. 예를 들면 비교 법제사적 측면에서 "중국과 한국의 율령제 비교"라든가, 비교문화사적 측면에서 "중국의 과거제와 한국의 과거제 비교"라든가 하는 것이 그것이다.

그러나 비교사적 연구방법론에는 자체적 한계가 있는데, 그것은 비교 대상을 특정의 역사에서 추구하기 위해서는 그 이전에 "왜 특정지역의 역사를 비교고찰의 대상으로서 선택해야 하는가"라는 문제가 대두하고, 이 문제 설정에 필요한 논리가 비교사 연구의 방법론에 앞서 선행적으로 행해져야 한다는 점에서 한계가 있는 것이다. 이는 단지 중국의 역사와 문화를 대상으로 할 때만 나타나는 현상이 아니라 유럽사 등 전혀 다른 인류 역사연구에도 해당하는 말이다. 다른 또 한 원인은 비교하는 것에 의해서 양자가 구별된다는 점이다. 즉 어떤 성과가 있으면 그 성과가 있을수록 양자의 보편적 사상(事象)을 지적하는 수준에서 끝나고, 양자의 구체적인 상관성을 지적할 수 없게 된다는 점이다. 다시 말해 한국의 역사와 문화를 위해 중국의 역사와 문화를 연구한다는 것은 한국의 역사와 문화를 연구함에 있어서 부차적인 위치, 즉 보조적 역할을 할지는 몰라도 불가분의 관계로 이어지는 연구는 되지 않는다는 점이다.

그렇기 때문에 한국역사와 문화를 알기 위해서는 동등한 비중을 가지고 중국의 역사와 문화를 배우지 않으면 이해가 불가능하다는 사실을 세계사적 관점에서 생각해야만 하는 것이다. 여기서 말하는 세계사적 관점이란 앞에서도 지적한 바와 같이 범지구적인 세계사가 성립하기 이전에 있어서의 동아시아세계라고 하는 역사적 세계를 말하는 것이다.

따라서 이때의 동아시아세계라는 것은 무엇인지, 어떻게 형성되어 어떻게 추이(推移)되어 왔는지 등을 이해하지 못하면 안 될 것이다.

동아시아세계의 역사와 문화에 대한 이해가 깊으면 깊을수록 한국의 역사와 문화에 대해서도 일층 풍부한 이해를 가질 수 있게 될 것이다. 따라서 한국의 역사와 문화를 연구하려면 중국과 그 주변국가의 역사와 문화를 한국에 대한 관심과 마찬가지로 연구하지 않으면 안 되는 것이다. 이러한 시각에서 한국의 역사와 문화를 이해한다면, 동아시아세계의 정치적 해체가 이루어진 후에도 우리의 뇌리와 체질화 되어 남아있는 동아시아세계의 특성을 언제나 자각하면서 스스로를 되돌아보게 될 것이다.

그렇게 되면 미래를 지향해야 하는 우리의 현실적 과제에서 주변국가와의 연계가 얼마나 중요한 지를 재삼 인식하게 되어 주변국과의 합치된 인식을 찾고자 노력하게 될 것이고, 동시에 이러한 차원에서 미래에 대한 동반자적 가치체계를 구축하기 위한 논의가 나타나게 될 것이다.

끝으로 염려되는 점은 한국이 한자문화권에 속해있다고 할 때의 감정과, 한국이 중화문화권에 속해 있다고 할 때의 감정이 다를 수 있다는 점이다. 위화감과 저항감이 생길 수 있는 가능성이 있기 때문이다. 이는 한국어 속에 한자가 들어 있다는 사실에 대해서는 인정을 하지만, 한국문화와 중국문화는 표현형식에 있어서, 또 그 기저에 있는 심정(心情)을 볼 때 결코 동질적이지 않다고 이해하고 있기 때문이다. 그러나 한국문화의 개성적인 성격은 중국문화와의 접촉에 의해서 역사적으로 생성된 것이다. 또 중국문화 자체도 역사적으로 부단한 생성과정을 통해 발전해 왔다. 이러한 역사적 생성과정의 현재적 귀결점에서 양국문화 사이의 상위(相違)를 의식하기 때문에 이러한 위화감이 생겨나는 것이다. 그러나 이러한 의식에 기초해서 양자의 특성을 이해하려고 한다면 결국 중국역사와 문화뿐만이 아니라 한국의 역사와 문화조차도 이해할 수 없게 된다는 것을 명심해야 할 것이다.

2. 중국문화를 변용시킨 한국문화

어떤 민족이건 어떤 지역에서 일시적으로 크게 피어났다고 해서 그것이 그 민족이나 그 지역 문화의 하나가 되는 것은 아니다. 다시 말해서 장기적인 연속성을 갖는 전통이 있어야만 그 지역의 문화라고 할 수 있는 것이다. 그런 점에서 동아시아 문화는 이러한 점을 충족시키고 있기 때문에 동아시아의 문화로써 정리될 수 있는 것이다. 이러한 문화의 성립이 가능하게 된 중심에는 중국문화가 자리 잡고 있었기에 가능한 것이었다. 그렇다고 한다면 중화문화권에 속해 있는 나라들 문화는 모두 중국문화의 아류라고 해야 하는가 하는 문제가 대두하게 된다.

이러한 시각은 서양학계의 한국문화에 대한 생각을 통해서 엿볼 수가 있다. 그들은 한국문화를 중국문화와 일본문화의 모조품 내지 변종으로 잘못 생각하는 경우가 많다는 점이다. 아놀드 토인비는 『역사의 연구』에서 제2차 세계대전 전에 몰고 온 서양문명에 대한 위기의식 속에서 민족과 국가 단위의 역사연구 및 서술을 문명 단위로 바꿔 이해하려고 하여 40년간에 걸쳐 12권으로 된 책을 완성했다. 그는 이 책에서 한국문명을 일본문명권에 포함시켜 논의했는데, 그가 사망하기 3년 전인 1972년에 이 책의 축약본에서 한국문명을 세계 28개 문명 중 한 독립된 단위로 재설정했다. 비록 그가 사망 전에 한국 문화에 대해 독립성을 부여해주었지만, 현재까지도 서양 학자들의 동아시아에 대한 시각은 초기 토인비적인 시각을 벗어나지 못하고 있다.

일부 서양학자들은 동아시아 전통문화의 유기적 성격에 대해 주목을 하고 있기는 하지만 대부분의 학자는 동아시아의 전통문화를 「주변의 창조」라고 해석하고 있다. 즉 한국, 일본, 베트남, 티베트 등 중국 주변지역에서 이룩한 같은 종류의 문화적 성과를 그렇게 부르고 있는 것이다.

따라서 이러한 시각을 극복하기 위해서는 한국문화에 대한 연구를 "외래문화의 광범위한 수용과 그 토착화 과정에서 나타난 한국적 변용(變容)에 대한 시각"에 의해 그 방향을 설정해야 한다는 말이다. 이를 위해 먼저 한국문화의 형성과 외래문화의 관계를 살펴보아야 할 것이다. 한국문화란 오랜 세월 한민족의 유구한 세월 속에서 쌓아올린 역사적 경험의 총체라고 할 수 있다. 따라서 이를 고정 불변의 어떤 실체로써 파악하기는 곤란한 것이다. 예를 들면 신라문화와 고려문화가 다르고, 고려문화와 조선문화가 다르듯이 모든 문화는 하나의 살아 있는 생명체나 다름없는 것이다. 즉 조선의 경우 지배층인 사대부의 양반문화(관변문화), 피지배층인 서민·평민문화(민간문화, 表層文化, 기층문화)가 달라 그 문화의 공통분모를 찾기가 어렵다는 말이다. 이처럼 이들 문화에는 연면성(連綿性)이 있는 것도 있고, 소멸된 것도 있으며, 새로 형성되어 발전해 온 것도 있는 것으로, 한 시대의 문화라고 해도 그 문화의 구조가 같은 것이 아니라고 할 수 있는 것이다.

그러면 한국문화에 있어서 외래문화의 작용은 어떤 것일까? 그것은 한마디로 말해서 문화의 태동을 가져오는 커다란 외부의 충격과 같은 것이었다. 다시 말해서 외래의 선진문화가 전해준 영향이 크면 클수록 외래문화의 자극이 커서 새로운 자국문화를 유발시키는 계기가 되었다는 말이다. 그렇다고 외래문화의 요소가 많이 섞인 문화라고 해서 한국문화를 잡종이라고는 할 수 없는 것이다. 이는 다시 말해서 자국의 문화가 외계와 활발히 접촉하는 가운데 생동하고 있었음을 의미하는 것이라고 할 수 있기 때문이다. 예를 들면 고구려, 백제 문화가 세련되고 발달했다면, 신라문화는 민족적 특성을 지니고 있다고 할 수 있고, 조선의 백자는 임진왜란을 통해서 알 수 있듯이 한국적 도자기의 격조와

미학의 아름다움을 보여준 한국미의 완성이라는 평가를 듣는 데서 알수 있는 것이다.[28]

　사실 외래문화의 영향은 고대국가의 형성 및 고대문화의 형성에 큰영향을 미쳤는데, 예를 들면 부여(扶余)의 경우 내부적으로 고대국가의형성 기반을 갖추고는 있었으나 진한(秦漢) 세력이 요동(遼東)에 뻗쳐올때 이에 대응할 필요를 느끼며 국가의 기틀이 형성되었고, 고구려는 한사군(漢四郡) 중 낙랑(樂浪)이 한(漢)문화 유입의 창구역할을 해왔지만, 고구려가 낙랑군을 속지화 한 뒤(4세기 초)부터는 중국의 고급 물질문화가한반도 전역에 확산되었던 경우를 통해 알 수 있는 것이다.

　이처럼 한반도에 전해진 외래문화인 중국문화에는 불교경전, 율령제도, 각종 기술, 정치, 사상, 문화 등 모든 방면에 걸쳐서 2000년 이상 지속적으로 유입되면서 한국문화의 창조에 큰 영향을 주었던 것이다. 물론 중국문화 이외에도 중앙아시아지역(西域)의 문화는 통일신라 때 당제국을 거쳐 수용되었고, 몽골(세계제국인 元)문화는 정치적 간섭 하에서한국의 고유 음식·의복·신발·모자·풍속 등이 전달되어 고대의 한류(漢流)라고 할 수 있는 고려풍(高麗樣)이 일어나게 하기도 했던 것이다. 특히 이 당시 전해진 이슬람 과학문명은 조선 초기 수학·천문학 발달의원동력이 되기도 했던 것이다. 명청시기에는 서양의 과학문명이 전래되어 실학운동을 전개시켜 당시 사회에 통렬한 자각과 자기비판을 가능케 하는 바탕이 되기도 했던 것이다.

　그러나 여기서 강조해야 할 점은 이러한 외래문화의 충격 속에서 한국의 문화가 창조되었다고 해서 그것이 외래문화의 아류로 치부해서는안 된다는 점이다. 예를 들면 한자의 모양을 본떠 글자 화 한 한글은 세종대왕의 창조적 소산으로, 다른 민족인 거란, 여진, 티베트 계통의 탕

---

28. 세계 도자기의 흐름을 연구하는 자들은 세계도자기의 흐름이 색회(色繪)자기라는 측면에서의 발전경향으로 말미암아 도자기 제조기술의 정체를 가져왔다고 하는 부정론을 주장하는 반면, 조선백자의 경우는 도자기의 격조와 미학을 높인 기술의 완성이라고 하는 긍정론을 주장하고 있다.

구트족(Tangut)[29]은 정복왕조 수립 뒤 중국문화에 동화되지 않고 유목민족문화를 지키기 위해 민족적 각성 하에서 문자를 발명하였으나, 한자를 바탕으로 만들었기에 이후 모두 소멸되고 말았다. 그러나 몽골문자는 티베트의 고승 파스파가 한자와 상관없는 문자를 발명했기에 오늘날까지 현존하고 있는 것과 같은 이치이다.

　이러한 한국문화는 세계문화적인 것이라기보다는 전통 문화 유산을 말하는 것이라고 할 수 있을 것이다. 즉 과거의 영향 하에서 오늘날까지 지속되고 있는 것을 말하는데, 한번 전래된 후 지속적인 발전으로 이어지지 못하고, 연관된 분야에 영향을 미치지 못했다면 그것은 한국 문화가 될 수 없는 것이다. 다시 말해서 한 시기 존재했던 문화가 자연적으로 혹은 의도적으로 부활 및 재창조된 것을 말하는데, 예를 들면 자연적으로 재활된 것으로는 오늘날 실용성은 없어졌으나 예술로서 다시 재활된 서예를 들 수 있고, 인위적으로 재창조된 것으로는 씨름, 태권도, 사물놀이 등이 그 대표적인 예이다. 시대적으로 나타났던 이러한 변용과정을 통해 나타난 한국문화로는 삼한(三韓)시기의 삼신사상(三神思想), 토템신앙, 소도(蘇塗)[30] 고려시대 불교사원에 삼신각(三神閣, 財産), 농신각(農神閣, 農事), 칠성각(七星閣, 出産) 등이 건립된 것은 한국 전통의 민간종교와 불교가 혼합된 것을 의미하는 것이고, 조선시대의 유교, 근대의 기독교, 현대의 드라마, 영화, 음악 등에서 최근 글로벌적으로 풍미하고 있는 한류(韓流)[31] 등을 들 수 있다.

---

29. 6세기 무렵부터 14세기경까지 중국 북서부를 중심으로 활약한 민족이다. 티베트계 강족(羌族)의 일족으로, 여러 부족으로 나뉘어 7세기 초부터 토번(吐蕃:티베트)과 칭하이[靑海] 지방의 강국 토욕혼(吐谷渾) 사이에 있는 지역에 거주하였다. 탁발부(拓跋部)의 수령 탁발적사(拓跋赤辭)가 토욕혼의 왕가와 통혼하면서 최강의 부족으로 군림하여 탕구트족의 지도권을 장악하였다. 당(唐)나라 태종의 회유책에 따라 탕구트족은 당에 복종하고 탁발적사(赤辭)는 이씨성(李氏姓)을 받았다.

30. 소도(蘇塗) : 각 고을에 방울과 북을 단 큰 나무를 세우고 천신(天神)에게 제사를 드리던 일,

31. 한류는 서양의 정서와 동양의 정서를 혼합시켜 창조한 장르로서 폭발적인 인기를 끌고 있는 것은 바로 한국문화의 전통적 성격인 전래문화의 변용을 가장 대표적으로 완벽하게 창조해 낸 것이라고 볼 수 있다.

이처럼 한국문화는 외래문화의 광범한 수용과 그 토착화 과정에서 한국적으로 변용(變容)된 특성을 가지고 있다는 사실을 이해하는 것이 한국문화를 이해하는데 있어서 필수적인 일이다. 따라서 가장 많은 영향을 준 중국문화의 원천을 이해해야 만이 한국문화의 특징을 구별해 낼 수 있는 것이고, 그럼으로써 같은 계열의 문화이지만 그 속에 보이는 특징이 다르다는 점을 찾아낼 수 있는 것이다. 오늘날 한중간에 벌어지고 있는 단오절, 아리랑 등의 원류에 대한 논쟁 또한 이러한 시각으로 접근한다면 쉽게 결말지을 수 있는 것이다. 이러한 중국문화의 한국적 변용에 대한 예는 수도 없이 많다. 하지만 지면상의 문제로 본고에서는 유교의 전래와 수용 과정을 통해서 대표적인 한국적 변용 상황에 대해 살펴보고자 한다.

3. 유교를 통해 본 중국문화의 한국적 수용 모식(模式)

　전통적 유학사상은 송대에 이르러 '신유학(Neoconfucianism)'[32]이라고 불릴 정도로 획기적인 변화가 일어났다. 이 새로운 유학을 총 정리하여 체계화한 학자는 주자(朱子)였다. 이러한 신유학을 주자학 또는 성리학(性理學)이라고 하는데, 이는 세계를 설명하는 방식이 성리학이 그 이전의 유학과 질적으로 달라졌다는 점에서 신유학이라고 명명되게 된 것이다.

　이전의 유학들은 끊임없이 변화하는 세계를 세계의 전체로 인식하고, 운동의 원인을 현상계(現象界) 자체에서 찾으려는 경향이 강했다. 그런데 주자는 세계를 운동하고 변화하는 현상계와 그 형이상학적 근거가 되는 원리의 세계라는 이중 구조로서 파악했다. 즉 인간의 마음은 사물이 자극을 받지 않을 때는 발동하지 않아서 고요하다가 자극을 받으면 발동하여 움직이고, 그러다가 다시 고요해지는 반복운동을 거듭한다고 했고, 자연계도 밤과 낮이 순환하며 더위가 가면 추위가 오고 추위가 가면 더위가 오는 반복운동이 계속된다고 했으며, 인간의 마음과 자연은 동일한 유형으로 변화한다고 했다. 이를 위해 주자는 마음의 작용과

---

32. 신유학은 12세기에 남송의 주희(朱熹)가 집대성한 유교를 말하는데, 송나라 시대 이전의 유학의 가르침을 집대성한 새로운 기풍의 유학이라는 뜻에서 신유학이라고 하며, 주희가 주창한 성즉리(性卽理) 이론을 축약하여 '성리학'으로도 부른다. 혹은 주자(주희)의 이름을 따서 주자학(朱子學)이라고도 하고, 송나라 시대의 유학이라는 뜻에서 송학(宋學)이라고도 한다. 또 정호(程顥)와 정이(程頤)에서 주희(朱熹)로 이어지는 학통이라는 뜻에서 정주학(程朱學), 정주 성리학(程朱性理學), 또는 정주 이학(程朱理學)으로도 불리고, 이학(理學) 또는 도학(道學)이라고도 한다. 학문의 목적은 위기지학(爲己之學, 자기수양을 위한 학문)이다.

천체의 운동을 관찰하고 역법(曆法)에 관한 문헌들을 연구해 이와 같은 움직임이 일어나는 필연적인 이유와 근거를 탐색했다. 그리하여 순환적으로 운동해 변화하는 현상계를 '기(氣)'로 규정하고 그 근거를 '이(理)'로 규정했다.

즉 『주역(周易)』에서는 "한 번은 음적(陰的)인 방향으로 운동하고, 한 번은 양적(陽的)인 방향으로 운동해 가는 것을 도(道)라고 한다"고 하여, "일정한 질서 하에서 세계의 변화는 일어나는데 이것이 바로 '도'이다"라고 한 것이 당시까지의 일반적인 사고였던 것인데,[33] 주자는 이러한 사고에 대해 "음양이 순환적으로 운동하는 것은 '기'이며, 그 '이'가 곧 '도'"라고 설명함으로써, 이로부터 세계는 '이'와 '기'의 이중(二重) 구조로써 파악되기 시작했던 것이다.

다시 말해서 이러한 '이'와 '기'는 "서로 분리되지 않으면서 동시에 섞이지도 않는 관계(不離而不雜)"에 있는데, "분리되지 않는다"는 것은 '이'와 '기'가 시공간적으로 분리되지 않는다는 것이다. 즉 '형이상'과 '형이하', 그리고 '절대적 가치'와 '상대적 가치'라는 독자적 영역을 갖는다는 것이었다.[34]

이러한 주자학이 갖는 특징은 '자연'과 '인간의 마음(心)'을 '이'와 '기'라는 개념으로 설명해 체계화 했다는데 있다.[35] 그 중에서도 '마음(心)'이 보다 중심적인 과제였다. 이러한 '마음'은 '성(性)'과 '정(情)'으로 이루어지며, '마음'의 본체가 '성'이고 작용이 '정'이라 하였다. 주자는 이 가운데 '성'을 주제로 삼아 '이기론'으로 설명하는데 심혈을 기울였다. 그는 『중용』 1장에 있는 "하늘이 명령해 부여해 준 것을 '성'이라고 한다"라는 구절을 해석하면서, "'성'은 곧 '이'이다"라고 정의했다.[36] 즉 인간의 본성

33. 『周易』「계사전(繫辭傳)」
34. 崔永眞, 「退溪 李滉」, 살림, 2002, 53쪽.
35. 이는 당시까지는 볼 수 없었던 "宇宙와 個人"과의 관계를 문제로써 다루었던 것이다.
36. "天命之謂性, 率性之謂道, 修道之謂敎", 「中庸」「天命章」.

은 모든 가치의 근거가 되는 '절대선(絕對善)' 그 자체라는 것이었다.

그러나 현실에서 인간은 '선'한 정도가 모두 다르며 '선'하지 못한 경우도 있다. 이에 대해 주자는 현실적으로 존재하는 모든 것은 '이'와 '기'의 '합(合)'인 '마음(心)의 본체'이기 때문에 어떤 방식으로든 '기'와 연계되어야 한다고 하여, 일단 '이'와 '기'가 '결합'해야만 현실적인 '사물의 본성'이 된다고 보았다. 그런데 '이'와 '기'가 '결합'하면 '기'의 청탁 정도에 따라 그 '선'함이 구현될 수도 있고 은폐될 수도 있는데, 이러한 탁(濁)한 '기'는 수양과 교육 등을 통해 인간의 선한 본성을 실현시켜 성인이 될 수도 있다고 했다.

종합해 볼 때, 주자가 맹자의 '성선설'을 계승해 "성(性)이 곧 이(理)"라고 한 것은 인간은 '이'라는 본성을 갖고 있기 때문에 누구나 절대적으로 선한 존재라서 도덕적 행위가 가능하므로, 수양을 통해 본성의 '선'함을 회복하고 이를 사회적으로 실천해야 한다는 것이었다.

그러나 주자는 '성'과 더불어 '마음(心)'을 구성하는 또 하나의 요소인 '정(情)'에 대해서는 "성이 발현되어야 '정'이 된다"라는 정도의 언급만 했을 뿐 체계적인 설명은 하지 않았다. 즉 중국의 성리학에서는 '정'은 문제로써 인식되지 않았던 것이다. 그런데 조선에서는 이 '정'에 대한 문제가 본격적으로 제기되었던 것이니, 이점이 중국의 주자학과 조선의 주자학의 차이점이라고 볼 수 있고, 또한 조선의 독창적인 이론체계라고도 할 수 있는 것이다.

이러한 이론을 체계화하는데 나타난 논리가 '사단칠정론(四端七情論)'이었다. 이 이론 체계는 16세기에 들어와 체계화 되었는데, 물론 사단(四端)[37]

---

37. '四端'은 孟子가 인간의 本性이 善하기 때문에 道德的 行爲가 가능하다는 자신의 주장을 논증하기 위해 제시한 것이다. 그는 '不忍人之心(다른 사람에게 차마 하지 못할 짓을 하지 않는 마음)'의 구체적이고 경험적인 내용이 四端이라고 했다. 즉 '惻隱之心' '羞惡之心' '辭讓之心' '是非之心' 등 네 가지 도덕적으로 선한 감정을 가진 인간이기에 도덕적 행위가 가능하다는 것이다. 『孟子』 「公孫丑上」 第6章.

은 『맹자』에서, 칠정(七情)[38]은 『예기(禮記)』에 나오는 말이고, 주자가 단과 칠정을 함께 언급하기도 했지만,[39] 이를 하나의 학설로서 체계화 한 것은 중국이나 일본에는 존재하지 않았다는 데서 조선성리학의 독자성을 말할 수 있는 것이다.

이 이론의 핵심은 '사단'과 '칠정'이라는 '정', 특히 '사단'을 '이기론'으로 어떻게 설명할 수 있는가 하는 점에 있었다. 다시 말해서 조선의 유학자들이 '마음(心)'의 실질적인 작용인 '정'을 주제로 설정했다는 것은 철학적 논의를 보다 현실화시키고, 구체화시켰던 것이라 할 수 있다.

특히 8년 동안이나 진행되어 온 '퇴고사단칠정논변(退高四端七情論辨)'은 기대승(奇大升)이 이퇴계(李退溪)의 견해를 받아들이며 종결되었는데,[40] 이러한 논변(論辨)을 통해 중국의 주자학이 한국의 성리학으로 토착화되는 기반이 구축되었고, 유학사상이 한 단계 발전하는 계기가 되었다. 이러한 조선 성리학자들의 이기론 논변은 이후 우주론(宇宙論), 심성론(心性論), 수양론(修養論) 등에 대한 논변으로까지 이어졌다.

나아가 조선의 성리학은, 중국의 주자학이 '수신'을 강조하는 '수기지학(修己之學)'적 특징과 '치인(治人)'을 강조하는 '치인학(治人學)'적 특징을 동시에 가지고 있었던 데 비해, 조선은 이를 수용하면서 '수기지학'적 특

---

38. 『禮記』「禮韻」편에 나오는데, "무엇을 인간의 情이라고 하는가? 喜怒愛懼哀惡欲 일곱 가지는 배우지 않아도 能한 것이다"고 하여 이러한 일곱 가지 인간의 정감을 '七情'이라고 하였다.

39. 四端七情論辨에서 문제가 되는 것은 七情이 아니라 『中庸』 1장에서 나오는 '喜怒哀樂' 네 가지 감정인데, 그런 면에서 七情은 인간의 감정 전체만를 포괄하는 일반 명사로서 숫자에는 크게 구애받지 않았던 것이다.

40. 四端과 七情은 본래 아무런 連關性이 없는 概念이었다. 이 두 개의 개념이 연관성을 가지며 나타나는 것은 權近(1352-1409)의 『入學圖說』에서 비롯되었다. 그리고 이러한 시도는 그 후 柳崇祖(1452-1512)의 『大學十箴』으로 이어져 四端과 七情에 대한 命題가 설명되어 지다가 이것이 鄭之雲(1509-1561)의 『天命圖解』를 통해 四端과 七情을 理와 氣로 설명하면서 論爭의 導火線이 되었다. 그 이유는 李退溪가 이 『天命圖解』를 보고 鄭之雲을 만나 토론하고 연구하여 1553년 修訂本을 확정했는데, 이를 본 奇大升(1527-1572)이 이 책을 비판하면서 '退高四端七情論辨'이 시작된 것이었다.

징이 강화된 형태로 변화시켰던 것이니[41], 이는 새로운 치세(治世)를 열고 있던 조선정부의 통치이념에 더욱 부합되는 이념을 찾으려는 노력의 일환에서 비롯된 것이었다. 한마디로 말해서 중국의 치세원리를 조선의 환경에 맞게 변형시켰다고 할 수 있는 것이다.

이러한 중국의 성리학을 한국의 환경에 맞게 변형시킨 조선의 성리학을 통해 중국문화의 한국적 변용, 다시 말해 중국문화의 한국화 현상을 가장 극명하게 볼 수 있는 것이다. 이런 점에서 한국문화를 중국문화의 아류라고 할 수 없는 것이고, 이러한 점이 한국문화의 독창성을 말해주는 것이다.

---

41. 阿部吉雄, 『日本朱子學と朝鮮』, 東京大學出版會, 1965, 1~3, 39쪽.

제3장

고대 한중 양국의
유기적 관계

이처럼 주변민족을 차별화시키는 것만으로는 이들을 순리적으로 통치해 나갈 수가 없다는 것을 알고, 중국의 군주는 '덕'이 있는 성인이기에 '덕력'으로써 그 '덕'을 주변에 미치게 해야 한다고 생각하였던 것이다. 이는 곧 힘에 의해 지배하려는 것이 아니라 덕을 베풀어 지배력을 넓혀가려 했던 생각 즉 "결합의 논리"라고 할 수 있는 왕화사상을 갖게 되었던 것이다. 바로 이 논리에 의해 중국의 지배질서가 나타나게 되었던 것인데, 이를 실질적인 행동으로 나타냈던 것이 바로 조공제도였다.

1. 중한의 조공관념과 제도

1) 중화의 지배질서 이념과 조공 기능의 변질 배경

한국의 역사는 중화문화권 속에서 전개 발전되어 왔음은 이미 앞에서 지적한 바와 같다. 따라서 문화적인 영향만을 받은 것이 아니라 정치적, 외교적 영향 또한 대단히 컸던 것이다. 이러한 중화문화권의 범위는 대체로 돈황(敦煌, 서쪽 경계), 한국, 일본, 베트남의 하노이(남쪽 경계), 중국 동북방지역 및 이들 나라와 연관되어 있던 주변 지역을 포함하는데,[42] 이들 지역 모두는 중국 왕조의 권위를 중심으로 구축된 정치시스템인 책봉체제(冊封體制)[43]에 의해 통치되어 졌고, 이 체제를 뒷받침 해주었던 제도가 바로 조공제도(朝貢制度)[44]였던 것이다.

이러한 중화문화권을 통치하기 위해 중국의 왕조들이 취한 사상으로는 "분리의 논리"라고 할 수 있는 "중화사상(中華思想)" 곧 "화이사상(華夷思想)"이 있었고, "결합의 논리"라고 할 수 있는 "왕화사상(王化思想)"이 있었다.

"중화사상"이란 중국이 천하의 중심이고, 유일하게 뛰어난 존재라고

---

42. 이들 지역에서 공통되는 문화적 요소로는 한자, 율령제, 유교사상, 불교사상 등 4가지가 있다. 따라서 이러한 4가지 요소를 포함하는 문화양상이 갖추어져 있다면 중화문화권에 속한 지역이라고 볼 수 있다.

43. 책봉 : 왕세자(王世子), 세손(世孫), 비(妃), 빈(嬪) 등의 지위에 봉하여 세우는 일을 이르던 말.

44. 조공 : 속국(屬國)이 종주국에게 때맞추어 예물을 바치는 일이나 그러한 예물을 이르던 말.

하는 의식으로, 중국을 중심으로 하여 그 주변 민족은 이적(夷狄)이라고 생각하는 사상이었다. 그래서 중국은 주변 사방에 대한 사위(四圍)인식이 동이(東夷), 서융(西戎), 남만(南蠻), 북적(北狄) 으로 나누어 생각했던 것인데,[45] 이처럼 화(華)와 이(夷)를 구별하려는 의식이 바로 "중화사상"이었던 것이다. 한마디로 말해서 주변에 거주하는 야만족들이 한족을 침범 지배하게 되어도 그들은 곧바로 한문화에 동화될 수밖에 없었던 것처럼 어떤 문화라도 중화문화를 능가할 수 없다 는 사상이었다. 이러한 현상은 4세기에 5호16국시대의 흉노(匈奴), 갈(羯), 선비(鮮卑), 티베트(西藏), 강(羌) 족들이 대변해 주었고, 12세기의 위구르족, 여진족, 거란족, 13세기의 몽고족, 17세기의 여진족 등이 대변해 주었던 것이다.

그러나 이처럼 주변민족을 차별화시키는 것만으로는 이들을 순리적으로 통치해 나갈 수가 없다는 것을 알고, 중국의 군주(王, 天子)는 '덕'이 있는 성인이기에 '덕력(德力)'으로써 그 '덕'을 주변에 미치게 해야 한다고 생각하였던 것이다. 이는 곧 힘에 의해 지배하려는 것이 아니라 덕을 베풀어 지배력을 넓혀가려 했던 생각 즉 "결합의 논리"라고 할 수 있는 왕화사상(王化思想)을 갖게 되었던 것이다.

바로 이 논리에 의해 중국의 지배질서가 나타나게 되었던 것인데, 이를 실질적인 행동으로 나타냈던 것이 바로 조공제도였다. 즉 중국왕조에 대해 조공을 하면 그들에게 덕을 베푸는 차원에서 회사(迴賜)를 했던 것인데, 이는 중국 왕조의 판단에 따라 그 질과 양이 조정되었다.

이러한 조공은 중국 왕조가 힘이 있을 때는 중국왕조의 전례에 따라 행하여 졌다. 즉 수많은 조공국에서 조공을 해오면 조공국의 순위를 결정해 놓은 법전의 기술에 따라 회사(迴賜)를 해주면 되었던 것이다. 그러나 중국 왕조의 세력이 약화되면 그것은 조공국 입장에서는 이러한 시스템을 달리 활용할 수 있는 기회가 되었던 것이다. 그러한 시기로 전환

---

45. 중국은 전통적으로 사위(四圍)를 '동서남북'으로 인식하지 않고, "동이, 서융, 남만, 북적"으로 생각했다.

될 수 있었던 시기는 바로 고대 중화문화권의 통치시스템이 붕괴되어 갔던 10세기 당 제국의 멸망 이후였다. 강력한 중국왕조였던 당나라의 멸망으로 말미암아 중화문화권의 구심적 존재가 없어짐으로 해서 당과 책봉관계를 맺고 있던 주변 국가들이 크게 변화하기 시작했던 것이다.

이들 주변 국가의 변화는 여러 형태로 나타났는데, 예를 들면, 신라의 경우에는 국내의 동요가 시작되어 국가가 분열되었고, 결국은 고려라는 새로운 국가가 출현하게 되었다. 발해(渤海)의 경우는 서쪽에서 거란족이 강력하게 대두하면서 이들이 중국 동북지역을 지배하기 시작하게 되자 5대10국의 혼란기를 태동시켰고, 5대국의 하나였던 후진(後晉)이 거란에 신속(臣屬)되어 이전에 없었던 이적(夷狄)의 수장이 군주가 되고 중국왕조의 황제가 신하가 되는 역현상이 일어났는데, 이러한 관계는 이후 송나라가 성립되면서 거란도 송도 황제를 칭하게 되자 송 황제가 형, 거란 황제가 제로 칭해지는 역 현상으로 이어졌다. 이후 여진족의 금나라가 나타나면 여진의 황제가 백(伯), 송나라 황제가 질(姪)이 되었으며, 남송시대가 되면 금나라 황제가 송나라 황제를 책봉하게 되어 송나라는 금나라에 대해 신하로 칭하게 되는 기현상이 나타나게 됐던 것이다. 이처럼 당나라 이전의 국제질서는 크게 동요되어 중국왕조가 중화문화권 질서체제의 중심이라고 하는 상황이 무너져 버렸던 것이다.

이러한 중국왕조의 미약함은 각 지역에 존재하던 중국적 공통문화가 지역별 특징을 가진 문화로 변화되기 시작하는 현상을 가져왔다. 그중에서 가장 두드러진 현상은 각 민족의 문자가 출현하기 시작하여 독특한 문화가 형성됨으로서 한자문화권에 의한 공통성이 없어지게 되었다는 것이다. 예를 들면 일본의 가나(仮名)문자가 나타나 국풍문화(國風文化)가 발달하게 되었고, 거란(契丹)의 거란문자, 여진족(女眞族)이 거란을 멸망시키고 금을 세운 후 만든 여진문자, 이미 8세기에 만들어진 통일신라의 이두(吏讀)문자, 베트남의 추놈(chū Nôm, 字喃·𡨸喃·𡦂喃)문자 등이 개발되었던 것이다.

이러한 독특한 문화의 발전은 중화문화권의 새로운 체제를 성립시키게 되었고, 당이 관리해오던 정치적인 국제질서(힘에 의한 지배체제)가 붕괴한 대신 국제적 교역권으로서의 중화문화권 체제를 출현시키는 계기를 가져오게 했다. 그러한 배경에는 당의 멸망과 오대십국의 혼란, 그리고 송나라의 건국이라는 급변하는 시기에 있었으면서도 경제가 계속 발전되어갔기 때문이었다.

농업은 화북지역이 조작(粟作) 중심에서 당말 이후 소맥(小麥)재배로 발전하여 조(粟)와 소맥이 같은 경지에서 재배되기 시작하는 2년3모작이 보급되었고, 강남지역에서는 벼와 밀이 윤작되는 1년 2모작이 성행되었으며, 견직물, 도자기, 칠기 등 상품적 수공업이 활발하게 생산되면서 시장이 발달하게 되자 대량의 동전제조가 실행되게 되는 등 경제체제가 급속도로 변화되면서 경제의 활성화가 이루어졌던 것이다.[46]

이러한 것은 군사력에서 거란과 여진에게 밀린 북송이 남쪽으로 밀려와 남송을 건국하면서 함께 온 우수한 문화와 지식계층들에 의해 강남의 지리적 조건에 맞는 경제개발이 진행되게 되면서 나타나게 되었다. 특히 군사력의 약화로 주변국가에 대한 효과적인 지배를 실행하지 못했던 송나라는 강남지역의 경제력을 근거로 한 경제교류를 통해 주변국을 통치하는 새로운 지배체제를 가져오게 하였다. 그리하여 중국과 조선·일본, 그리고 중국과 거란·여진과의 교역관계를 탄생시킴과 동시에 동남아시아와 아라비아상인들과의 접촉까지 시작되면서 오히려 중화문화권의 행동반경은 이전보다 더 넓어져 갔던 것이다.[47]

---

46. 허야오민(賀耀敏) 저, 김승일 역, 『중국경제사』, 서울, 集玉齋, 2010, 145-146쪽.
47. 허야오민(賀耀敏), 앞의 책, 133-156쪽.

2) 외교형식의 조공에서 무역형식의 조공으로

이러한 상황에 신속하게 대처하면서 전통적 외교형식의 조공관계를 무역형식으로 바꿔나간 것이 고려였다. 당시 상인들의 무역교류 상황은 다음의 기록을 통해서 엿볼 수가 있다.

"송나라 시기에는 해외무역이 상당히 발전하였다. 해외로 연계되어 있던 지역이 아주 광범위하게 퍼져 있었으며, 수출입 화물의 품종과 액수도 아주 많았다. 이 몇 가지는 모두 다 과거의 왕조를 초월하는 액수였다. 송나라는 당시 세계에서 가장 중요한 해상무역국이었다."[48]

송 왕조는 합법적인 민간무역을 고무하고 지지하는 정책을 취했다. 송나라 초기 광주·명주·항주 등지에 시박사(市舶司)를 설치하였으며, 경성 개봉에 교역원(權易院)을 설치하여 전문적으로 대외무역을 관할케 했다. 외국 상인을 유치하기 위해 984년 송 태종은 8명의 태감(太監)에게 칙서와 금은 비단을 주어

"네 방향으로 나누어 해남 각 번국(蕃國)으로 가서 향약·물소·상아·진주·용뇌(龍腦) 등을 구입하게 했으며, 매 방향마다 이름이 명시되어 있지 않은 조서 3개를 가지고 가서 가는 곳마다 나누어주도록 했다".[49]

송나라에서는 지금의 동남아시아·남동아시아 일대로 해외무역을 확대했다. 이곳으로 해외무역을 개척한 것은 영토에 관한 걱정이 없었기 때문이었다. 그러나 고려와의 민간무역을 발전시키려면 요(遼)나라의 존

---

48. 「중국역사대백과전서(中國歷史大百科全書)」「중국역사권(中國歷史卷)」, '송(宋)', 1004쪽.
49. 「송회요집고」, 직관(職官) 44의 2.

재를 생각하지 않을 수 없었다. 앞에서 이미 언급한 것처럼 변방의 기밀 문서가 요나라에 흘러 들어가는 것을 막기 위해서 송 왕조에서는 고려에 대해서도 전적 수출을 제한하는 책략을 취했다. 송·요 관계의 제약을 받음으로써 북송 정부 당국은 고려와의 무역을 발전시키는 데 주저하여 관리기구의 설치도 늦어졌다.

북송시기 송나라와 고려와의 해상무역의 주요 항구는 교동반도에 위치한 등주(登州)와 밀주(密州)의 판교진(板橋鎭)이었다. 1088년에는 판교진에다 시박사를 설치했다.[50] 1083년 밀주지주(密州知州) 검악(范鍔)이 밀주 해외무역의 발전 상황을 토대로 조정에 상소를 올렸다. "본주 판고진에 시박사를 설치하고 해무(海務)·가농(賈籠)[51]을 기용하여 그들의 전리권을 황제에게 귀속시키는 것이 바람직합니다"라는 내용이었다. 범악은 판교진에 시박사를 설치하게 되면 6가지 유리한 점이 있다고 주장했다.

"첫째는 상인들이 농촌의 물품을 수입함으로써 변경에 대한 경비를 해결할 수 있다.
둘째는 물소 뿔·상아·유향 등의 보물을 받아서 궁에 제공할 수 있다.
셋째는 경사에 보내는 예물과 변방 각 기관의 상금을 해결할 수 있다.
넷째는 시세에 따라 무역을 하기 때문에 몇 달 지나지 않아 몇 배의 이득을 볼 수 있다.
다섯째는 동경·하북 각 군현의 세금을 징수할 수 있다.
여섯째는 외국 상인들을 유치할 수 있어 보물을 많이 수입할 수 있다."

송나라 당국에서는 범악의 의견을 도전운사(都轉運使) 오거후(吳居厚)에

---

50. 『송회요집고』, 직관 44의 8.
51. "가농은 상인으로서 직접 보고하는 우두머리(賈籠即賈直言之父也.)" 『이문집(異聞集)』

게 넘겨 심의하게 했다. 오거후는 심의한 후 평가를 다음과 같이 했다.

"이렇게 한다면 명주(明州)와 광주(廣州)에 이미 건립한 제도관리 문제를 견제하게 된다. 절강·광주·강소·회하(淮河) 등 몇 곳은 공적·사적으로 관련이 있을 뿐만 아니라 바다로는 남부 번국(蕃國)이 가장 멀다. 등주(登州)와 내주(萊州)는 동북에서 요나라와 가까이 있어 법을 세운다고 해도 이를 실행하기 어렵고, 판교는 상업지역이 아니기 때문에 실행하지 않는 것이 좋을 것이다."[52]

그러나 "명주와 광주에 이미 건립된 제도를 견제하게 된다"는 것은 완전히 기우(杞憂)였고, 또 판교가 상업지구가 아니라는 말도 억지가 없지 않다. 판교진은 교주만(膠州灣)에 위치하고 있으며 좋은 항구와 가깝게 있었기 때문에, 범악이 밀주(密州)의 장리(長吏)로서 시박사 선택지를 판교진으로 잡은 것은 아주 명철한 선택이었다. 오거후가 판교진에 시박사를 건립하는 것을 반대한 세 가지 이유 중 '등주는 요나라와 가깝게 위치하고 있다'고 한 한 가지만 나름대로 이유가 있었다고 볼 수 있다. 그러나 이 한 가지 이유가 범악의 여섯 가지 편리한 요소를 이겨 조정에서는 결국 판교진에 시박사를 건립하지 않기로 결정했다. 그러나 판교진의 해외무역은 이 때문에 정지되지 않았다. 5년 후인 1088년 송나라 당국에서는 밀주 판교진에 시박사를 건립했으며 같은 해에 판교진을 교서현(膠西縣)으로 승격시켰다.[53]

송 정부가 고려에 우려를 많이 한 것에 비해 민간 상인들의 행동은 과감했던 것이다. 그들에게는 그 어떤 정치적·군사적 풍랑도 그들의 함선을 가로막지 못하게 했다. 그렇기 때문에 어떤 의미에서 보면, 이들 상인

---

52. 『송회요집고』, 직관 44의 7~8.
53. 『송사』, 권85, 「지리지1(地理志一)」, 2108쪽.

들의 행동 때문에 송나라가 결국 판교진에 시박사를 건립하도록 추진했다고 볼 수 있다.

　고려무역을 진행한 송나라 무역단의 규모는 제법 컸다. 몇 십 명에서 1, 2백 명에 달하는 상단들이 있었다. 현대 학자들의 통계에 의하면, 1012년부터 1278년까지 266년 동안 고려에 도착한 송 왕조의 상단(商團)은 129회 5,000여 명에 이르렀다.[54] 상인들에게는 모두 자신들의 우두머리가 있는데 그 우두머리들을 도강(都綱)이라 불렀으며, 고려 조정과 교섭할 때면 도강이 나섰다. 무역품은 고려 상층사회의 수요를 만족시켜주어야 했는데, 서적·약재·차·문방구·사치품 등이 위주였다. 송 왕조의 차는 무역의 주종을 이룬 품목이었다. 고려에 사절로 왔던 서긍(徐兢)은 고려에서는 "토산 차가 생산되지만 그 맛이 좋지 못해 중국 납차(臘茶)와 용봉차(龍鳳茶)[55]를 사절단에 부탁했다"[56]고 기록하였다. 상인들은 송나라에서 차와 서적 등을 고려로 수출하고, 또 고려의 특산물을 송나라로 수입했다. 부채는 고려 특산물의 하나인데, 그 품종으로는 탁선(擢扇)·백탁선(白擢扇)·송선(松扇)이 있었다. 그 중에 백절선(白折扇)은

---

54. 송희(宋曦), 「송, 고려무역에 있어 송상의 공헌[宋商在宋麗貿易的功獻]」, 『송사연구논총(宋史硏究論叢)』, 2집. 황관중(黃寬重), 「남송과 고려의 관계[南宋與高麗的關係]」, 『남송사연구집(南宋史硏究集)』. 대만신문출판공사. 양소전(楊昭全), 『중한관계사(中韓關係史)』(요녕민족출판사(遼寧民族出版社), 1992년)에서 인용하고 『고려사』 등의 사료를 근거로 만들었다. '고려로 간 북송상인 일람표[北宋商人赴高麗一覽表]'는 이 책의 129~133쪽에 있는데, 표에는 북송상인을 제외한 고려의 상인이 103차, 31,69명으로 기록되어 있다. 한편 140~141쪽에는 『고려로 간 남송상인 일람표[南宋商人赴高麗一覽表]』에서 32차, 1,771명으로 기록되어 있다. 남·북송을 합치면 135차, 4,840명이다. 송희와 양소전의 통계는 서로 차이가 있으나 숫자상으로 송과 고려의 민간상업 활동이 활발했다는 것을 보여준다는 점은 같다.

55. 송(宋)의 대표적인 고급차로 중국차의 역사상 가장 정교하게 만들어진 연고차로 서민들이 마시는 차와 구별되는 공차(貢茶)이다. 채취와 제조과정이 까다롭고 공정이 복잡할 뿐 아니라 점다 과정도 어려워 차를 공납해야 하는 서민들에게 많은 폐해를 준 차이다. 용과 봉황새 무늬의 거푸집에 넣고 눌러서 떡을 만들고, 불을 쬐어 말린 것이라서 용봉차라고 불리어졌다.

56. 서긍(徐兢), 『선화봉사고려도경』, 권32, 「기명3·차저(器皿三·茶俎)」, 109쪽.

74　한중관계의 오해와 진실

"팔소매에 넣고 다닐 수 있어 사용하기가 아주 편리했다"[57]고 했다. 이것은 송나라 선비들이 선호하는 물품이었던 것이다.

상인들의 목적은 실리를 추구하는 데 있다. 송나라 상인들이 『화엄경』을 고려에 밀수해간 것은 그들이 불교에 대해 독실한 신앙을 가진 데서 출발한 것이 아니었으며, 상인들이 유교경전을 밀수해간 것은 그들이 유교를 선양하기 위해서가 아니었다. 그러나 의식적이든 무의식적이든 상인들은 문화의 매개역할을 했던 것이다.

송나라 상인들의 역할은 여기에 그치지 않았다. "그들은 송나라와 고려의 경제교류와 문화교류에도 중대한 공헌을 했을 뿐만 아니라 평상시에는 부분적인 외교를 담당하기도 했다. 송나라와 고려 간에 정식 외교관계가 단절된 후 그들은 양국의 교두보적인 역할을 하였다. 상호간에 정보를 전달하는 등 양국 정부의 관계가 단절된 뒤의 부족한 점들을 보충해주었다. 이로 인해 쌍방의 관계가 완전히 단절되지는 않았으며 나아가서는 그들이 중간에서 조율하였기에 중지된 외교관계가 회복될 수 있었다."[58]

요나라와 금나라의 군사적인 압력 하에서 고려와 송나라는 바로 상인들의 중개 역할을 통해서 민간의 비밀외교를 진행하였고 송나라와 고려 간의 외교관계는 끊어졌다가도 다시 이어지게 됐던 것이다.

남송 때는 고려와의 외교관계가 정식으로 중단되었다. 그러나 송 왕조 조정과 지방관원들의 힘에 의해 상인들의 외교활동은 더욱 빈번해졌다. 상인들의 외교활동은 두 방면에 집중되었다

첫째는 정치적 정보를 전달하는 일이었다. 1128년 도강(都綱=綱首) 채세장(蔡世章)은 고종(高宗) 즉위의 조서를 고려에 전해주었다. 1131년 송나라의 도강 탁영(卓榮)은 소사(少師) 유광세(劉光世)가 황야차(黃夜叉) 장

---

57. 서긍(徐兢), 위의 책, 권29, 「공장2(供張二)」, 103, 104쪽.

58. 黃寬重, 앞의 책, 참조.

군에게 명하여 강을 건너 금나라 군을 격파했는데 3,000명이 투항하고 전사자들의 시신이 벌판을 뒤덮었으며 절반은 한인(漢人)이었다는 소식을 상주를 통해 고려 조정에 전해주었다. 또 절강 일대와 하북은 평안하며 황제는 월주(越州)에 주둔하여 건염(建炎) 5년을 소흥(紹興) 원년(元年)으로 개칭했다는 사실도 함께 전달했다.[59] 탁영이 가져다 준 소식으로 인해 고려 당국은 송 왕조와 새로 수교를 시도하였다. 이듬해 2월 고려는 예부원외랑(禮部員外郎) 최유청(崔惟淸)과 합문저후(閤門祗候) 심기여(沈起如)를 송나라에 파견하여 송나라와 수교할 의사를 전달했다.

상인들의 또 다른 역할은 금나라와 몽고의 정치적 동정을 탐지하는 것이었다. 예를 들면 1135년 송나라에서는 연해제치사(沿海制置使) 곽중순(郭仲荀)이 오돈례(吳敦禮)를 고려에 파견하여 여진(女眞)의 소식을 탐문하도록 하였다. 또한 1161년 송 조정에서는 우소봉랑(右朝奉郎) 제거양절로(提擧兩浙路) 시박(市舶) 증회헌(曾怀獻)이 상인의 보고를 통해 금나라 사람은 궁술에는 능하지만 수전(水戰)에는 재주가 없다는 것을 알게 되어 조정에 군사를 분산시키지 않기 위해 "바닷길은 너무 심하게 수비할 필요가 없다"고 건의하기도 했다.[60]

이처럼 상인들은 국가 간 공식 채널의 외교관계가 단절되었을 때는 그 역할을 대신해 주었던 것이다. 이러한 상인들의 활동은 중국농촌경제의 발전과 이에 따른 대내외의 물품 교역이 확대되어 가면서 활발하게 전개 되어갔던 것이다. 여기에는 당연히 당해국 정부의 지원과 협조가 있었기 때문에 가능한 일이었다.

종합적으로 말해서 송나라는 군사적 역량이 약화된 가운데 중화문화권의 종주국으로서의 위엄을 되찾기 위해 주변국의 조공에 대한 회사(迴賜)를 통해 왕화사상을 표하면서 주변국을 통제해 갔던 것이고, 주

---

59. 『고려사』, 권16, 241쪽.
60. 황관중, 『남송과 고려의 관계』

변국들은 이러한 송나라의 자신들에 대한 통제 수단을 자국의 경제적 이익을 확충하기 위한 기회로 활용하여 적극적으로 조공을 하는 경향이 나타났던 것이다. 왜냐하면 조공의 양에 대한 회사의 양이 조공국의 위계질서에 따라 차이가 나기는 했지만, 고려의 경우는 가장 큰 조공국이었기 때문에 조공품에 준해 훨씬 더 많은 회사품을 얻어낼 수 있었으므로 조공사절과 조공회수를 최대한 많이 늘려갔던 것이다.[61]

이러한 방법으로서 자국의 경제적 이익을 도모하여 조공했던 체제를 역사에서는 조공무역이라고 규정하고 있다. 이러한 무역이 가능하도록 했던 것이 상인들이었음은 송대 이후 무역이 발전해 나간 당시의 상황을 보면 쉽게 알 수 있다. 그리고 이러한 상황을 가장 잘 이용한 나라가 고려였고, 뒤를 이은 조선 또한 마찬가지였다. 이러한 상황은 조공사절단의 조공회수가 갑자기 대폭 늘어난 상황을 통해 알 수 있고, 이에 부담을 느낀 중국 정부가 조공회수를 통제했던 사실에서도 알 수 있는 것이다.

---

61. 朴成柱, 「高麗末 麗·明간 朝貢冊封關係의 展開와 그 性格」, 『慶州史學』, 第23輯, 2004. 12, 참조,
A Development and Character of Tributary and Investiture Relationship between Koryŏ-Ming Dynasty in the Ending Era of the Koryŏ Dynasty

2. 중국의 대외민족주의와 조선

1) 중국 대외민족주의 범위 속의 조선과 국제환경

중화문화권의 통치구조는 1984년 갑오전쟁 이전까지는 중앙(皇帝)→ 지방(지방관)→토사(土司)·토신(土臣)→이번원(理藩院)→조공(朝貢)→호시(互市)→교화(敎化)라는 방향으로 외연 확장되어 나가는 구조로 되어 있었다.[62] 이러한 구조 속에서 중국이 자신들의 민족주의 속에 포함시켰던 범위는 조공국까지였고, 호시관계 이외는 그야말로 척양(斥攘)의 대상이었다.

그러나 민족주의적 감정은 가지고 있었지만 그 외연의 범위에 따라 민족적 감정은 당연히 차이가 있었다. 이를 대내적 민족주의와 대외적 민족주의로 나눌 수가 있는데, 전자에 포함되는 외연의 범위는 '토사'와 '토신'까지였고, 중앙의 통치력이 중앙에서 파견한 행정관을 통해 직접 미치는 지역이었으며, 후자인 '이번원' 이상은 독립 자주적 통치를 인정해주어 중앙의 통치력이 간접적으로 미치게 했다.

그러나 이들 지역 국가에 대한 민족주의적 감정은 감정상에서만 머무르지 않고, 척양의 대상인 지역으로부터 이들 지역이 침해를 당할 때면 중국 왕조는 대내적·대외적 민족주의적 감정에 관계없이 자신들의 관할지역을 침범했다고 보아 군사력이나 경제력으로 이들을 보호하는 행

---

62. 濱下武志, 『近代中國の歷史的契機-朝貢貿易システムと近代アジア』, 東京大學出版會, 1990, 33쪽.

동을 취했던 것이다.

이러한 중국의 반응이 가장 극명하게 나타난 시기는 왜구(倭寇)가 출현하기 시작하는 14세기부터였다. 이들 왜구는 전기왜구와 후기왜구로 나누어 말하는데, 전기 왜구란 14~15세기에 쓰시마(對馬島)와 이키(壱岐), 마쯔우라(松浦)를 근거지로 한 왜구들을 말한다. 전기왜구가 출현하는 이 시기의 동아시아세계는 정치적 혼란 속에서도 교역권은 그대로 존재하고 있었다. 그러나 일본 가마쿠라막부(鎌倉幕府)의 통치력이 약화되자 이 교역관계를 폭력으로 파괴하여 그 이익을 취하려고 하는 해양 토호들의 해상활동이 활발하게 되었다. 이들은 본래 사무라이 세력이었지만 혼란한 일본의 남북조시대를 거치면서 몰락하게 되자 재기 또는 생계를 잇기 위해 동아시아 해안을 약탈하기 시작한 것이다.

당시 중화문화권을 평정하고 있던 몽고는 계속되는 왜구의 출현으로 인해 해상의 교역질서가 어지럽히게 되자 원(元)이 추구하는 경제적 질서가 흔들리게 되었다. 그러자 가마쿠라막부에 사신을 파견하여 왜구의 문란한 교역질서 파괴행위를 엄단할 것을 요구했으나 가마쿠라막부는 받아들이지를 않았다. 이에 원나라는 고려를 종용하여 2차례에 걸친 일본 원정을 시작했던 것이다.

그러나 기후 및 해상 경험 미숙 등으로 2차례의 정벌전쟁이 실패로 끝나고 몽고의 강압책은 실패로 돌아갔다. 그렇지만 몽고의 지배하에 있던 고려는 대내외적으로 압력을 받게 되어 매우 곤란한 상황에 빠지게 되어 이 문제를 스스로 해결할 수밖에 없었다. 그리하여 고려 조정에서는 규슈(九州)와 쓰시마 지역에 사자를 파견해 왜구에 대한 억제책을 실시해 줄 것을 요청하는 한편, 수차례에 걸친 쓰시마정벌을 감행하면서 전기 왜구는 종말을 맞이하게 되었던 것이다.

원나라의 뒤를 이어 건립된 명 왕조의 과제 또한 동아시아 교역권을 질서화 시키는 것이었다. 그리하여 명 태조는 규슈의 가네나가(懷良) 친왕(親王)에게 왜구의 소탕을 요청했고, 영락제(永樂帝)는 무로마치막부(室

町幕府)의 장군 아시카가 요시미츠(足利義滿)에게 요청하였으며, 그 수단으로써 일본 국왕에 책봉해 주었다. 그 대가로 감합무역(勘合貿易)이라고 하는 명나라와 일본 간의 무역을 허락했던 것이다. 감합무역이란 동아시아 교역권의 존재를 배경으로 정치적 국제관계 질서화를 유도하기 위한 명의 국제정치의 일환이었는데, 명이 요시미츠에게 「일본국왕」이라는 문자를 새긴 금인(金印)과 감합부(勘合符)를 주면, 일본에서 중국에 가는 무역선이 감합부와 상표문(上表文, 금인이 찍혀 있는 문서)을 가지고 가야만 무역을 할 수 있게 하는 제도였다. 이것이 없으면 인정치를 않았기에 무역이 진행될 수 없었던 것이다.

명은 이를 통해서 정치적 국제질서를 재편성 하려 했던 것이고, 일본의 막부는 그들의 재정이 이 무역에 의존하고 있었기 때문에 이를 계속 지속하려고 노력하였던 것이다. 이러는 과정에서 이에 대한 이권을 둘러싸고 다이다이묘(大大名)와 다이지샤(大寺社)가 관심을 갖게 됨으로써 시대의 정쟁을 불러일으키게 되었다.

이러한 정쟁이 일상화 되게 되면서 전국시대가 개막된 일본에서는 하극상(下剋上)에 의한 전국 다이묘(大名)가 출현하게 되었고, 동시에 막부 권력은 약화 일로에 처하게 되었다. 이러한 혼란 속에서 전국 다이묘들은 국제적 지식이 없었기 때문에 감합무역을 정지시키게 되어 공적인 명일무역은 중지되었고, 중화문화권의 교역질서는 재차 문란이 야기되었다.

이처럼 감합무역이 더 이상 불가능하게 되자, 일본의 다이묘들은 경제적 타격을 받을 수밖에 없었고, 자신의 생존을 도모해야 했던 지방 해안 세력들은 밀무역을 행할 수밖에 없었다. 그러나 이러한 교역관계는 확고한 정치적 관계를 형성하고 있지 못했기 때문에, 경제교역을 하는 과정에서 자신의 이익에 집착하든가 경제적 이익을 추구하게 되어 교역상의 트러블이 일어나게 되는데, 그 결과 나타난 것이 해적 곧 왜구의 출현이었다.

이들 왜구에는 중국 상인들[63]까지 포함되어 있었다. 왜냐하면 이들 밀무역 상들이 우후죽순처럼 생겨나자 국가 재정에 엄청난 폐해를 입게 된 명 왕조는 밀무역을 막기 위해 해금정책(海禁政策)을 실시할 수밖에 없었고, 밀무역 상인들은 해금을 뚫기 위해 자연스럽게 무장을 하게 되었으며, 이들과 거래를 하던 일본 상인들 또한 무장을 하게 됨으로써 해적 화 되었던 것이다. 이들 해적이 바로 왜구인데, 이들이 이 시기에 재차 등장하게 되었다 하여 후기왜구라고 하는 것이다.

2) 일본의 조선 출병과 명의 대외민족주의의 충돌

1589년 일본의 전국시대를 종식시킨 도요토미 히데요시(豊臣秀吉)는 자신의 통치 안정을 위해 왜구(倭寇)에 대한 전격적인 금지령을 내림으로써 왜구는 종말을 맞이했다. 그러나 그가 이러한 금지령을 내렸던 것은 내심 감합무역에 대한 부활이 내면에 깔려있었기 때문이었다. 이러한 토요토미 히데요시의 바람에 대해 명 왕조는 화평조건으로서 「너를 봉해서 일본 국왕으로 한다」라고 하는 책봉조서(冊封詔書)를 내려 일본을 다시 중화문화권역으로 끌어들이고자 했다. 그러나 이러한 동아시아 세계의 국제질서를 이해하지 못했던 토요토미 히데요시에게는 치욕스런 일로 받아들여져 이를 거절함과 동시에 내면적으로 명나라를 공격하겠다는 야심을 갖게 되었던 것이다.

사실 고려와 몽고의 연합군이 일본 정벌에 나섰지만 두 차례 모두 실

---

63. 汪直(? - 1557)은 실존했던 해적들 중의 한명으로 중국 휘주(徽州) 출신으로 원래는 소금상인이었다. 그러나 사업에 실패하자 밀수품으로 해상무역에 진출하여 일본, 필리핀, 안남, 타이, 말라카 등지에서 교역을 하면서 부를 축적하였고, 1540년부터는 일본의 나가사키(長崎)도를 근거지로 삼아 중, 일 무역의 중개자로 활동하여 스스로 정해왕(靖海王)이라 불렀다. 그러다가 1547년 해금정책이 강화되면서 단속이 심해지자 왜구와 결탁하여 중국 연안을 약탈하는 등 해적으로서의 행위를 하던 중 호종헌(胡宗憲)에 의해 붙잡혀 1557년에 처형되었다.

패로 돌아가자 몽고는 더 이상 일본을 끌어안지 못하고 자신들 영역인 중화문화권에서 제외시키는 정책으로 나아갔다. 그렇게 상황이 돌변해가자 일본도 스스로 자신들의 활로를 찾기 위해 동남아로의 진출을 모색하는 등 점차 중화문화권역에서 벗어나게 되었던 것이다. 그러나 실질적인 원인은 일본 내에서의 세력 간 대결로 빚어진 전국시대가 근 백여 년간 펼쳐지게 되면서, 이들 경쟁에서 살아남고자 하는 데만 열중했지 동아시아세계 내에서의 정치적 경제적 호혜관계에 대해서 관심을 기울일 수 없었던 그들에게는 전혀 관심 밖의 일이었던 것이다. 이 때문에 구미 쪽으로 눈을 돌리게 된 일본이 훗날 동양의 다른 나라들보다 근대화를 이룰 수 있었던 동기부여가 됐다고 보는 시각들도 있지만, 전국시대가 끝나는 시점에서는 국가의 재정문제나 전국을 통일하는 과정에서의 공훈에 따른 포상문제, 전쟁 이후 사회적 문제에 대한 여론 몰이 등 정치적 판단에 의해 정명가도(征明假道)를 구실로 조선을 침략하는 계기를 가져다주었던 것이다.

그러나 이러한 조선 출병(임진왜란)을 하게 된 직접적인 배경에는 다음과 같은 원인이 있었다. 첫째는 하나의 국가를 체계화시키기 위해서는 자연히 국제관계를 생각하지 않을 수 없었는데, 이것은 바로 자신들의 국가적 영역과 국민의 지배, 무역과 국내시장의 지배, 자신의 권력 위치 등을 주변국과 대비하며 생각해야 하는데, 히데요시는 자신의 능력을 과대평가 하게 되어 일본의 국제적 지위를 돋보이게 하기 위해 해외로 눈을 돌렸던 것이다. 이렇게 된 배경에는 전국을 통일하는데 중요한 무기가 되었던 철포(鐵砲)에 대한 믿음 때문이었다. 특히 이 철포를 효과적으로 사용하기 위한 전술을 개발하여 재편된 철포대의 위력은 그야말로 대단했던 것이다.[64] 한편 토요토미 히데요시는 해외에서의 전쟁을 통해 영주들 간의 모순을 밖으로 돌려 통일전쟁에 필요했던 제한 없는 군

---

64. 李進熙, 姜在彦, 「日朝交流史」, 有斐閣, 1955, 104-105쪽.

82   한중관계의 오해와 진실

역(軍役)을 정당화시키면서 자신의 권력을 더욱 부각시켜 완전한 권력 장악을 기하려 했던 것이며, 이를 통해 거국일치체제를 만들어 모든 통치권적 기능을 부여받고자 하기 위함에서였다.[65]

둘째는 해외에서의 전쟁도 승리할 수 있다는 자신감을 국내 전쟁에서 얻었다는 점이다. 그것은 전쟁을 이기기 위해 필요한 군사행동과 그 주변 국가들과의 외교를 통해 상대국을 약화시키는 전술을 체득했다고 자신했다는 점인데, 이는 어디까지나 국내용이었을 뿐이지 국제용은 아니었다는 점을 그는 몰랐던 것이다. 즉 국내에서의 외교술이 국외에서도 통할 수 있다는 어리석은 생각이었던 것이다.

셋째는 해외 정벌에 대한 준비를 나름대로 잘 해놓았다고 자신감을 가지고 있었기 때문이었다. 즉 나가사키(長崎)를 직할령으로 하여 동남아지역의 무역권을 장악하여 재정문제를 해결하고 있었고, 쓰시마와 이키 등의 수령을 복속시켜 자기의 편으로 만들어 놓았으며, 류큐(琉球)왕국과 조선과의 외교루트도 만들어 놓았다고 자신했던 것이다.

넷째는 중화문화권 속의 조선과 명의 관계, 즉 국제관계의 성격을 이해하지 못했다는 점이었다.[66]

이러한 원인에 의해 조선에 대한 출병을 결국 행할 수밖에 없는 상황에 몰렸던 도요토미 히데요시라고 할 수도 있지만, 실은 중국을 중심으로 형성된 중화문화권의 질서구조와 그 구조 속에서 행하여지고 있던 유기적 관계를 이해하지 못하고 침략전쟁을 감행함으로서 결국 자신을 죽음으로 몰고 가는 참혹한 결과로써 끝을 맺고 말았던 것이다.[67]

당시 명나라의 조선에 대한 군사적 지원은 만력제(万曆帝) 때 이루어진 세 차례의 군사 출정 중에서 규모나 지원 범위에서 가장 컸던 전역이었

---

65. 水林彪, 「封建制の再編と日本的社會の確立」, 近世, 山川出版社, 1987, 116-117쪽.

66. 川勝守, 「華夷變態下の東アジアと日本」, 『日本の近世』6, 中央公論社, 1992, 57-93쪽.

67. 三鬼淸一郎, 「朝鮮役における國際條件について」, 名古屋大學文學部硏究論集編輯委員會, 「史學」 21輯, 1974, 참조.

다. 따라서 이를 위해 국민들에게 부과한 조세는 원성을 자아낼 정도로 지나친 것이었다.[68] 결국 이는 명이 쇠약해지는 근본 원인이 되었는데, 명나라가 이처럼 어려운 상황에서도 조선을 지원하기 위해 출병했던 것은 바로 중화문화권 속에서의 유기적인 국제적인 시스템, 즉 중국의 대외민족주의가 갖고 있는 사명감 때문이었는데, 토요토미 히데요시는 이러한 동아시아의 유기적 관계를 알지 못했기에 역사적 과오를 저질렀던 것이다.

중국의 대외민족주의의 발로는 중국의 역대왕조가 가장 염려하는 동아시아세계의 안정을 동요시키는 행위를 막기 위한 발판이었다. 왜냐하면 동아시아세계의 동요는 곧 중국 각 왕조의 통치시스템을 흔들게 되어 결국은 자신들의 통치체제가 무너지는 결과로 나타나고, 그것은 곧 자신들 왕조의 몰락으로 이어지는 것을 잘 알고 있었기 때문이었다. 바로 1592년 일본의 대 조선 출병이 그 대표적인 예인데, 이로 인해 궁극적으로 가장 큰 피해를 입었던 것은 명나라였고, 곧 자신의 멸망으로 직결되었던 것이다. 결국 그 최대 원인은 중국 왕조가 가장 심혈을 기울이던 동아시아세계의 통치시스템의 붕괴가 가져온 결과였던 것이다.

일본의 잘못된 판단으로 조선에 출병한 일본군은 정명가도라는 명목을 도외시하고 압록강이 아닌 두만강지역으로 경로를 바꾸면서 이들 지역에 흩어져 살던 유목민족인 여진족을 오늘날의 심양으로 모이게 하는 작용을 하여, 이들로 하여금 봉천(奉天, 오늘날의 瀋陽)에 후금(後金)이라는 나라를 세우게 했고, 이들 집단이 커짐으로 말미암아 새로운 지역을 모색하는 가운데 결국 명나라 수도인 북경으로까지 진격해 들어가 청나라를 세우는 상황으로 이어졌던 것이다. 이처럼 국내 상황이 매우 어렵게 진행되어 가는 상황에서도 중화문화권의 종주국으로서의 대외

---

68. 명나라가 임진왜란에 군사를 출정시킬 수 있었던 것은 張居正의 개혁으로 어느 정도 재정적인 여유를 확보해 놓았던 데 의거한 것이었지만, 그가 개혁을 완수하지 못하고 사망함으로써 결국은 나라의 재정을 결핍시키는 중요 원인이 되었던 것이다. 黃仁宇, 『巨視韓國史』, 까치, 1993, 315-316쪽.

적 민족주의를 실천하기 위해 조선을 지원함으로서 엄청난 기력을 쇠진한 명나라는 결국 멸망에까지 이르게 되는 화근이 되었던 것이다.

　이후 건립된 청나라가 계속해서 해양봉쇄 정책을 취하자 일본에 새로 등장한 도쿠가와(德天) 막부는 조선과의 관계 개선에 온 힘을 기울였는데, 그러한 일환으로 온갖 출연(出捐)을 감수하면서까지 조선통신사의 내방을 추진했던 것이고, 나아가 조선의 중계무역을 통해 청나라와 간접무역을 함으로써 초기 도쿠가와 정권의 기반을 안정화시킬 수 있었던 것이다.

　이처럼 중화문화권 권역 내의 각국관계는 매우 유기적으로 연결되어 있어서 한 지역에서라도 문제가 발생하면 곧바로 동아시아세계 전체에 큰 충격을 미치게 하는 그런 구조 하에서 중국의 대외민족주의가 작동하게 되었던 것이다. 이러한 유기적 관계를 오늘날 다시 재생시켜야 한다는 중요성은 최근에 벌어지고 있는 한중일 간의 영토분쟁을 보면서 더욱 필요성을 느끼게 된다.

제4장

호혜와 존중의
문화교류

문화의 원류였던 중국문화가 주변 국가들로 전래되는 것은 자연스런 일이었다. 다만 전해지는 문화에 대해 선별 통제하는 등의 조치는 있었다. 어쨌거나 당시의 상황으로 봐서는 송과 고려와의 사이에서는 문화가 발달된 북송으로부터 고려 쪽으로 일방적인 문화의 유입이 예상될 수밖에 없었지만, 그럼에도 불구하고 이들 양국 간에는 상호보완적인 문화교류가 전개되었다고 하는 사실을 우리가 간과해서는 안 된다는 것이다.

1. 여송(麗宋) 간의 인적·물적 문화교류

1) 상호보완적 문화교류

문화교류라고 하는 말은 어느 한쪽에서 일방적으로 다른 한쪽으로 전해만 주는 것이 아니라, 쌍방 간에 서로의 필요성에 의해서 동등한 차원으로 이루어지는 형태를 말한다. 따라서 고대의 국가들 사이에서 이러한 문화교류가 이루어진다는 것은 생각할 수도 없는 일이었다. 그런데 우열이 확실하게 나타났던 고려와 북송 간에 문화교류가 활발했다는 것은 한중관계가 이전보다 한 단계 올라섰다는 것을 말해주는 것이다.

그러나 고대사회라도 문화의 전래는 물과 같아서 자연히 높은 곳에서 낮은 곳으로 전해가게 마련이었기에 문화의 원류였던 중국문화가 주변 국가들로 전래되는 것은 자연스런 일이었다. 다만 전해지는 문화에 대해 선별 통제하는 등의 조치는 있었다. 어쨌거나 당시의 상황으로 봐서는 송과 고려와의 사이에서는 문화가 발달된 북송으로부터 고려 쪽으로 일방적인 문화의 유입이 예상될 수밖에 없었지만, 그럼에도 불구하고 이들 양국 간에는 상호보완적인 문화교류가 전개되었다고 하는 사실을 우리가 간과해서는 안 된다는 것이다.

이러한 점은 이때까지만 해도 중국 측에서 대외적으로 유출을 금지하던 일련의 문화들이 유출을 허락하게 됐다거나, 나아가 자진해서 고려에 전해주는 관례까지 생겼다고 하는 사실들이 이를 증명해 준다.

이러한 문화교류가 이루어지게 됐다고 하는 것은 문화적 우위를 지키려고 경시하던 동이족에 대해 정치적, 외교적 차원에서의 평등성을 부여해 주는 수준으로까지 발전하고 있었음을 의미하는 것이라고 해석할 수도 있을 것이다. 물론 당시의 실질적인 상황에서는 중국 측의 안무정책과 고려의 문화적 갈증심리가 일치했기에 가능했던 것이지만, 이는 충분히 양국관계의 새로운 전개라고 볼 수 있다.

송과 고려의 문화교류가 한중 문화교류의 역사적 원상을 보여준다는 시각에서 어떤 형태의 교류가 이루어졌었는지를 분야별로 그 원상을 살펴보고자 한다.

먼저 고려의 정치제도는 대부분이 당송의 제도를 받아들여 실시되었는데,[69] 관제의 경우 고려의 중앙관제는 처음에는 삼성(內義, 廣評, 內奉), 6상서(尙書 :選官, 兵官, 民官, 刑官, 禮官, 工官)와 9사(寺)로 정비되었으나, 고려 성종 연간(982-997년)에는 당송제도를 참고하여 재차 중앙관제를 정비하였다. 중앙의 3성 즉 내사문하성(內史門下省 : 백관의 서무를 총괄), 상서도성(尙書都省 : 백관을 통제), 삼사성(三司省 : 전곡 출납을 총괄) 그 아래에 6부를 설치하였다(이, 호, 예, 병, 형, 공). 그리고 중추원(中樞院 : 숙위군기를 장악), 어사대(御史臺 : 규찰과 탄핵을 장악), 국자감(國子監 : 유학교육) 및 예빈사(禮賓司), 대리사(大理寺), 전의사(典醫寺), 예문관(藝文館) 등도 설치하였다.

병제의 경우는 처음에는 당나라의 것을 받아들여 6위(衛)를 설치했다가 후에 응양(鷹揚), 용호(龍虎) 2군을 6위에 더하여 설치하였다.

형법의 경우는 고려 전기에는 당나라 율법을 따랐고, 말기에는 원나라제도를 채용하였다. 즉 형법은 당률을 채용했고 상황에 따라서 적용하였으며, 복잡한 것은 단순화하여 사용하는 등 능동적으로 적용하였다.[70]

---

69. 《고려사》 84권 형법 1
70. 《고려사》 84권 형법 1

경제제도도 당나라의 영향을 많이 받았는데, 토지제도의 경우 고려는 전시과(田柴科)를 실시했는데, 대체적으로 당나라의 반전제(班田制)의 영향으로 만들어진 제도였다. 즉 고려의 전제는 간전(墾田)의 수와 비옥하고 척박한 땅으로 나누는 것 등을 포함하였는데, 문무백관으로 부터 관부의 병사, 한량까지 모두 과(科)를 주었다. 또한 과에 따라서 땔나무와 땅을 주었기에 전시과(田柴科)라고도 칭하였다.[71] 그러나 당나라의 반전제와 전시과는 달랐다. 당나라 제도는 땅을 분배하는 방법에 두 가지가 있었는데, 즉 영업(永業), 구분(口分) 두 가지로 사람 수에 따라 거두고 주었던 것이다. 이에 비해 고려에서는 오로지 관부의 병사에게만 분전제를 적용하였다. 당나라 제도는 토지의 국유라는 원칙을 유지하기는 했지만 고려는 사전(私田)을 인정하고 있었다.

교육제도도 당나라 제도의 영향을 받아들였다. 고려 개국 초에 고려 태조는 930년에 서경(西京)에 학교를 처음 세우고, 6부에서 학생들을 모으게 하여 교수토록 하였다.[72] 고려는 992년 중앙에 국자감을 설치하고 전장(田庄)과 노비도 주었는데, 당나라의 국자감에 설치된 국자학, 태학, 사문학(四門學), 율학, 서학, 산학 등 6학을 모방하여 고려도 6학을 설치하였다.

과거제도의 경우도 마찬가지로 958년에 후주(后周)의 사신인 쌍익(雙翼)의 건의를 받아들여 과거를 실시하였다. 즉 "광종은 쌍익의 건의를 받아들여 과거로 인재를 선발하였다. 이때부터 문풍이 일어나기 시작하였다"[73]고 했다. 쌍익이 중국을 본받아 과거를 설치하고 인재를 선발하라고 건의하자 고려에서는 쌍익을 지공거(知貢擧)로 임명하고 진사와 의(醫), 복(卜) 등을 선발하였다. 처음 과거에 급제한 사람은 최섬(崔暹)이었다. 이때부터 인재 선발은 과거에 의존하게 되었고, 해마다 선발했는

71. 《고려사》 78권 식화 1 전제
72. 《고려사절요》 1권
73. 《고려사》 78권 선거 1

데 일정한 합격자 수의 제한은 없었다. 쌍익은 전공거(典貢擧)로 있으면서 젊은이들에게 응시하도록 권했고, 그러한 관계로 문풍이 일기 시작하였다.[74] 유학경전의 시험표준은 주로 3례(《예기》, 《주례》, 《의례》)와 3전 (《좌전》, 《공양전》, 《곡량전》)이 주요 내용이었다.

인종 때에는 경학을 더욱 장려했는데, 식목도감(式目都監)을 세워 경전을 번역하여 정립하게 하였고, 당나라를 본 따서 6학을 세웠다.

경연(經筵)은 황제의 소양을 제고시키기 위해 설립한 유가적 교육제도이다. 당나라시기에 시작되어 송나라 때 흥성했다. 송 왕조의 영향을 받은 고려는 12세기 초 경연제도를 수립했는데, 역사서에서는 고려 예종이 "용병(用兵)의 어려움을 알고 병사를 조련하는 일을 포기하자 인근 국가에서 이를 경모하여 복종하였다. …… 청연각(淸讌閣)과 보문각(寶文閣)을 주어 이 두 개의 각에서 사람들과 문신들이 육경(六經)을 논하며, 무예를 포기하고 문화를 수련하여 예를 성사시키고자 했다"고 기록하고 있다. 고려 문종 때에는 서적소(書籍所)를 설치하여 강연하는 장소로 삼았다. 역사서에는 다음과 같이 기록되어 있다. "왕은 정치를 하는 가운데 틈을 내 여러 학자의 강연을 들었다. 수창궁(壽昌宮) 옆의 시중(侍中) 소대보(邵臺輔)의 집을 서적소로 삼고 그 곳에 많은 서적을 수장했다. 대사성(大司成), 김부철(金富轍)과 예부원외랑 임완(林完)과 여러 유신이 자주 찾았다."[75]

고려 경연은 거의 송 왕조의 경연과 비슷했다. 청연각과 보문각의 관원들은 대개 고려의 유가적 엘리트였다. 국왕은 국정 중에 짬을 내어 가까운 관리와 함께 이 두 각에서 회합하여 유신(儒臣)들에게 유교 경전의 대의를 강의토록 했다. 강연의 형식은 강의와 질의가 있었다. 예를 들면, 1147년 가을 7월 갑자 일, 국왕은 한림학사(翰林學士) 최유청(崔惟淸)에게

---

74. ≪동사회강(東史會綱)≫ 4권 광종 9년조
75. 『고려사』 권16, 236쪽.

는 『서·설명(書·說命)』 3편을 강의하게 하고 참지정사(參知政事, 중서문하성 소속의 종2품 벼슬) 최재(崔梓) 등에게는 강의를 듣게 했으며, 우사간 이원응(李元膺)에게는 질의를 하도록 했다.[76]

『고려사』의 기록에 의하면 경연에서 강연하는 내용은 ① 『상서(尙書)』 가운데 「대우모(大禹謨)」, 「고도모(皐陶謨)」, 「익직(益稷)」, 「무일(无逸)」, 「홍범(洪范)」, 「순전(舜典)」, 「설명(說命)」, 「태갑(太甲)」 등 편, ② 『예기』 가운데 「중용(中庸)」, 「투호(投壺)」, 「월령(月令)」 등 편, ③ 『시경』 가운데 「관휴(關睢)」, 「노송(魯頌)」, 「반수(泮水)」, 「운한(云漢)」 등, ④ 『역경』 가운데 「태괘(泰卦)」, 「복괘(復卦)」, 「건괘(乾卦)」 등, ⑤ 『노자』 등이 주를 이루었다.

『서』·『예』·『시』·『역』 등의 4개 경전은 측신경연(側身經筵)의 교재로 정해졌는데 그 중에서도 『서』가 가장 중시되었다. 하지만 『춘추』를 강연했다는 기록은 없다. 대신 유교 경전이 아닌 『노자』가 측신경연에서 강의되었다. 이것으로 볼 때 고려국은 경연의 교재를 선택하는 데 있어 송 왕조와 같은 점도 있지만 다른 점도 있었다는 것을 알 수 있다.

『상서』를 중시했다는 것은 고려와 송 경연의 공통점이다. 송나라 사람들은 『상서』는 제왕의 궤범(軌范)이라고 여겨 광종 때에는 경연에서 『상서』 58편과 종편을 두 번이나 강의했다.[77] 고려와 송 왕조의 경연이 분명하게 다른 점은 두 가지가 있다. 첫째는 고려의 경연은 『노자』를 교재로 했는데, 이는 고려 유학이 중원 유학의 관용적인 태도와 다르다는 것을 뜻한다. 둘째 역사서와 역사 사실에 대한 태도가 달랐다. 『춘추』는 육경 가운데서도 사학 저작에 가장 근접하며 송나라 학자들이 중시하는 경전인데, 어찌된 까닭인지 알 수 없으나 고려는 이 『춘추』를 경연 교재로 선택하지 않았다. 송 왕조는 경연 교재를 선택할 때 유

76. 『고려사』 권17, 261쪽.

77. 『송회요집고(宋會要輯稿)』 「숭유(崇儒)」, 권7의 19.

교 경전과 근대의 역사와 당대의 역사를 같이 중시했다. 사마광의 『자치통감』은 송 왕조 경연의 중요한 교재였다. 송 왕조 선조의 사적과 이름 있는 신하들의 상주서와 건의서 등은 모두 다 편집 과정을 거쳐 당대 황제를 교육시키는 좋은 교재로 정했다. 고려 경연은 아마도 사료가 부족하여 역사교육 방면에 부족함이 있었던 듯하다. 물론 고려 경연의 학습 내용이 경서에만 국한된 것은 아니었다. 예종은 학사들과 『정관정요(貞觀政要)』를 토론한 일이 있었다.[78] 문종은 또한 서적소에서 신하들에게 『송나라충의집(宋朝忠義集)』과, 사마광의 『유표(遺表)』 및 훈검문(訓儉文)을 강연하게 했다.[79]

이상의 비교 내용을 보면 양국의 문화교류가 어느 정도나 밀착하면서 이루어졌는지를 알 수 있고, 자국의 사정에 맞게 상호 보완적 각도에서 문화교류가 이루어졌음을 알 수 있을 것이다.

2) 우호 친선 교류

고려는 이러한 여러 제도를 더욱 보완하고 강화시키기 위해 권적(權適) 등 고려의 거인을 송나라 태학에 진학케 했다. 송나라는 이러한 고려 선비들의 학습을 돕기 위해 따로 박사를 설치하여 그들을 가르치기까지 했다. 1115년 송 휘종(徽宗)이 친히 집영전(集英殿)에서 고려 빈공(賓貢) 거인(擧人) 시험을 치렀으며, 권적 등 4명이 좋은 성적으로 급제하였는데, 권적에게는 특별히 중국 화관(花冠)을 수여했다.

1117년 5월 정사(丁巳)일에 고려 빈공 진사 김단(金端)·조석(趙奭)·권적 등이 고려사절단을 따라 귀국하자, 송 휘종은 고려 국왕에게 친필로 조

---

78. 『고려사』, 권14, 208쪽.
79. 『고려사』, 권16, 236쪽 ; 권17, 253쪽.

서를 써 보내며 양국 간의 교류에 대해 만족해했다.

"짐은 인정을 베푸는 데 있어 다른 나라라고 해서 관심이 덜하지는 않으며 중화의 교화가 전파된 곳이라면 내외를 가리지 않는다. …… 이제 바다를 건너 파견된 사절이 이곳에서 학습하고 궁정에서 시험을 치러 급제하였으니 금의환향케 하노라. 귀국의 권유에 따라 똑같은 도를 수련케 했도다. 짐은 실로 기쁘기 그지없다."[80]

권적은 후에 고려 국자감(國子監) 제주(祭酒) 및 한림학사에 발탁되어 고려 최고 학부를 관장했으며, 1146년 12월 재임 중에 사망했다.[81]

1074년에 고려는 사신을 북송에 보내 중국의 그림을 요청하였다. 1076년에는 고려의 사신이 화공 몇 명을 데리고 가서 상국사(相國寺)의 벽화를 모사하여 귀국했으며, 그것을 고려 흥왕사 정전의 서쪽 벽에다 다시 그렸다. 고려 사람들은 이 벽화를 아주 귀하게 여겼고, 매우 아끼며 좋아하였다.[82]

당시 고려의 미술도 이미 상당한 수준에 도달하고 있었는데, 예를 들면 유명한 화가 이녕(李寧)은 송나라 황제 휘종(徽宗)의 추앙을 받았고, 휘종이 송나라 화가들에게 이녕의 그림을 배우러 가도록 명하기도 하였다. 송나라 미술평론가 곽약허(郭若虛)는 "고려국은 고상하고 우아한 것을 숭상하는데 점차 중국의 문화적인 모습을 닮아가는 것 같다. 그러나 그들 그림의 기법의 정교함은 다른 나라 화가들이 비교할 수 없을 정도이다. 특히 단청(丹靑)의 오묘함은 타의 추종을 불허한다"[83]고 평가할 정도였다.

---

80. 『송사』, 권487, 「외국3·고려전」, 14049쪽 ; 『고려사』, 권14, 210쪽.

81. 『고려사』, 권17, 261쪽.

82. 서긍(徐兢, 1091~1153), 《선화봉사고려도경(宣和奉使高麗圖經)》 17권 《왕성내외제사(王城內外諸寺)》

83. 곽약허(郭若虛), 《도화견문지(圖畫見聞志)》 6권 고려국

송나라 초기에는 구양순(歐陽詢)의 해서(楷書)가 유행했는데, 이것이 고려에 전해져서 고려 사람들이 가장 좋아하고 본받는 하나의 서체가 되었다. 고려왕궁의 편액에 쓰여 진 글은 구양순 체를 사용하여 쓰여 진 것이다.[84] 1108년에 고려의 안화사(安和寺)가 준공되자, 고려는 사신을 송나라에 보내 이 절의 편액을 써달라고 요청하였고, 당시 송 휘종과 채경(蔡京)은 모두 유명한 서예가였기에 편액을 써주었다. 1124년에는 또 다시 송나라에 서예가를 초청했는데, 송나라는 전(篆), 진(眞), 행(行), 초(草) 모두에 통달한 서긍(徐兢)을 사신으로 고려에 보냈는데, 당시 서긍의 서예는 고려문인들의 사랑을 받았다.

고려는 건국초기에 송나라 초기의 화현악(和峴樂)을 사용하였다. 송 신종(1068-1077) 때에 고려는 사신을 송나라에 보내 악공을 보내줄 것을 요청하였다. 그리하여 송나라는 악공을 보냈는데, 그들은 몇 년 후에야 송으로 돌아왔다. 그 후 원우(元祐) 연간 (1086-1094), 정화(政和) 연간(1111-1117), 선화(宣和) 연간(1119-1125)에 고려는 또 다시 대성아악(大晟雅樂)과 《연악(燕樂)》을 요청했는데, 송나라는 이 요구도 들어주어 악공들과 악보를 보내주었다. 송나라는 고려에 악기들도 전해 주었다.[85] 서긍은 고려국에 악공이 근 천명이나 되었다고 하였다. 그 중 일부분의 악공은 전문적으로 송나라에서 들어온 음악을 배우는데 이를 당악(唐樂)이라 하였다. 북송의 지도(至道) 연간에 (995-998)는 고려음악도 북송에 전해 졌다. 1076년 고려는 북송에 악공 십여 명을 보냈다.[86] 그들은 송나라 수도 동경(東京)에서 연주하였는데, 이것도 자연히 북송음악의 발전에 좋은 영향을 주었다.

그러한 가운데서도 가장 활발했던 문화교류는 불교분야였다. 고려의 사상 중심에는 불교가 자리 잡고 있었는데, 그것은 고려가 불교를 숭상

---

84. 서긍, 《선화봉사고려도경》 4권 승평문
85. 서긍, 《선화봉사고려도경》 40권 악률(樂律)
86. 《송사》 487권 열전 외국 3 고려조

하여 국교로 했고, 이를 위해 고려 왕정은 불교의 흥성을 위하여 북송에서 불경을 구해오고 송나라 승려들이 고려에 와서 법을 전하고 불경의 판각을 활발하게 하는 등의 조치들을 취하였다.

이와 동시에 고려도 승려를 북송에 보내 불법을 연구하도록 했다. 고려에서 북송으로 불법을 구하러 간 승려들 가운데는 제관(諦觀), 의천(義天) 등 여러 명이 있었는데, 그중 의천이 고려불교의 발전을 위하여 공헌한 바가 가장 컸다. 의천은 송나라의 유명한 승려 정원(淨源)에게서 화엄경을 배우고 원조(圓照)에게는 율종을 배웠다.

이러한 고려 정부의 강력한 불교 구법정책에 대해 송나라 조정은 승려들을 고려에 보내 경문을 강의해 주었다. 북송의 명승인 혜진(惠珍)과 성총(省聰)은 고려에 와서 불법을 가르쳤는데 많은 환영을 받았다. 이에 고려국왕은 친히 접견하고 잘 대접해주었으며 사찰에 강단을 세우고 그들이 경문을 강의하게 하였다.

도교도 북송의 영향 하에 전해지면서 불교와 섞여 도불사상(道佛思想)으로 발전해 갔다. 고려가 개국 이래 세웠던 팔관제(八關齊)는 명목상 불교행사였지만 사실은 도교 의식이었다. 따라서 이 의식에는 승려와 도사들이 함께 참석하여 진행하였던 것이다. 이러한 것도 북송의 영향을 받는 가운데 나타난 현상이었다. 즉 북송의 여러 황제들은 도교를 숭상하였기에 도교가 매우 발전하였던 것인데, 고려의 국왕들도 도교의식으로써 제사를 지내게 되었던 것이다.

1110년 송 휘종은 2명의 도사를 고려에 보내 도법을 강의하게 하였다. 이를 전후하여 고려도사 이중약(李仲若)도 북송에 가서 도법을 구하였다. 1113년 고려는 송나라에 가서 도법을 얻고 귀국한 이중약의 건의를 듣고 수도 개성에 복원관(福源觀)을 세우고 도사 십여 명을 두었다.[87] 예종(睿宗)은 심지어 의식을 거행하는데 있어서 도교의 예를 받아들여 도교

---

87. 서긍, 《선화봉사고려도경》 18권 도교

로서 불교를 대체하려고까지 하였으나 성공하지는 못하였다. "예종은 늘 의식적으로 도가의 예언을 받아들여 불교를 대체하고자했으나, 그 뜻을 이루지 못했고 무언가 기다리는 듯하였다"고 하는 기록을 통해서도 그의 도교에 대한 집착을 엿볼 수 있다.[88]

1122년에 고려는 송나라의 제도를 따라 사관수사(史官修史)를 설치하였다. 그리하여 이곳에서 예종실록(睿宗實錄)을 만들게 하였다. 평장사(平章事) 한안인(韓安仁)이 "예종의 재위 17년간의 일을 사서에 기록해서 후세에 알려야 한다고 하면서 송나라의 고사에 따라 실록편수관을 두어야 한다"고 상주하면서 이 일이 실현되게 되었다. 그리고 김부식 등을 편수관으로 임명하여 이 일을 추진하도록 하였다.[89] 예종 17년 9월 조 기사를 보면, 1145년 고려 인종은 김부식에게 《삼국사기》를 편찬케 명하자 그는 중국의 역사서를 참고하여 고려 내 부족한 자료를 보충하여 한국 최고의 역사서를 저술하였던 것이다.

한문학의 경우도 과거제도의 실시와 함께 발전하였다. 즉 과거의 시험 과목 중에 시(時), 부(賦), 송(頌)과 시무(時務) 등이 포함되어 있었기 때문이었다. 이는 한문서적의 수요를 촉진시켰다. 그리하여 고려에서는 여러 차례 송나라에 사신을 보내 책을 구입하였다. 당나라의 이백, 두보, 백거이 등의 시와 송나라의 소식과 유종원의 글이 대량으로 고려에 전해졌으며 이는 고려 문인들의 환영을 받았다.

고려의 문인들은 중국 문인들의 시문선집을 편집하고 주석을 달았는데, 인종 때의 최유청(崔惟淸)은 《이한림집주고(李翰林集註考)》《유문사실(柳文事實)》을 지었고, 김인존(金仁存)은 《정관정요(貞觀政要)》에 주를 달았으며, 윤송(尹松)은 《집고사》《당송악장》《태평관리》《활요시》 등을 편집하였다. 이와 동시에 고려에 정착하며 관직에 있던 북송문인 노연,

---

88. 서긍(徐兢, 1091~1153), 《선화봉사고려도경(宣和奉使高麗圖經)》 18권, 도교
89. 《동국통감》 30권.

장점, 진위, 주항, 장침, 유새, 신수, 호종단, 임완 등도 모두 높은 문장력을 지니고 있었는데, 그들은 고려의 문인들과 사귀면서 같이 학문을 연구했으며, 많은 고려인들을 위하여 비문을 찬술하고 문집의 서문, 발문을 써주었다. 이는 두 나라 문인들의 우의를 두텁게 했을 뿐만이 아니라, 두 나라 문학의 교류에도 큰 도움이 되었다.

　고려는 문학에 있어서도 송나라 문인들의 영향을 받아 특히 광종(950-975) 때부터 발전하기 시작하여 현종(1010-1031)이후에는 많은 발전을 하였다. 즉 "고려 광종, 현종 후부터는 문인들이 많이 나타났고, 사부(詞賦), 사륙변려체(四六駢儷體) 등이 아주 아름다워서 후세 사람들이 이를 따르지 못하였다"고 하는 기록에서도 알 수 있다.[90] 특히 박인량(朴寅亮)과 김근(金覲)은 송나라에 있는 동안 송나라 문인들과 널리 사귀면서 학문을 연구했고, 많은 시문들을 창작해서 북송문인들의 찬양을 받았다. 송나라 사람들은 그들의 시문을 시문집으로 만들어냈는데, 이 시문집에 대해 "송나라 사람들은 칭찬을 금하지 못했고, 결국 이들 두 사람의 시문을 간행했으니 이를 《소화집(小華集)》이라고 불렀다"는 사실을 기록에 남기고 있다.[91]

　이상과 같은 우호 친선교류는 모든 분야에서 이루어져 양국 간의 유대관계를 돈독히 했던 모범적 사례로서, 한중 교류사의 귀감이 되고 있는 것이다.

---

90. 徐居正, 《동인시화(東人詩話)》.

91. 《고려사》 95권, 열전.

2. 정보문화교류의 역사적 기능

1) 여송(麗宋)간의 호혜적 정보문화교류

북송 이전까지 문화의 대외 반출을 상당히 꺼렸던 중국이 "시정(時政)을 논의한 서적"과 "변강'의 기밀을 말한 서적" 이외에는 얼마든지 구입해갈 수 있도록 허락했다고 하는 당시의 기록을 보더라도,[92]이전보다는 정보문화교류에 많은 제한이 철폐되어 활발한 교류가 이루어질 수가 있었다.

송나라 이전에는 서적 출간이 그다지 많지 않았으므로 정보문화교류가 매우 신성시 되어, 도덕으로써 주변국을 교화시키는 도구로서 사용되었다. 『수서(隋書)·경적지(經籍志)』에는 이런 구절이 있다.

"경적이란 것은 신묘한 영(靈)과 같은 것이다. 이것은 성인과 철인이 얻어낸 성과로서, 천지를 다루고 음양을 헤아려 기강을 올바르게 하고 도덕을 널리 고양시켜 덕으로써 사물의 이득을 볼 수 있게 하는 것이다…… 왕자가 풍기를 수립하고 연호를 이어가고 아름다움을 교화하며 풍속을 변화시켜 가는 것은 다 이 도리가 아닌가?"

서적의 역할을 이같이 높은 수준으로 인식한 것은 서적의 수출을 정

---

92. 《속자치통감장편(續資治通鑑長編)》 449권 원우 5년 10월 계추

치적인 교화(教化)행위로 보았기 때문이었다.

그러다가 송나라 이후 목판인쇄술이 성행하게 되자 서적의 인쇄가 대량으로 이루어지기 시작했고, 유교 경전은 널리 퍼져 나가게 되었다. 서적은 이제 구하기 어려운 물건이 아니게 되었던 것이다. 그러나 이들 서적 가운데 변방의 비밀에 관한 내용의 책까지 유출되자 국가 안전을 수호한다는 시각에서 송나라는 1027년에 칙령을 내려 "조정의 변경비밀 사건"과 관련된 왕조와 관료의 저작 등은 변경무역을 통해 수출을 못하도록 금지시켰다.

이후 목판으로 인쇄한 문집이 나오면 그것을 몰수하여 상주해야 했고, 관원을 파견하여 검사토록 했다. 문제가 없어 인쇄를 허락할 때야만 인쇄를 할 수 있었다. 이를 위반하는 자는 조정의 형법에 따라 처벌을 받아야 했다.[93]

1027년에 내린 서적 출판 제한 칙령은 주로 거란에 한해서였지만, 고려는 두 나라 사이에서 장기간 요나라의 통제를 받아왔기 때문에 고려에 전파된 서적이 거란에 전파되지 않았다고 볼 수 없어, 송 왕조는 고려에 대해서도 경계심을 갖고 있었다. 1093년 소식(蘇軾)은 고려에서 사절을 파견해 서적을 구입하고 있으니 이를 금지해야 한다는 상소를 황제에게 지속적으로 올렸다.

"고려가 하사한 서적을 받아간 다음 그것을 거란에 전해주지 않았다면 거란이 무엇 때문에 조공을 받겠습니까? 고려의 본심을 살펴보면 북쪽 오랑캐를 위하는 면도 있다고 하지 않을 수 없습니다."[94]

송 왕조 당국에서는 국방의 안전을 고려하여 고려에 수출하는 서적

---

93. 『송회요집고(宋會要輯稿)』, 형법(刑法) 2의 16.

94. 『동파주의(東坡奏議)』, 권13, 소식(蘇軾), 「논고려매서이해찰자(論高麗買書利害札子)」.

에도 기본적으로 1027년의 칙령을 적용했다. 『고려사·세가』와 『송사·고려전』에 의하면, 송나라 조정에서 고려 정부에 기증한 서적에는 『대장경』과 어제(御制) 『비장전(秘藏詮)』, 『소요영(逍遙咏)』, 『연화심륜(蓮花心輪)』, 『문원영화(文苑英華)』, 『신의보구방(神醫補救方)』, 『구경(九經)』 등이 있었다.

이들 서적의 공통적인 특징은 현실 정치와는 관련이 없는 것이었다. 『대장경』과 『구경』은 불교와 유교경전인데, 이는 고려도 이미 가지고 있던 것으로 새로 구입한 것은 주로 잘못된 내용을 교열하고 감수하기 위함에서였다. 『신의보구방』은 의학 서적이고, 『문원영화』는 남조 양(梁)나라 말기부터 송 왕조 이전의 문장을 집대성한 것이었다.

이들 서적 외에 고려 사절의 자체적인 서적 구입은 1027년에 제정한 규정의 제한을 받아야 했다. 즉 "1085년 고려가 사신에게 명하여 『대장경』 한 질과 『화엄경』 1부를 구입하겠다고 요구하여 이를 허락했다. 그러나 이밖에 형법문서를 구입하려 한 것에 대해서는 허락하지 않았다"[95]고 한 것에서 알 수가 있다.

이듬해 고려 사신은 『개보정례(開寶正禮)』·『문원영화』·『태평어람(太平御覽)』을 구하려 했으나, 송 왕조는 『문원영화』만을 주었다. 이 세 가지 서적 가운데 『개보정례』는 송 왕조의 예제(禮制)를 기록한 것이고, 『태평어람』은 중국 오대(五代)까지 이르는 역사를 기록한 것인데, 산천의 형세 등에 관한 내용이 있었기 때문에 송 왕조에서는 『개보정례』와 함께 수출을 금지시켰다. 다시 말해 고려에 전파되기를 바라지 않았던 것이다.[96]

그러나 인쇄술의 발달은 이러한 제한조치를 소용없게 했다. 비록 송 왕조가 서적 수출을 제한하도록 하여 중국과 고려와의 교류에서 약간

---

95. 『속자치통감장편(續資治通鑑長編)』권 362.

96. 소식(蘇軾), 「論高麗買書利害札子」참조.

의 제한을 받기는 했지만, 한편으로는 인쇄술이 발달했기 때문에 송 왕조의 서적이 고려에 전파되는 경로가 다른 어느 때보다도 더 활기차게 발전해 갔다. 더구나 상인들이 서적을 고려로 수출하는 행렬에 뛰어들게 되어 서적의 유통은 세속화되어 갔으며 상업행위로 전환되어 갔다. "서적의 유통은 정부 당국이 주도하던 형식에서 민간으로 주도권이 넘어가는 새로운 역량을 형성하였다. 여기서 더 주목해야 할 것은 원래 문화교류였던 형태가 상업행위로 탈바꿈하는 추세로 나아갔다는 점이다."[97]

위험을 두려워하지 않는 다수의 상인은 송 왕조의 금지령에도 불구하고 고려인들이 필요로 하는 서적을 고려로 밀수해갔다. 상인들이 서적을 가져가는 목적은 돈을 번다는 목적 하나 뿐이었다. 그러나 운반해간 책들은 모두 문화적 요소가 내포되어 있는 서적이었기 때문에 상인들은 자기도 모르는 사이에 문화를 전파하는 사자로서의 역할을 발휘했던 것이다. 상인의 행위는 정부 차원에서 이루어진 것이 아니라 민간적인 것이었기 때문에 역사기록에는 잘 나타나 있지 않다. 그러나 일부 기록만을 보더라도 상인들이 고려에 수출한 서적의 종류와 양은 결코 적은 양이 아니었다. 『고려사』의 기록에 따르면, 1027년 8월 정해 일에, 송나라의 강남 상인 이문통(李文通) 등이 도서를 바쳤는데 모두 597권이나 되었다. 이 597권에 대한 상세한 기록은 없다. 고려와 송나라의 외교 관계가 단절된 시기에도 상인들은 여전히 서적무역을 진행했다. 1192년 8월 계해 일, 송나라 상인이 고려왕에게 『태평어람』을 바치자 국왕은 그에게 백금 60근을 주었고, 판비서성사(判秘書省事) 최선(崔詵)은 이 판본에 근거해서 고려가 소유하고 있던 판본의 교감(校勘)을 진행했다.[98]

상인들은 서적 판매를 통해 이윤을 추구하는 것이 목적이었으므로

---

97. 周彦文,「宋代以來中國書籍的外傳與禁令」, 中國書目季刊 28集 3卷, 民國83年.
98. 『고려사』, 권20, 311쪽.

송 왕조의 서적 출국금지령을 위반하는 일도 발생하곤 했다. 사료에 실려 있는 정보를 통해 이 사실을 알 수 있다. 1139년 3월 을시 일에, 고려 인종이 "부식과 최주(崔湊) 등을 연회에 불렀다. 왕은 김부식에게 명하여 사마광의 『유표(遺表)』와 『훈검문(訓儉文)』을 읽게 했다".[99] 사마광의 『유표』와 『훈검문』은 단독으로 전해진 것이 아니라 분명히 사마광문집과 함께 고려에 유입되었을 것이다. 1027년의 칙령에 따르면 당대 신하 관료들의 문집은 분명 수출금지 서적 목록이었다. 따라서 이와 같은 서적이 고려에 유입된 것은 상인들의 공로라 할 수 있다.

송·요·금시기 고려와 송의 서적 유통은 상호 보완적이었다. 송 왕조에서 고려로 서적을 수출했을 뿐만 아니라 고려도 송나라에 문화 전적(典籍)으로 보답했다. 고려가 송에 수출한 도서 목록을 언급하기 전에 알아두어야 할 것은 고려 한자 문화의 발전 상황이다. 송·요·금 시기에는 한자와 유가문화가 한반도에서 이미 왕성한 생명력을 갖추고 있었으며, 고려의 한자문화는 중원문화와 함께 한반도에서 찬란한 빛을 뿌리고 있었다. 전적은 대대로 누적되어 송·요·금시기에 이르러서는 고려의 중앙도서관 비각에 상당한 양의 한문 전적이 소장되었으며, 그 종류로는 경·사·자·집 등이 구비되어 전해졌다. 유가문화로 인해 고려는 유가적인 수양이 아주 높은 학자들을 배출했다. 고려는 중국을 모방하여 과거제도를 만들었는데 고려의 과거는 역시 중국과 같이 유가 경전을 그 내용으로 했다. 과거시험의 추진은 유가 경전을 더욱 광범한 계층으로 전파하게 했다. 1056년 8월 술진 일에, 고려의 서경(西京) 유수(留守)가 서울 진사(進士, 과거의 소과에 급제한 자)와 명경(明經, 과거의 명경과에 급제한 자) 등에 보낸 책은 대체로 필사본인데 오자가 많아 비각에 소장한 『9경』, 한·진(晉)·당의 서적, 『논어』, 『효경』, 자(子)와 사(史) 등의 문집, 의학·점술·지리·산술 등의 서적을 각 서원에 유치케 했다. 국왕은 유

---

99. 『고려사』, 권17, 253쪽.

사(有司)에게 명하여 각 한 부씩 인쇄하여 올리게 했다.[100] 이와 같은 대규모의 장치를 거쳐 고려의 지방도서관에 소장되어 있는 도서는 아주 풍부해졌다.

고려는 관원들의 각판 인쇄를 장려하는 정책을 취했다. 1059년 남경부사(南京府使) 시예부원외랑(試禮部員外郞) 이정공(李靖恭)은 『삼례도(三禮圖)』를 54판 인쇄했고, 『손경자서(孫卿子書)』를 92판을 인쇄했다. 국왕이 이 일을 알고 조서를 내려 각판 인쇄판을 비각에 소장케 하고 이정공에게 상을 내렸다.[101] 고려정부는 또한 수차례 인력을 조직하여 송 왕조에서 수입한 서적을 교감(校監)하도록 했다. 1151년 6월 임신 일에, 보문각 학사(學士) 대제(待制)와 한림학사 일회정의당(日會精義堂)에게 명하여 『책부원귀』를 교감하게 했다.[102] 1192년 4월 임자 일에는 이부상서 정국겸(鄭國儉)과 판비서성사(判秘書省事) 최선(崔詵)에게 명하여 유학자들을 모이게 한 후 보문각에서 『증속자치통감(增續資治通鑑)』을 교감케 하였으며, 이를 주와 현에 내려 보내 인쇄케 하고 시종(侍從) 유신(儒臣)들에게 하사하였다.[103]

고려는 한자문화가 발전하고 풍부한 장서가 있었기 때문에 한자문화의 발상지인 송 왕조에 서적을 반출할 수가 있었다. 1091년 6월 고려의 사신 이자의(李資義)는 송나라에 사절로 갔다가 귀국할 때 송 황제의 뜻을 전해왔다. "우리나라에는 좋은 서적이 많으므로, 신에게 우리나라에 있는 중국의 책 목록을 구해달라고 했습니다. 그래서 저는 그 대신 고려에서 필요한 책을 황제에게 아뢰었습니다. 그러자 황제가 말하기를 구입하고자 하는 책이 있거든 써 올리도록 하라고 했습니다."[104] 송 왕

---

100. 『고려사』, 권7, 109쪽.

101. 『고려사』, 권8, 115~116쪽.

102. 『고려사』, 권17, 266쪽.

103. 『고려사』, 권20, 311쪽.

104. 『고려사』, 권10, 150쪽.

조가 고려에서 구입하려던 책은 모두 128종이었는데 『고려사』에는 이들 책 목록이 모두 기록되어 있다. 현대 학자들이 이 128종의 도서를 연구한 결과, 그 중 90종은 『송사(宋史)·예문지(藝文志)』에 기록되어 있지 않다는 것을 발견했다. 또한 『송사·예문지』에 수록된 38종 중 31종은 책 제목이 같지 않거나 권수가 달랐다. 즉 '이본(異本)'이었던 것이다. 완전히 같은 것은 불과 7종밖에 되지 않았다.[105] 고려에서 전해준 진귀한 서적은 송 왕조 비서성에서 교정하고 등사하여 송 왕조 국가도서관에 수장했다. 송 왕조의 유신들은 이 진본에 근거하여 송 왕조에서 이미 수장한 서적을 교감했다. 고증에 의하면, 현존하는 『설원(說苑)』 20권과 『황제내경』 9권은 고려에서 보낸 책에 근거하여 빠진 곳을 증보했다고 한다.[106]

이러한 교류를 통해 고려는 중국서적의 수입을 상당히 중시하였고 끊임없이 북송에 책을 보내줄 것을 요청하였다. 북송은 고려와 우호적인 관계를 유지하고 있었기에 언제나 많은 책들을 보내주었다. 그 중에는 《9경》, 《사기》, 《전한서》, 《후한서》, 《삼국지》, 《진서》, 《성혜방(聖惠方)》, 음양지리, 3부의 《대장경》 등이 있었다. 그 후 송나라는 또 밖으로 가지고 나갈 수 없던 《태평어람》《문원영화(文苑英華)》《책부원구(冊府元龜)》를 고려에 보내주었다. 1074년에 북송의 신종은 조서를 내려 국자감에서 고려의 사신에게 9경, 자사(子史)등 여러 책을 팔도록 허락하였다.[107] 그리하여 그때까지 책을 살 수 없었던 관례를 깨고 고려 사신들이 북송에서 서적을 사갈 수 있게 되었다.

당시의 기록에서 고려 사신이 사고 싶은 책이 아주 많았다고 술회하

---

105. 劉兆祐, 「宋代向高麗訪求佚書書目的分析討論」, 「제3회 중국역외 한학 국제학술회의 논문집」, 聯和報文化基金會 國學文獻館 편집인쇄, 臺北, 1990년. 周彦文의 앞의 논문에서 인용.

106. 周駿富, 『北宋時期的中韓書緣』. 黃寬重, 「宋代中韓文物交流初探」(『宋史叢論』. 臺灣新聞風出版公司. 1993)에서 인용.

107. 楊謂生, 「宋麗關係史研究」, 韓國研究叢書 25, 杭州, 杭州大學出版社, 1997.

고 있는 것을 보더라도 쉽게 서적을 구할 수 있었던 사실을 알 수 있다.[108] 송나라의 규정에 따라 시정논의와 변강기밀을 말하는 것이 아니면 모두 살 수 있었고, 동시에 송나라 상인들도 중국서적을 대량으로 고려에 운송해갔다. 송나라에 들어온 고려 승려도 경서를 사가지고 돌아가는 자가 많았다. 예를 들면 의천은 북송으로부터 경서 몇 천 권을 본국으로 가지고 갔던 것이다.

이와 동시에 고려정부와 민간에서 장서를 가지려고 하는 분위기가 극심했기에 어떤 책은 중국에서는 이미 소실되었으나 고려에서 보존되어 있었다. 그 때문에 거꾸로 송나라가 고려에 책을 보내줄 것을 요청하기도 하였다. 1091년에 송나라는 고려에 백여 편에 달하는 책이름을 적어보내서 결여된 책을 보완해 주도록 요청하였다. 즉 "송나라도 부족한 책이 있어 역시 초사를 해야 했는데. 고려에서 백편을 보내왔다."라는 기록을 통해서도 알 수 있다.[109]

그중에는 상서, 순상(荀爽), 주역 등 10권이 있었다. 고려는 송나라에 또 중국에서 실전된 《황제침경(皇帝針經)》, 경씨(京氏) 《주역》 및 완전한 《설원(說苑)》(《반질(反質)》1권이 결여되었었다) 등을 보내주었다. 송나라 조정에서는 《황제침경》을 특히 중시하여 교정하여 간행하고는 전국에서 배우도록 조서를 내리기도 하였다.

이외에도 두 나라의 사신, 문인, 승려들이 쓴 시문과 기타 저작도 서로 상대방국가에 전하여 졌다. 북송의 《선화봉사고려도경(宣和奉使高麗圖經)》《고려지(高麗志)》《고려일본전》《사고려사찬(史考慮事纂)》《계림유사(鷄林類事)》《계림기(鷄林記)》《해동삼국통국(海東三國通國)》《고려행정록(高麗行程錄)》《고려일력(高麗日曆)》《고려사기(高麗史記)》 등의 책도 대부분이 송나라 사신들이 쓴 것이었다. 책에는 고구려의 역사, 지리, 문

---

108. 《송사》 487권 열전 외국 3 고려조
109. 《고려사》 10권 선종조(宣宗條)

학, 천문, 제도와 외교 등 방면의 상황이 상세히 서술되어 있어 두 나라 국민의 이해와 우의에 중요한 작용을 하였다.

고려의 사신, 승려들의 시문도 북송에 전해졌는데, 박인량(朴寅亮)과 김근(金覲) 두 사람의 시집 《소화집(小華集)》은 송나라 사람들이 편집하여 간행한 것이다. 의천의 《원종문류(圓宗文類)》, 이오엽(李五葉)이 주를 단 《금강경》도 북송에 전해졌다.

인쇄술은 당나라 때 이미 신라에 전래되었다. 고려 때에는 더 큰 규모로 서적들을 인쇄하였다. 1021~1087년간에 고려는 송판(宋板)과 요판(遼板)에 근거하여 처음으로 《대장경》을 완성하였다. 동시에 중국의 유학, 사학 서적들을 대량으로 인쇄하였다. 예를 들면 1042년에 고려의 동경 유수인 최옹(崔雍) 등이 명을 받들고 《양한서(兩漢書)》와 《당서》를 새로 간행하였다. 1045년에는 고려에서 새로 간행한 《예기정의(禮記正儀)》 70권과 《모시정의(毛詩正儀)》 40권이 송에 들어왔다. 1056년에 서경 유수가 "비각에 소장하고 있는 9경, 한진(漢晉), 당서, 논어, 효경, 자, 사, 제가 문집, 의복, 지리, 율산(律算) 등 여러 책을 여러 학원에 하사하여 두고 각자가 한 책 씩 찍어서 보내줄 것을 요청한다"라고 건의하고 있는데, 이러한 것을 보면 당시 고려에서의 서적 각판이 얼마나 유행되고 있었는가를 알 수 있다. 1090~1101년간에는 의천이 수집한 《속장》을 판각하여 인쇄하였다. 그 후 고려 중앙과 지방에서는 각기 많은 유서(類書), 사서, 의서가 인쇄되었는데, 이는 고려 문화의 발전과 중국문화의 보존에 중요한 역할을 하였다.

이를 위해서는 종이와 먹이 대량으로 필요했는데, 이들 종이와 먹은 고려의 것이 유명했다. 따라서 고려의 종이와 먹은 대량으로 북송에 수입되어 졌고, 이는 송나라 문인들의 환영을 받았다. 그 중에 백추지(百錘紙, 100번 두드려서 만든 종이-필자 주)가 가장 인기가 좋았다. 즉 "고려지는 솜과 명주로 만들어졌는데 색은 백릉(白綾)같고 비단처럼 질기며 글을 쓸

때 먹이 예쁘게 퍼진다"고 하였다.[110] 또 고려지는 책을 인쇄할 수도 있었다. "고려는 해마다 만지(蠻紙, 누에고치를 넣어 만든 종이로 중국이니 고려 종이를 일컬은 말 – 필자 주)를 조공하는데, 서적들은 그것으로 많이 찍었다"라고 하는 점에서도 알 수가 있다.[111] 엽덕휘(曄德輝)의 고증에 의하면 송나라 책들은 고려의 계림지(鷄林紙)로 인쇄한 것이 있었다고 기술하고 있다.[112] 1920년 고려의 송연묵(松煙墨)도 이름이 있었는데 송나라 문인들의 사랑을 받았다. 송나라의 유명한 먹 제조자인 번곡(藩谷)은 고려의 선진적 경험을 받아 들였기에 먹을 만들 때 고려에서 수입해온 고려의 석탄(소나무를 태워 생긴 그을음으로 松烟을 말함)을 섞어서 만들었으므로 먹의 질이 좋았다고 하였다."[113]

의학서적도 많이 전래되었는데, 북송은 의학을 중시하여 많은 의학서를 간행하였기 때문에 고려정부는 늘 사신을 송나라에 보내서 의학서적을 요청하였다. 북송에서도 여러 차례에 걸쳐 스스럼없이 고려정부에 의학서적을 보내주었다. 예를 들면 《성혜방(聖惠方)》 등이 그 대표적인 예이다. 고려는 또 이러한 중국의서들을 많이 판각하여 인쇄하였다. 예를 들면 1058년에 충주목(忠州牧)이 새로 조각 인쇄한 황제 8팔십일난경(皇帝八十一難經), 천옥집(川玉集), 상한론(傷寒論), 본초격요(本草格要), 소아소씨병원(小兒巢氏病源), 소아약증병원(小兒葯症病源, 18론, 장중경(張仲卿), 오장구십구판(五臟九十九版) 등을 판각하여 인쇄하였던 것이나, 1059년 안서도호부(安西都護府)가……새로 조각 인쇄한 주후방칠십삼(肘後方七十三版), 의옥집십일판(疑獄集十一版), 천옥집십판(川玉集十版) 등을 바쳤다. 북송의 어떤 의학 서적들이 실전되면 고려에 의사를 요청하였다. 송 신종 때는 송나라에서 실전된 《황제침경》 등을 고려에서 보내주기도 했다.

---

110. 胡恩玉, 《紙說》, 博學齋, 臺北, 1923년.

111. 陳楢, 《負宣野錄》.

112. 葉德輝 撰 《書林淸話》 6卷, 1920年, 20~22쪽.

113. 晁貫之 撰, 《墨經》, 臺北, 藝文印書館, 발행년 불명.

북송과 고려에서는 산학(算學)도 매우 중요시하였다. 두 나라는 산학으로 인재를 뽑는 방법도 같았고, 산학과사(算學課士)의 내용도 같았다. 예를 들면 《구장산술(九章算術)》은 중국 산경(算經) 10서 중의 하나로서 이는 《고려사》 14권 예종조장(睿宗條章)의 중요한 일부인데, 북송 때 이 책이 고려에 전해들어왔다. 고려도 북송과 마찬가지로 이 책으로 인재를 선발했던 것이다.[114]

고려에서는 음양지리 풍수학설도 성행하였다. 이것도 대부분은 당나라와 송나라의 영향을 받았는데, 1021년에 고려는 북송에 사신을 보내 음양지리서를 요청하였다. 그 다음해에 송나라 사신은 음양이택서(陰陽二宅書)를 가지고 갔고, 1057년에 고려는 전문적으로 둔갑과 풍수를 연구하는 송나라 사람 장완(張琬)을 태사감후(太史監侯)로 임명하였다. 1106년에 고려의 국왕은 유신 김인존(金仁存), 박승중(朴升中) 등에게 중국에서 음양지리에 관한 전문서적들을 종합하여 《해동비록(海東秘錄)》을 편찬하도록 명하였다.

이러한 다양한 분야에서 이루어진 북송과 고려의 출판문화교류는 대단히 눈부셨고, 이를 통해 두 나라 간의 전통적인 우의는 더욱 증진되었으며, 두 나라가 발전하는데 초석이 되었던 것이다.

2) 정보문화교류의 시기별 역할과 영향

동아시아세계의 전통관계에 대한 각종 주장은 대체적으로 두 가지로 축약 될 수 있다. 하나는 중화질서 속에서 중앙과 지방정권 차원의 유기적 예속관계였다는 설과, 다른 하나는 중화질서 속에서 정치적 예속성

---

114. 《송사》 157권, 〈選擧志〉

을 띠긴 했어도 각 방면에서의 독립성은 유지됐다고 하는 설이다. 이러한 논리는 모두가 조공과 책봉을 통해 중화질서를 유지해온 중국의 독특한 통치형태에서 나타난 일련의 역사적 제 현상을 분석하는 과정에서 나타난 주장이다. 최근 일본에서는 전자보다는 후자의 시각을 갖고 일본의 근대화 성공과 근대 이후 자신들의 독자적 행보에 대한 합리화를 이론적으로 뒷받침하려고 하고 있다.

따라서 이러한 문제를 해결하기 위해서는 한중 양국 간의 전통적 교류 중 특히 정보문화교류가 양국의 발전에 얼마나 큰 영향을 주었는지를 살피는 것이 중요하다. 그런 교류 중에서도 중국의 문화가 한국의 역사발전에 기여한 정도를 이해하는 것은 향후 양국 교류의 중요성을 이해하는데 중요한 바로미터가 될 것으로 본다.

정보문화교류라고 하는 말은 자국의 모든 사상, 의식, 문화 등을 총망라한 것을 상대방에게 모두 알려주고 자신들이 살아가는 방식 및 노하우를 다 알게 해준다는데 특색이 있다. 이는 다시 말해서 자신들의 삶의 방식, 통치방식, 상대방에 대한 자신들의 인식 등 모든 것을 보여줌으로써 공동체적인 관계를 가질 수 있도록 맺게 해주는 끈과 같은 것이다.

그렇기 때문에 고대로 거슬러 올라갈수록 정보문화교류는 국가적으로 통제하였고 상대적으로 문화가 높은 나라에서는 자신들의 권리를 독차지하기 위한 방법으로서 상대의 자세나 태도 혹은 그들과의 관계개선을 위하는데 이용되곤 했던 분야였다. 그러한 것이 근대로 올라올수록 공유되어야 하는 지리적, 정치적 관계로 인해 폭넓은 교류가 이루어졌던 것이기는 하나, 이 또한 선별되는 가운데 이루어 졌음은 주지하는 바이다.

이러한 한반도와 중국과의 정보문화교류는 왕조별로 그 상황이 달랐다. 이러한 상황은 고대부터 근대에 이르기까지 거의 변하지 않았는데, 중국 내의 정국변화가 제일 큰 변수였다. 즉 중국의 시대별 상황이 통일

왕조였던 시기보다는 분열되었던 시기, 즉 삼국시기, 위진남북조시기 등 서로 간에 첨예한 갈등으로 생존자체가 위협을 받을 수 있던 그런 어려운 시기에는 중국의 각 왕조마다 한반도와 밀접한 관계를 맺기를 원했고, 평상시 문화 전수를 꺼려하던 분야까지도 한반도 각 왕조에 전해주어 긴밀한 관계를 맺어 자신들의 배후세력으로 삼고자 했던 것이다. 곧 자신들의 기득권을 유지하려는 측면에서, 교류를 통해 자체적 역량을 도모하고, 또한 위급 시에 한반도에서 필요한 것을 지원받기 위한 전략적 측면에서 나타난 현상이었던 것이다.

시기별로 그 상황을 보면, 삼국건립 초기에는 정보문화교류의 범위가 상당히 좁았는데, 그것은 중국 스스로가 문화적으로, 특히 정보 문화적으로 그다지 발전한 상황이 아니었기 때문에 한반도와의 교류는 상당히 제한되어 있었는데, 이런 상황은 후한초기까지 이어졌다고 볼 수 있다. 다시 말해서 이 시기까지의 한중 정보문화교류는 한반도 측에서 원하기보다는 중국 측에서의 전략적 측면이 더 강한 성격 위에서 교류가 진행되었다고 볼 수 있다.

그러다가 후한 중엽으로 들어서면서부터 동아시아세계의 통치원리로써 작용하는 유가사상이 널리 퍼지게 됨으로써, 이들과 관련된 유가 서적을 수입하려는 한반도의 열의는 많은 문헌들의 전래를 가져오게 하는 촉진제 역할을 하게 되었다. 나아가 이러한 경향은 일부 지식계층에 한해서만 나타났던 풍조에서 이제 학교를 세워야 한다는 제도적 차원으로까지 확대 되면서 이들 문헌의 수요는 더욱 확대 되어 갔는데, 이 시기에는 한반도 측의 요구가 강하게 작용했던 교류시기였다고 볼 수 있다.

특히 당송시기에 이르러 한반도 지역에서는 본격적으로 문화교류를 원하면서 관계개선을 희망했고, 이를 바탕으로 삼국 간에 벌이는 쟁패는 더욱 치열하게 전개되었다. 특히 육로로 직접 연결되어 있던 고구려는 엄청난 문화적 혜택을 받을 수 있었는데, 이러한 고구려와 고대중국과의 관계는 이중적 관계였다. 정치적, 군사적으로는 극적인 적대관계를 유지하며 서로를 견제했지만, 한나라가 세운 한사군에 이미 들어와 있던 한나라 문화의 기초 위에서 출현한 고구려였기에, 자연히 발달한 한나라 문화를 쉽게 받아들일 수 있는 역량을 갖추고 있었고, 이러한 배경은 고구려의 발전에 큰 작용을 하였기에 문화정보교류를 적극적으로 추진했던 것이다. 이렇게 축적된 역량은 오히려 수당에 대응할 수 있을 정도까지 국력을 끌어올릴 수 있었던 것이니, 정보문화의 교류 정도가 고대나 현대나 국가의 장래를 가름한다는 점에서는 같다는 점을 명확히 알 수 있는 것이다.

이에 비해 백제는 해양을 통해 중국 남조와 관계를 가지면서 나름대로의 문화적 축적을 기할 수 있었는데, 이에 따라 초기에는 강력한 국가로 부상하며 한반도에서 주도권을 잡는 세력으로까지 성장해 갔고, 이러한 문화적 축적은 고대 일본의 국가 형성과 통치에 큰 영향을 주었으며, 일본의 고대국가 발전에 큰 도움이 되었음은 주지하는 사실이다.

이에 대해 신라는 초기에는 중국과 문화적 교류를 할 수 없는 편벽한 위치에 처해 있어 다른 나라에 비해 발전하지 못하고 있다가, 6세기 중엽 한강유역을 확보함으로써 중국과의 직접 교류가 가능해 지면서 자국의 독자적 문화에 새로운 외래문화를 보강해 가는 차원에서의 교류를 통해, 결국은 삼국을 통일할 수 있는 고도의 문화를 이룩할 수 있게 되었던 것이다. 이후 신라는 당나라와 공생관계를 유지하면서 눈부신 발전을 이루어 1000년 왕국의 찬란한 문화적 금자탑을 이루었던 것이다. 하지만 당나라에 지나치게 의존한 나머지 당의 멸망과 함께 신라도 멸망을 하게 되는 것이니, 양국의 문화적 협력이라고 하는 것은 그만큼 서로에게 미치는 영향이 매우 크다는 것을 알 수 있게 한다.

송나라는 건국 초기부터 북방에서 새롭게 일어난 요나라 금나라와 정립 상태를 유지하면서 자신들이 동아시아세계에서 중앙역할을 유지하기 위해 남방지역에서 발달하기 시작한 경제력을 바탕으로 주변국가와의 관계를 유지 통제해 나가는 정책을 취했지만, 당나라와는 현격한 국력 차이가 있었기에 주변국에 대한 통치는 그리 쉬운 일이 아니었으므로 결국 북방 지역을 포기하고 남부지역으로 그 세력이 국한(남송) 되게 되었던 것이다.

그러한 상황에서 고립되게 된 남송은 자신들의 안위를 지키는데도 버거운 상황이었기에 주변국가와의 정보문화교류는 상당히 제한되게 되었다.[115] 그러나 북송의 경우는 북방지역의 외민족 정부와 직접적으로 대치하는 위치에 있었기 때문에 주변지역 국가와의 관계를 매우 중요시하지 않으면 안 되게 되어 있었다. 그러한 상황에서 북송과 고려의 정보문화교류는 매우 활발하여 고려의 문화발전에 큰 역할 및 영향을 주었던 것이다.[116]

이후 원나라가 등장하면서 그들의 예속 하에 들어간 고려는 그들의 직접적인 지배를 받아야 했던 관계로 정보문화방면의 교류에서도 질적인 수준의 문화적 교류는 적었을 지라도 수량 면에서는 많은 문인과 인질 및 조공 등을 통해 인적 교류가 활발해 지면서 교류가 활발하게 진행 되었다. 그러나 이러한 일방적인 문화교류는 그 깊이에 한계가 있어 결국 양국의 발전에 큰 도움을 주었다고는 할 수 없는 결과로 나타났다.

이러한 송원 교체기까지 존속하고 있었던 요와 금나라와의 정보문화교류는 군사적 측면에서만 주력했던 북방의 외래 민족이었기 때문에 자체적인 문화적 수준이 약했던 관계로 고려에 미친 영향과 교류는 상당히 미약했었다고 할 수 있다.

그러나 이러한 혼란기를 통일하고 등장한 명대에 이르게 되면 중국은 비로소 한반도와의 정보문화교류를 활성화시켜 갔고, 이는 인적교류 차원에서, 또 문헌교류 차원에서 상당히 발전하는 상황을 가져오게

---

115. 楊昭全, 앞의 책, 98쪽.

116. 金勝一, 「출판문화교류를 통해본 한중관계의 전통적 성격에 대한 일고찰」, 『'95 출판학연구』, 1995 참조.

했던 것이다. 그것은 조선의 성리학을 발전 시켰고, 그러는 가운데 나타난 양국 간의 정보문화교류는 일찍이 없었던 대성황을 이루었다. 이러한 배경 하에서 해금정책을 썼던 명나라로부터 직접적인 정보문화교류를 진행할 수 없었던 일본은 조선의 문화를 받아들이기에 혈안이 되어 있었다. 이것이 임진왜란을 일으킨 일본이 모든 것을 감수하며 12차례에 걸친 200년간의 조선통신사 교류를 인정해야 했던 배경이 되었던 것이다.

일본은 원나라 이후 동아시아세계로부터 소외되는 상황 하에서 독자적인 삶을 추구하고자 동남아 및 서구로의 진출을 도모하여 동아시아에서 유일하게 근대화를 일으키는 국가로 발전하는 것이지만, 조선의 중계적인 역할이 없었다고 한다면 불가능 했었다는 점을 이런 정보문화교류의 역사과정을 통해 알 수 있는 것이다.

이러한 역사적 상황 변화를 볼 때 중국의 문화발전은 곧 주변국에 많은 영향을 미쳐 중국에 대한 예를 취하며 교류하는 계기를 만들었음을 알 수 있다. 그러나 이를 받아들인 주변국에서는 문화적 종속화를 벗어나기 위한 노력을 통해 자국 고유의 문화와 습합시키면서 자국 문화의 질을 높여 갔으며, 이러한 교류의 성과에 의해 독자적 문화를 유지해 나갔음을 알 수 있다. 동시에 국제적인 문제로 인해 이러한 교류가 제대로 이루어 지지 않을 때에는 중간자적 역할을 하는 나라가 교류의 중계를 통해 결국 동아시아 전 지역 국가에 서로 영향을 주는 시스템으로서의 정보문화교류가 이루어 졌음을 알 수 있다. 이 또한 동아시아가 갖고 있는 특수한 유기적 관계의 결과라고 할 수 있을 것이다.

따라서 이러한 관계를 오늘날에 다시 회복시켜 인류의 화해와 공생에 이바지 할 수 있는 역할과 기능을 하는 지역으로 거듭날 수 있도록 해야 하는 것이 동아시아지역에 사는 우리들의 사명인 것이다.

근대화 과정에서 서양의 정보문화를 얼마나 빨리 대량으로 받아들이는가에 따라서 승패가 달렸다면, 근대이전의 승패는 중국과의 교류를 얼마나 활성화했는가에 달려 있었다고 말할 수 있다. 다만 서양과의 정보문화교류는 인류의 발전을 가속화시켰지만, 상대적으로 인류의 안정과 평화에 대한 파괴가 그 바탕이 되었다고 한다면, 동아시아세계에서의 정보문화교류는 비록 서로간의 경쟁을 유발하기는 했지만, 어디까지나 안정과 평화를 유지하려는 차원에서 이루어졌다는 차이를 간과해서는 안 될 것이다. 그것이 오늘날 타 지역과 차별화된 발전을 구가하고 있는 동아시아세계의 진면목이고, 그러한 가치를 유지 보호하는 것이 우리의 몫이라는 점을 잊어서는 안 되는 것이다.

제5장

근대 한중간의
애상(愛想)과 편견(偏見)

한중 양국 간에 이루어졌던 이론과 실천의 '수용과 계승' 혹은 '변용과 대응'이라는 지적인 함수관계는, 비록 근대화에 이르지 못하게 한 원인의 일부를 제공했다는 점에서 비판받아 마땅하기는 하지만, 시대적 난제를 풀고자 서로에게 자극이 되고 서로에게 배우고자 했던 정신은 한중 교류사의 또 다른 일면을 엿보게 해주는 좋은 귀감이 될 수도 있다.

1. 중국은 한국의 롤모델(Role Model)

1) 이론과 실천에 있어서 양국 지식인들의 지적 함수관계

"중체서용(中體西用)", "동도서기(東道西器)", "화혼양재'(華魂洋才)"라는 말은 동아시아세계가 서양의 근대화에 밀려 식민지 혹은 반식민지라는 구렁텅이에서 어떻게 하든 살아나려고 몸부림쳤던 아우성을 대변하는 말들이었다.[117] 그러나 이제 세월이 흘러 한·중·일 동아시아 3국이 예전보다 훨씬 강력해진 지금은 이 말들이 거꾸로 작동하려고 한다. 과학을 잘하면 잘하는 대로 '동도(東道)'는 더욱 존숭되어질 것이고, 과학을 못하면 못하는 대로 자멸적인 기계문명의 대안인 '동도'가 있으니 걱정할 필요가 없는 것이 요즘 동아시아의 입장이 아닐까 한다.

지구 및 다른 행성들이 태양을 중심으로 타원궤도를 그리면서 공전한다는 사실을 밝힌 독일의 천문학자 케플러에 비견되는, 조선 영·정조

---

117. 주희가 제시한 성리학의 공부 방법론은 격물(格物)이었다. 격물은 대상에 대한 집요한 탐구를 말하는 것이었는데, 이는 서양 자연과학의 관찰에 비유될 수가 있었다. 그러므로 천문, 역학 등 과학적 관찰에 관련된 부분들은 주저 없이 흡수할 수가 있었다. 즉 서용(西用), 서기(西器), 양재(洋才)와 같은 표현이 나올 수 있는 근거가 되었던 것이다. 이때의 유학은 불교의 공(空)과 도교의 무(無) 같은 관념을 배격하고 실(實)을 추구하게 되었다는 말이다. 손에도 안 잡히는 추상적인 이야기 말고 현실을 똑똑히 보자는 것이 바로 그 취지였던 것이다. 이에 대해 서구에서는 오히려 기독교의 교리 문제로 인해 "바늘 끝에 몇 명의 천사가 존재할 수 있느냐"와 같은 허황된 논의를 벌리고 있었다. 그런데 어이없게도 그 때문에 서구에서는 추상적이고 이론적인 과학이 발달해 가게 되었고, 동양에서는 격물 때문에 서양과학에 적대적이지는 않았지만, 동시에 격물 때문에 서양과학과 같은 것이 나올 수 없었다는 점은 그야말로 아이러니한 일이었다.

시대의 유학자 서명응(徐命膺)[118]은 주역에 능했던 인물로 서학의 천문지식에 깊은 관심을 보였던 그는 18세기 조선의 북학파에게 영향을 끼친 개명한 학자였다. 서명응은 서학중원론(西學中源論)을 받아들였던 대표적인 인물로서 거론되는데, 서명응은 고대 중국의 용(用)이 서양 오랑캐에 건너갔다 왔기 때문에 기능적으론 쓸모가 있지만 이론적으로는 명쾌하지 못했다고 보았다. 그래서 중화문명의 체(體)에 걸맞게 고쳐야 한다고 생각했다.

서명응의 이러한 생각은 당시 서양의 과학지식이 널리 그리고 빠르게 퍼질 수 있게 하는데 큰 영향을 주었는데, 이러한 생각 역시 중국에서 유행하고 있던 '서학중원론(西學中源論)'을 받아들인 결과였다. 이 서학중원론은 당시 중국으로 들어온 서양 과학 지식의 기원이 고대 중국이라는 것으로, 고대 황금기의 중국에 그 같은 지식이 있었는데 이것이 중국에서는 소실되어 오랑캐들의 손으로 들어갔고, 이를 또한 오랑캐로부터 서양인들이 받아들여 계승 발전시킨 것을 중국으로 다시 가져온 것이라는 생각이었다. 유학자들이란 전거를 찾아 논리를 전개하는 데 천재적인 인물들이였기에 이 이론을 발전시키기 위해 공자가 오랑캐에게도 배웠다는 『좌전』의 기록까지 인용하면서 서양 오랑캐에게서 배우는 것을 정당화시켰던 것이다. 청나라의 강희제는 서학중원론을 정치적으로까지 이용했는데, 고대 중국이 잃어버린 과학을 청 황제가 되찾아 왔으니 만주족 청 황실이 고대 중국 성인들의 후계자라는 식으로 이용하였던 것이다.

이러한 생각은 타자(他者)를 객체화시켜 그 기원을 주체인 자신에게서 찾음으로서 자신보다 열등한 것으로 여겨지는 타자에 의한 지식의 전달에 정당성을 부여할 수 있는 유일한 방법이었는데, 다시 말해서 중국

---

118. 서명응은 태극과 음양오행 등의 역리(易理)와 사단칠정 등 이기설(理氣說)에 조예가 깊었을 뿐만 아니라 천문, 일기 등의 자연 과학, 언어, 농업 등 다방면에 걸쳐 연구를 하였다. 북학파(北學派)의 비조(鼻祖)로 일컬어진다.

이 교화(敎化)의 대상이었던 서양의 과학지식을 받아들이기 위한 궤변이었던 것이다.

이러한 궤변은 18세기 조선 학자들 중에서도 받아들이는 자들이 많았는데, 그렇게 된 데에는 다음과 같은 배경이 있었기 때문이었다. 곧 17세기 말 명나라가 만주족의 지배하에 들어가며 명의 마지막 황제가 명의 멸망을 개탄하면서 자살한 사건이 조선에 알려지자, 명의 중화주의를 자신들이 계승해서 이어가야 한다고 하는 소위 '조선중화론'과 '존주론' 등이 조선 지식인들 사이에서 퍼져나가기 시작했던 것이 그 계기가 되었던 것이다.

이런 상황에서 오랑캐 서양인이 가져오고 오랑캐 청이 받아들인 과학 지식을 받아들이는 것을 정당화시켜야 할 필요성이 커지는 것은 당연했는데, 그 정당화를 가능하게 해 주었던 중요한 수단이 바로 서양 과학의 중국기원론이었던 것이다.

17세기 초 서양의 과학지식이 조선에 유입될 당시, 이 지식은 조선의 지식층에 서서히 스며들었고 지식인들은 점진적으로 이 지식을 받아들였다. 이를테면 당시 많은 조선 학자들이 특히, 일식(日蝕)을 추산하는데 있어서 전통적인 역법보다 더 정확한 예측이 입증된 서양 천문학을 수용했던 것이고, 심지어 조정이 앞장서서 서양 천문학에 기반한 시헌력을 채택하기도 했으며, 서양식 세계지도가 조선 학자들에게 깊은 인상을 남기며 지리 지식의 지평을 넓히는 역할을 하기도 했던 것이다.

이처럼 17세기 조선에서는 서양 과학지식이 전파되는데 필요한 정당성이 확보되자 이를 쉽게 수용해갈 수가 있었다. 18세기에 이르러서는 '주역'에 기반한 전통적인 우주론에다 서양 우주론의 일부 지식을 통합시키면서 서양 과학지식을 더욱 빠르게 편입시켰고 토착화 시켜 나가는 것처럼 보이기까지 했다.

그러나 문제는 그 정당성의 논리였던 서학중원론과 조선중화론 그리고 존주론에 의해 나타났다. 즉 17세기 전반 만주족에게 치욕스러운 패배를 당한 이후(1636년의 병자호란을 지칭) 조선 유학자들 사이에서는 강한 반 오랑캐적 감정이 광범위하게 확산되어 있었다. 또한 이상적인 문명으로 간주했던 고대 주 왕조의 문화를 숭배하는 '존주론'이 조선 학자들 사이에서 지배적인 영향을 미치면서 중화를 위해 오랑캐의 천문지식을 정당화시켜야 할 필요성이 절실해 졌기 때문이었다.

그 결과 고전의 비판적 탐구를 통해 자기반성적인 전통의 정화와 재검토의 노력이 일어났던 청의 모습과는 대조적으로, 조선에서는 한층 더 강하게 전통을 고수하려는 경향을 내보였다. 청에서는 송명 시대의 정주학(程朱學)을 부분적으로 거부하는 움직임이 일었지만, 조선에서는 성리학을 심화 발전시켜 가려는 경향이 일어났다. 역학에 대한 두 나라의 태도도 상이했다. 청은 본질을 오염시키는 과도한 요소들을 제거하려고 노력한 반면, 조선의 학자들은 이런 요소를 더욱 깊이 발전시키는 작업을 지속시켜 갔던 것이다.

그러는 가운데 19세기에 이르자 서양 열강의 무기와 기술의 우월함 그리고 그것이 주는 위협을 통감한 동아시아의 지식인들은 전통적인 가치와 문화는 근본적으로 유지한 채로 나라는 부유하고 강하게 하는 수단으로서 서양의 과학기술을 이용하려는 경향이 공통적으로 나타났다. 곧 동양의 정신, 가치, 문화는 그대로 살린 채 서양으로부터 실용적이고 물질적인 도구인 과학기술을 받아들이자는 동도서기론이 그것이었다.

중국과 일본에서의 동도서기론은 점차 서양문화의 다른 영역과 완전히 분리하여 그 과학 기술만을 도입할 수는 없고, 따라서 서양 과학기술과 함께 그 근본이 되는 서양 문화 전체를 받아들여야 한다는 인식이 자라난데 비해, 한국에서는 서양의 과학 기술이란 순전히 실용적인 도구에 불과하고, 서양 문화의 다른 요소들과 분리해서 별도로 받아들일 수 있다는 믿음이 지속되고 있었던 것이다.

이 같은 인식은 서양 과학지식이 서양으로부터 직접적인 전래에 의한 것이 아니라 중국에 의해 간접적으로 매개되거나 이후 일본을 매개로

하여 접하게 됨으로서 20세기 초 한국의 국가적 불행을 가져오는 원인의 하나가 되기도 하였다.[119]

그런 점에서 조선의 북학파들이 비록 실학, 즉 만주 오랑캐와 서양 오랑캐의 것일지라도 배울 것은 배우자고 했던 인식은 굉장히 개방적이고 실용적이며 개혁적이었던 근대지향적인 운동으로 생각할 수 있고, 또 격물을 통해 서학을 받아들이려고 했던 점에 대해서도 긍정적인 평가를 내릴 수도 있지만, 결국은 그들도 서학중원론에서 맴돌던 한 지류의 중화주의자들에 불과했던 자들이라고 평할 수밖에는 없을 것이다.

그러나 이처럼 한중 양국에서 벌어졌던 모든 분야에서의 논리적 사고는 긍정과 부정, 합리와 불합리, 견제와 공유, 소유와 무소유 등 상반적 논리나 순환적 사고로써 자신들의 정치적 입장이나 사상적 갈등, 그리고 대외적 시각 등을 전개해 나가는데 실천적으로 활용하고자 했던 노력은 비록 그것이 역사적으로 부정적인 작용을 했다고 할지라도, 한중 간에 주고받은 문화적 교류의 밀접한 관계를 엿볼 수 있는 중요한 하나의 사례였다는 점에서 남다른 평가를 해야 한다고 생각된다. 왜냐하면 당시 양국의 지식인들은 자신의 나라가 처한 어려운 상황을 극복해 나가려는데 있어서 이론적 근거를 제시했는가 하면, 또한 그에 걸 맞는 실천적 행동을 통해 나름대로 그 시대가 필요로 하던 측면에 발전적인 충격을 주었기 때문이었다.

이처럼 양국 간에 이루어졌던 이론과 실천의 '수용과 계승' 혹은 '변용과 대응'이라는 지적인 함수관계는, 비록 근대화에 이르지 못하게 한 원인의 일부를 제공했다는 점에서 비판받아 마땅하기는 하지만, 시대적 난제를 풀고자 서로에게 자극이 되고 서로에게 배우고자 했던 정신은 한중 교류사의 또 다른 일면을 엿보게 해주는 좋은 귀감이 될 수도 있기 때문이다.

---

119. 金永植, 『동아시아 과학의 차이』, 사이언스북스, 2013 참조.

2) "중국에게 배우자(學中國)"를 주창한 북학파의 중국관

이러한 논리적 대응이 비록 양국 간에서 일어나기는 했지만, 그래도 원초적으로 모든 분야에서 나타나는 근본은 중국에서 잉태되고 발전한 것이라는 점을 알고 있던 한국인들은 중국을 따라 배우지 않으면 안 된다는 숙명적인 연계관계를 가지고 있었던 것이다.

그런 대표적인 조선의 지식인들이 18세기를 전후하여 나타났던 재야 진보적 지식인이었던 실학파 사상가들이었다. 조선 후기 사상계 일각에서는 기존 양반 사회의 모순에 대한 내재적 비판이 나타나기 시작했다. 조선 후기에 나타난 실학사상이란 전통적 사회체제를 극복하고, 새로운 사회를 이루려는 일련의 사상 체계를 말하는데, 곧 실학은 조선 후기의 사회·경제적 변동에 따른 여러 가지 사회적 모순에 직면하여, 그 해결책을 구상하는 과정에서 나타난 사회개혁사상이었던 것이다. 그러므로 그 사상이나 개혁의 논리는 종래의 성리학과는 같을 수가 없었다.

실학은 유학의 해석에 있어서 주자설(朱子說)을 유일한 기준으로 삼기를 거부한 탈성리학적 사상으로서, 선진유학(先秦儒學) 내지는 원초유학(原初儒學)에 입각하여 왕도정치론 혹은 왕정론에 기반을 두고 변법적 개혁을 추진하던 국가부흥 사상이었다. 그리고 실학자는 성리학에 대해 비판적 입장을 취하면서 원초유학의 이상형으로 제시되고 있는 왕도정치의 정론에 따라 고법(古法)과 고제(古制)를 조선 후기 자신들이 살고 있는 현실 사회에다가 구현하려고 노력했던 사람들이었다. 또한 실학파는 실학자 상호간에 있어서 직접적인 유대나 연계관계와는 큰 상관없이 조선 후기의 지적 운동에서 드러나는 이와 같은 경향을 공유했던 학인(學人)의 무리였다. 이 실학파에 속하는 학인으로는 유형원(柳馨遠) 이하 이익(李瀷)을 거쳐 홍대용(洪大容)이나 정약용(丁若鏞) 등 흔히 북학파(北學派) 사상가로 불리는 일단의 인물들을 모두 포괄하게 된다. 그리고 19세기 중엽 헌종(憲宗) 시대에 활동했던 이규경(李圭景)이나 최한기(崔漢綺)의 경우도 실학자의 범위 안에 포함되는 것이다.

이들은 조선 후기 실학의 한 조류로서 상공업 발전을 중시한 학파였기에 이용후생(利用厚生) 학파라고도 한다. 그들은 전통적인 주자성리학의 화이관(華夷觀)·명분론에서 벗어나 창조적 선진문명과 우수한 기술을 적극 수용하여 조선 후기 사회체제의 모순을 개혁하고자 했다. 그 대표적인 학자들은 홍대용·박지원(朴趾源)·이덕무(李德懋)·박제가(朴齊家) 등이었다. 이들은 인맥적인 연결을 바탕으로 연행사(燕行使)를 수행하여, 청나라 건륭(乾隆) 연간의 선진문명을 직접 보고 배웠다. 홍대용은 북학의 토대가 되는 북경행(北京行)을 제일 먼저 주장하여 북학파의 선구자로 간주되고 있으며, 그의 북경 기행기인 『연기(燕記)』에 실린 청나라 문명에 대한 입장은 이후 북학파 학자들에게 큰 영향을 주었다. 북학이라는 말은 박제가의 『북학의(北學議)』[120] 자서(自序)에서 비롯되었는데, 박제가는 청나라 문명의 선진성을 인정하고 배우자는 뜻으로 북학을 주장했다. 북학파가 주장하던 "중국에게 배우자(學中國)"의 실체는 청의 문명을 받아들이고 서구문명에 대한 새로운 인식 속에서 상공업의 유통과 생산기구, 일반 기술 방면의 발전을 바탕으로 사회모순을 개혁하고 국가발전을 도모하자는 것이었다.

북학에 의한 이용후생의 논리는 생산과 생활에 있어 선진 과학기술의 도입을 통한 경제의 활성화, 국부(國富)의 증진과 이를 위한 사회제도의 개혁에 있었다. 이러한 입장은 당시 반청숭명(反淸崇明)이라는 전통적 화이관, 주자학적 의리관, 명분론에 입각한 북벌론과는 대립되는 것이었다.

병자호란 이후 조선 왕조 지배계층의 북벌론적인 사고방식이 지속됨

---

120. 『북학의(北學議)』: 내편(內篇)과 외편(外篇)으로 나누어서 중국의 여러 문물과 제도를 관찰하고 돌아와, 배워야 할 편리한 점을 문물별로 기록했으며, 제도상의 모순과 개혁할 점을 항목별로 제시했다. 1798년(정조 22)에 정조의 농업진흥정책에 따라 『북학의』 내·외편 중 취지에 맞는 몇 항목을 추려 첨삭을 가해 올렸는데, 이것을 〈진소본(進疏本) 북학의〉라고 한다.

에 따라 현실적으로 중국을 지배하고 있는 청나라의 문화를 선진문화로 인정하지 않으려 했고, 중국 문화의 수입을 거의 봉쇄하다시피 했다. 조선의 지배층은 선진문화 수입의 유일한 통로를 막아놓은 채 주자 도통주의를 전면에 내세우면서 문화적·사상적 폐쇄주의를 지켜나갔다. 북학파의 "중국에게 배우자"라는 대외인식은 이러한 폐쇄적 소중화의식 및 화이관(華夷觀)에 대한 정면 도전이었다.

북학론에 의한 숭청(崇淸)은 북벌론의 숭명(崇明)과 동일한 사대사상이 아니라, 중국 중심의 전통적인 세계관과 불평등한 화이관적 세계의식을 극복한 자립사상이었다. 이들에게 있어 종래의 화이관에 의한 수직적 세계관은 "화와 이는 하나다(華夷一也)"라는 수평적 관계로 전환되었다. 이들은 중국의 선진 문물제도뿐 아니라 중국에서 들어온 서학(서유럽의 자연과학·서양사상·천주교 등을 의미)에 대해서도 깊은 관심을 갖고, 우수한 서유럽 자연과학을 도입하자고 주장함과 동시에 이를 배우고 연구하여 실용적인 단계에까지 이르도록 노력했다.

북학파는 서울의 도시적 분위기 속에서 상인·수공업자와의 접촉을 통해 상공업 발전의 필요성을 통감하고, 유통경제의 확대와 생산의 기술적 혁신으로 국부 증진을 도모하고자 했다. 즉 상업의 진흥이 국부의 요체라고 인식했던 것이다. 사회 빈곤의 원인을 낮은 생산력에 따른 절대적 빈곤과 물자의 지역적 편재에 따른 상대적 빈곤이라는 두 가지 측면으로 파악하면서, 유통경제의 지역적 편중성과 고립화를 극복하기 위해 전국적인 시장망의 형성, 국내시장의 단일화를 강력히 주장했다. 이는 고립분산적인 자연경제의 낮은 생산력을 극복하는 한 방안이었으며, 전국적 시장권 형성을 위해 수레의 사용과 도로 정비를 통해 육상유통망을 강화하고, 강상(江上)과 해상 유통망의 개선을 해야 한다고 주장했던 것이다. 당시 상품화폐경제의 발달이 지주경제와 결합되면서 농민층의 분해를 촉진하고 있는 상황에서, 이들의 상공업진흥론은 특권층과 결탁된 서울의 육의전(六矣廛)과 같은 어용상인들이나 개성상인을 위시한 도고(都賈)상인[121], 대 상인층의 독점적 이익을 반대하고 대중의 소비생활에 직결된 일반 소경영·소생산자들의 자유로운 활동과 성장을 옹호·대변했으며, 반도고론(反都賈論) 및 통공발매론(通共發賣論)[122]을 주장하기도 했다. 또한 국내 시장권의 통일과 더불어 중국 및 연안 제국과의 해로교역을 강력하게 주장했다. 박제가는 "수로통상(水路通商)"을 통하여 중국과 교역함으로써 조선의 면(綿)·저(苧)·마포(麻布)·해산물 등과 중국의 면단(綿緞)·모직물·약재·무기 등을 교환하는 것은 경제적인 이득만이 아니라, 중국의 여러 기용제도(器用制度)를 배울 수 있으며, 천하의 도서를 수입하여 지견(知見)을 넓혀 속된 선비의 굳어 있는 식견을 타파할 수 있다고 주장했다.

이러한 북학파의 상공업 진흥론은 직업의 귀천관계를 긍정하고 상업 활동을 천시하는 사회적 인식과 신분제도에 대한 비판으로 연결되었다. 이들은 이용후생을 위한 상공업진흥론의 관점에서 중본억말(重本抑末)의 본말사상을 비판하여 본(本)=농(農)과 말(末)=상(商)과의 수평적 상호 보완관계를 강조하고, 사민개로(四民皆勞)의 원칙에 입각하여 양반제도의 허구성 및 사농공상(士農工商)이라는 지배와 피지배의 수직적 신분관계를 신랄하게 비판했다. 그 결과 국부를 낭비하는 양반층에 대한 신랄한 비판이 박지원의 『호질(虎叱)』·『양반전(兩班傳)』등과 같은 문학작품에 반영되기도 했다. 그들은 말리(末利)로서의 상업을 사농공과 동일한 수준에 올려놓으면서, 사족(士族)도 상업에 종사할 것을 주장했다. 또한 사민개로(士民皆勞)의 원칙에 따라 신분을 막론하고 모든 장정은 노동해야 하며, 양반이라도 노동하지 않고 놀고먹는 것은 용납할 수 없다고 했다.

---

121. 도고상인(都賈商人) : 도고는 도매기관을 말하는데, 후에 공물주인이나 일반상인들이 차차 독점상인으로 발전하게 됨으로써 둘 다 매점 혹은 독점행위 자체를 뜻하게 되었고, 이들 독점상인을 말한다.

122. 통공발매론 : 조선 후기 특권적 독점상권을 누려왔던 시전(市廛)에 대한 전매특권을 폐지하고, 사상인(私商人)에게 자유로운 상품매매를 허용하는 시장정책으로, 이 정책은 1787년의 정미통공(丁未通共), 1791년의 신해통공(辛亥通共), 1794년의 갑인통공(甲寅通共) 등 3차례 시행되었다.

이들은 상공업뿐만 아니라 농업에도 깊은 관심을 표명했다. 이들의 농업개혁론은 상공업 진흥과 더불어 대토지소유제를 개혁하는 동시에, 농업경영을 개선하고 농업생산을 유통경제에 긴밀히 연결시켜 상업적 농업으로 전환함으로써 농업경제의 안정과 농업생산력 발전을 도모하고자 했던 것이다. 박제가는 농기구·비료·파종·채종기술·영농기술·구전·농우·농지개량·구황·잠사·목축 등 농업 전 분야에 걸친 개선을 목적으로 하고, 중국의 예를 들어 조선의 낙후성을 비교하면서 농업기술의 도입을 주장했다.[123] 박지원은 『과농소초(課農少抄)』에서 "한전론(限田論)"을 전개하여 대토지소유제를 비판하고, 농구개량, 수법개량, 수차의 사용 등을 통해 농업생산력 확대를 도모하고자 했다. 이러한 상공업 발전과 상품유통의 원활화, 기술혁신과 생산의 촉진, 해외통상의 장려 등을 통해 국부(國富)를 증대하고자 한 해외통상론·기술도입론은 19세기 중·후반 개화파의 개항통상론의 사상적 토대가 되었던 것이다

이러한 모든 개량사상의 주된 목표는 모두 중국의 것을 배워 조선사회의 획기적 변화를 도모코자 하는데 있었던 것이다.

---

123. 내편은 주로 중국에서 보고 배운 편리한 문물에 대한 내용으로 모두 39항목이고, 외편은 주로 제도에 관한 내용으로 14항목이다. 〈농잠총론(農蠶總論)〉은 농업정책에 관한 것으로, 거름의 활용과 농잠정책의 개선점을 제시했다. 〈과거론(科擧論)〉에서는 조선 과거제도의 병폐를 지적하면서 중국의 경우와 같이 공정한 방법을 채택할 것을 주장했다. 〈재부론(財賦論)〉에서는 나라의 부강을 위해서 재물을 늘리고 기술을 익혀야 하며, 중국으로부터 더욱 많은 것을 배워야 한다고 주장했다. 〈통강남절강상박의(通江南浙江商舶議)〉에서는 중국 강남(江南)·저장[浙江] 지역과의 통상을 강력히 제안해 나라의 부강을 도모했다. 그 외에 중국의 우수성을 인정하고 철저히 배워야 함을 주장하는 논문들이 들어 있다. 우수한 문물제도를 일으키고 부강한 나라로 만들기 위해서는 가장 가까운 중국으로부터 배워야 함을 거듭 강조한 것이다. 조선 후기 북벌론(北伐論)의 대두와 함께 청조를 멸시하는 사대주의적 명분론에 반대하면서, 사회경제가 발전하는 현실 속에서 거대한 문명대국인 청조의 실체를 인정하고 적극 배울 것을 주장했던 대표적인 저술이다.

2. 조선에 대한 청말 양무파의 착오와 교훈

1) 양무파 조선책략의 한계와 모순

19세기 중엽 청나라의 내외적 우환은 점점 극에 달해가고 있었고, 중국의 「천조상국(天朝上國)」[124]이라는 관념이 비단 도전을 받게 되었을 뿐만이 아니라, 특히 동아시아에서의 종주국(宗主國)이라는 지위마저 도전을 받게 되었던 것이다. 구미열강의 동진과 일본의 서진으로 인해 청나라의 국제외교는 새로운 업무가 되었다. 같은 시기의 조선정부도 또한 열강과 일본의 도전을 받아 개국을 압박받게 되었다. 이러한 발걸음은 점점 더 심화되어 갔다. 청나라와의 종번(宗藩)관계[125]도 응당 어떻게 처리해야만 할까 하는 문제도 조선의 유지인사들이 날로 관심을 갖는 과제가 되었다. 청일전쟁 후 조선은 1897년 10월 국호를 대한제국으로 고쳤고, 다음해인 1898년 9월에 중국과 《중한통상조약(中韓通商條約)》을 체결하여 중한 양국은 평등 외교관계를 확립하게 되었다.

전통적 천조(天朝)의 예치(禮治)체계 관념의 영향 하에서, 중국 정계의 조선 사무에 대한 시각은 여전히 전통적 중조 종번체제에 의거하고 있었는데, 이는 곧 '종주국'-'번속국(藩屬國)'이라는 관계 하에서 진행된 외교형식이었다. 종번체제 하에서의 조공관계에 포함된 내용은 매우 복

---

124. 중국은 세계 중심에 있는 나라라고 하는 생각
125. 제후로 분봉된 종실이라는 의미로 주종관계의 별칭임

잡하고 풍부하다. 학자들은 심지어 조공관계와 준 조공관계로 나누기까지 한다. 전자는 또한 경제, 예의, 군사, 정치 등 4종 관계로 세분하고, 후자도 또한 정치, 경제, 문화 등 3종 관계로 나누곤 한다. 근대에 이르러 만청 양무파의 조선 사무에 대한 시각은 시대적 변화로 인하여 당시까지와는 다른 변화가 시작되었는데, 그 중에는 새로운 시대의 충격이라는 일면도 있었다. 그리고 또한 전통 관념을 조정하는 일면도 있었다.

이러한 양무파의 조선관은 사람 혹은 시간에 따라 약간의 차이가 있다. 사람들이 다름에 따라 피차간의 시각도 또한 달랐다. 마찬가지로 같은 사람이라도 시기가 다름에 따라 약간의 차이가 나타나기도 했다. 이러한 차이의 조선관은 모종의 정치적 스펙트럼으로 나타났는데, 비교적 급진 계열과 비교적 온건 계열의 시각에 이르기까지 이 시기의 청나라의 조선관에는 다양한 정도의 차이가 나타났다.

첫 번째 시각은 조선을 직접 통제하여 변방을 안정시키자는 시각이었다. 일부 양무파의 조선관은 완전히 중국적 시각에서 출발하여 조선내정에 직접 개입함으로서 조선을 통제하자는 주장이었다. 이들은 비교적 급진적 관점의 조선관에 속하는 것으로, 주장자 대부분이 첨예적 진보 인사였던 젊은 계층이었다. 예를 들면 장건(張謇, 1853-1926), 장패윤(張佩綸, 1848-1903) 등이 대표적인 인물들인데, 그 중에서도 장건의 주장은 이들을 대표했다. 1882년(광서 8年)에 장건은 〈조선선후육책(朝鮮善後六策)〉이라는 정책을 제안하는 가운데 "조선에게 한(漢)의 현도군(玄菟郡)과 낙랑군(樂浪郡)을 예로 들며 군현(郡縣)을 폐지하자는 식으로 지원하자고 했고, 주(周)나라의 예처럼 나라를 감시하는 부서를 두거나 군사를 주둔시켜 해구(海口)를 지키고 그 내정을 개혁하자거나, 혹은 그들 스스로 개혁하도록 영을 내리고, 신군(新軍)을 훈련시켜 중국 동삼성의 하나로 연합시키고, 일본에게는 세 길로 군대를 보내 류큐(琉球)를 회복시키자"[126]고

---

126. "於朝鮮則援漢玄菟, 樂浪郡例, 廢為郡縣; 或援周例, 置監國; 或置重兵, 守其海口, 而改革其內

하는 주장이었다. 즉 이들은 장차 조선을 중국의 속국으로 하자고 극력 주장하였고, 혹은 외교관을 파견하여 나라를 청의 감시 통제 하에 두어야 한다고 하였던 것이다.

같은 해(1882년)에 장패윤은 〈조선선후육책〉을 상주하는 과정에서 다음과 같은 글을 진정했다. "일본은 유신 이래 내정과 외교가 서양과 같아 실질적으로 물가가 올라 백성들의 원성이 자자하다. 해군 육군은 비록 서양처럼 무장해 가고 있으나 전쟁을 위한 진용을 짠 경험이 미숙하여 태반이 무장화 하는 것을 두려워하거나 체질적으로 허약함에도 불구하고 중국을 게으르다고 업신여기며 잠식해 들어오고자 덤벼들고 있다. 이제 전함을 널리 만들고 수군을 대대적으로 훈련시켜 대만, 산동으로 하여금 남북양과 서로 연계시켜 류큐를 멸망시킨 책임을 물어 기회를 보아 행동에 옮겨 일본을 평정해야 할 것이다. 그렇지 않으면 일본이 날로 강해지는 것을 기다리는 꼴이 되니 나는 이를 좌시하는 것이 걱정이다. 이 작은 세 섬이 이미 중국의 커다란 우환이 되었는데, 어찌 서양만을 논하는가!"[127]

더불어서 6가지 책략을 조선에서 집행해야 한다고 건의하였는데, "하나는 상업과 정치를 다스리자는 것으로, 중조(中朝) 간 지위 높은 관원을 선발 파견하여 조선의 통상대신으로 삼아 외교를 다루도록 해야 한다. 하나는 병권을 맡는 것으로 중국이 선발 파견하여 이들을 교육하여 배우게 하고, 서양 무기를 구매하여 훈련시켜 모든 군인이 서로 각 지역을 지키게 한다. 하나는 왜와 조약을 체결토록 도와주고, 왜인과 조약을 체결하게 되면 조선에 경비를 요구하고, 나아가 군대와 대신이 주둔

政 ; 或令其自改, 而為練新軍, 聯合我東三省為一氣。於日本則三道出師, 規復琉球。"

127. "日本自維新以來, 內政外交一如泰西, 實則物價騰漲, 百姓咨怨。海陸各軍雖步武泰西, 然未經戰陣, 多半怯弱, 而專意侮慢中國, 蠶食藩屬。今應廣造戰艦, 簡練水師, 以臺灣, 山東與南北洋互為犄角, 責以滅琉球事, 待機而動, 日本可定。不然, 待日本日強, 我則優然坐視, 即一蕞爾三島, 已為中國巨患, 何論西洋。"

할 수 있도록 해줄 것을 요구해야 한다. 하나는 병선을 구입하는 것으로 신속하게 거액의 자금을 보내 배를 두세 척 건조케 하고, 북양에서 장령을 선발 파견하며, 중국 해안에서 장정을 모집하여 병사를 선발하고, 인천에 주둔시켜 수비토록 한다. 하나는 봉천(奉天)을 방어케 하는 것으로 성경(聖京)의 장군을 추천하여 팔기(八旗)의 정병을 훈련시킨 후 이들을 통솔하도록 귀속시킨다. 하나는 조선의 영흥만(永興灣)을 쟁취하여 조선을 훔치고자 노리고 있는 일본과 러시아를 방어해야만 한다. 이들을 방어하지 않는 것은 만전을 위한 책략이 아니다."[128]라고 주장했다. 이러한 주장은 청 정부가 직접 조선의 내정, 외교, 군사 등의 사무에 개입하여 일본과 러시아를 방어해야 한다는 야심을 보인 것이다.

주일공사 하여장(何如璋, 1838-1891)은 1880년(광서 6년)에 이홍장에게 「조선삼책(朝鮮三策)」을 제시했다. "상책은 조선에 주차(駐箚, 공무를 띠고 다른 나라에 주재하는 것) 판사대신(辦事大臣)을 설립하는 것으로, 예를 들면 몽고, 티베트와 같은 경우이다. 그 주차기간 동안 그 나라의 정치 및 외국과의 조약 등을 모두 중국이 주도적으로 관장하는 것이고, 중책은 조선으로 하여금 미국, 독일, 영국, 프랑스 등과 통상토록 하고, 동시에 신속하게 외국에 대해 이해가 밝은 관원을 훈련시켜 조선에 보내 대신 그들과 조약 체결 등을 주관하도록 하는 것이다. 하책은 조선으로 하여금 다른 나라와 조약을 체결하여 그 조약이 시작될 때 '조선은 중국 정부의 명을 받들어 모국(某國)과 조약을 체결하기를 원한다'고 하는 성명을 발표케 하여 종번의 명의를 유지케 한다"[129]는 것이었다. 이를 보면

---

128. "一理商政, 由中朝簡派大員為朝鮮通商大臣, 理其外交之政。」,「一預兵權, 由中國選派教習代購洋槍為之簡練, 諸軍相與以犄角。」,「一救倭約, 倭人之約莫貪於索費, 尤莫狡於駐兵臣。」,「一購師船, 迅撥巨款造快船兩三艘, 由北洋選派將領召募中國濱海壯丁以為兵士, 駐守仁川。」,「一防奉天, 飭聖京將軍抽練旗丁歸宋慶統之。」,「一爭永興(指朝鮮永興灣), 覬朝鮮者非獨日本也, 即俄人亦竊睨之, 防倭不防俄非十全之策矣。」

129. "策為「於朝鮮設駐 辦事大臣, 比蒙古西藏之例, 期其內國之政治及外國之條約皆由中國之主持」, 中策為「令朝鮮與美德英法通商, 同時速遣一幹練明向能悉外之利害之員往朝鮮代為主持締約」,

당시 하여장이 갖고 있던 조선관이 매우 급진적이었음을 명확하게 볼 수 있다.

두 번째의 시각은 속국체제로써 종번관계를 유지시키자는 시각이었다. 강화도 사건이 발생한 후에 일본은 1876년 1월(광서 원년 12월)에 주중공사 모리 아리노리(森有禮, 1847-1889)를 파견하여 중국 관방의 이 사건에 대한 태도가 어떤 지를 탐색하고자 시도했다. 총리아문에서는 먼저 이홍장에게 의견을 구하자 이홍장이 말했다. "조선이 빈약하여 그 세력이 일본의 적이 되기에 부족하다. 장차 조선이 혹 이전의 이야기를 가지고 우리 대국에 구원을 청해오면 나는 장차 이에 응하지 않을 것이다. 비록 조규(條規)를 가지고 일본이 속국을 침략한 것을 문책한다고 해도, 그들이 먼저 이에 관해 말하기 전에 중국은 번거롭게 끼어들지 말고 간섭하지 않을 것이다. 또한 그 침략이 당연하다고 했을 때 장차 이를 어떻게 제압할 것인가 하면, 영원히 두 나라에 대해 이를 묻지 않음으로서 조선으로 하여금 실망토록 하고, 일본으로 하여금 침략할 마음이 일어나게 하여, 마치 속국과의 교린을 박대하는 듯이 천하에 보여, 일본이 능욕적으로 압박해 오게 하거나, 침략을 받을 수 있다는 것을 통해 조선을 두려워하게 한다. 그리고 우리는 동삼성을 근본적으로 중시하고 속국의 울타리를 잃어도 좋다는 뜻을 보이게 하는 것이다. 순망치한(脣亡齒寒 : 가까운 사이에 있는 하나가 망하면 다른 하나도 그 영향을 받아 온전하기 어렵다는 것을 비유적으로 이르는 말)의 근심을 가지면 그 후환은 이루 말할 수 없을 것이다."[130] 그러면서 총리아문(總理衙門)은 "신속하게 조선정부에 비밀리에 서신을 보내 인내심을 갖고 분함을 삭이고 예로써 그들을 접대해야

下策為「飭令朝鮮與他締約時, 在其條約開端聲明『茲朝鮮奉中國政府命, 願與某某國締約.』」

130. "度朝鮮貧弱, 其勢不足以敵日本. 將來該國或援前明故事求救大邦, 我將何以應之. 雖執條規責問日本不應侵越屬國, 而彼以關說在先, 中國推諉不管, 亦難怪其侵越, 又將何以制之. 即仍永遠兩不過問, 而使朝鮮失望, 日本生心, 似已薄待屬國鄰交, 顯示天下以不廣, 更恐朝鮮為日本陵逼或加以侵占, 東三省根本重地遂失藩籬, 有脣亡齒寒之憂, 後患尤不勝言."

한다고 권고 했다. 또는 사신을 파견하여 일본으로 가서 답례 방문을 하도록 하여 선박을 포격한 자초지종을 변명토록 해서 의혹을 풀어주어 이 일을 잠재우도록 하라는 계책"[131]까지 말해주었다. 모리 아리노리가 이홍장을 예방했을 때 이홍장은 "화기를 해쳐서는 아무런 이익이 없다(徒傷和氣, 毫無利益)"고 하는 8글자를 편지로 써서 모리 아리노리에게 주었다. 이홍장은 스스로 모리 아리노리에게 "그의 생각을 살피면서 자신의 마음이 움직였다는 것(察其詞色, 似頗心動)"을 자인했던 것이다.

1876년(광서 2년) 총리아문은 조정의 뜻을 기본으로 하여 조선과 중국의 관계를 조정할 뜻이 있다고 일본에게 설명했는데,[132] 이는 중국이 오직 종주국의 지위에 있다고 하는 이름만을 중시하고, 이제는 분쟁을 그치고 서로 편안히 지내자고 하는 소극적인 태도로 일관했음을 반영해 주었던 것이다.

1890년(광서 16년) 5월 주차조선총리통상교섭사의(駐紮朝鮮總理通商交涉事宜)인 원세개(袁世凱)는 조선의 조대비(趙大妃)가 서거했다는 소식을 듣고 이홍장에게 전보를 보내 다음과 같이 말했다. "한국에 대상(大喪)이 일어났으므로 조문사절을 파견하고, 한성에 머물고 있는 각국에 대해 한왕(韓王)이 주체적으로 존재하고자 한다는 의지를 보이도록 하고, 중국은 흠차사신을 파견하는 것을 원치 않는다는 것을 보이도록 해야 한다. 그리하여 이 기회를 통해 정식으로 체제를 명확하게 밝혀 각국에 이를 보여주어야 할 것이다"[133]. 원세개는 이러한 기회를 정치적으로 이용하

---

131. "迅速設法, 密致朝鮮政府一書, 勸其忍耐小忿以禮接待, 或更遣使赴日本報聘, 辨明開砲擊船原委, 以釋疑惑, 為息事寧人之計."

132. "朝鮮為中國所屬之邦, 與中國所屬之土有異, 而其合於修好條規, 兩國所屬邦土不可稍有侵越之言者則一. 蓋修其貢獻, 奉我正朔, 朝鮮之於中國應盡之分也. 收其錢糧, 齊其政令, 朝鮮之所自為也. 此屬邦之實也. 紓其難, 解其紛, 期其安全, 中國之於朝鮮自任之事也. 此待屬邦之實也. 不肯強以所難, 不忍漠視其叧, 不獨今日中國如是, 伊古以來, 所以待屬國皆如下也."

133. "查韓有大喪, 例派吊使, 而各國麇駐漢城, 韓王欲存自主體, 或不願華派欽使. 然值此機會, 正宜明彰體制, 宣示各國"

자는 건의를 한 것으로, 그 뜻은 조선이 여전히 종번관계 하의 속국체제에 놓여 있다고 하는 것을 각국에 알리고자 했던 것이다.

조선의 대외 개방은 이미 피할 수 없는 상황에 있었다. 양무파가 서서히 키워왔던 생각은 국제법 구조 하의 조약체제에서 중조 간의 종번체제를 뒷받침 하는데 있었다. 이를 통해 하나는 일본을 위주로 하는 외국역량이 조선을 통제하려는 것을 견제 할 수 있을 것이라고 생각했던 것이고, 둘째는 종주국이라는 높은 지위를 내세워 직접 골치 아픈 국제적 소용돌이에 뛰어들지 않고 은거할 수 있다고 생각했기 때문이었다. 학자들의 연구에 의하면, 조선은 왜를 방어해야 하기 때문에 서양과 통교해야 한다는 의견을 가장 일찍이 제창했던 사람은 아마도 중국의 서양 장군이던 Prosper Giguel(프랑스인)로 그가 1874년(동치 13년)에 이러한 제안을 했다고 지적하고 있다.

1879년(광서 5년) 6월, 총리각국사무아문 대신인 정일창(丁日昌, 1823-1882)은 「조진해방사의접(條陳海防事宜摺)」을 상주하며, 이미 국제법을 운용하여 조선이 외국과 통상을 위한 조약을 체결해야 한다고 했다.[134]

정일창이 생각한 것은 모든 나라가 세력을 균등히 해야 한다고 하는 이론으로, 이를 통해 일본이 조선을 병탄하는 것을 방지하자는 것이었다. 1880년 황준헌(黃遵憲)은 《조선책략(朝鮮策略)》에서 조선은 일후 조약체제의 총 강령을 향해 가야 한다고 했다. 황준헌은 문답형식을 통해 동아시아의 국세와 조선이 처한 환경을 소개하면서 "조선의 오늘날의 급선무는 러시아를 방비하는 것이 급한 것이 아니다. 러시아를 방어하는 책략은 어떠한 것인가? 그것은 중국과 친하고, 일본과 결속하며 미국과 연합하여 자강을 도모하는 길 뿐이다"[135]라고 주장했다. 《조선책

---

134. "朝鮮不得已而與日本立約, 不如統與泰西各國立約, 日本有呑噬朝鮮之心, 泰西無滅絕人國之例, 將來西國啟釁, 有約之國皆得起而議其非, 日本不致無所忌憚。若泰西仍求與朝鮮通商, 似可密勸勉從所請, 並勸朝鮮派員分住有約之國, 聘問不絕。"

135. "朝鮮今日之急務, 莫急於防俄。防俄之策如之何?曰親中國, 結日本, 聯美國, 以圖自強而已"

략》은 조선 내에서 이에 찬성하는 쪽과 반대하는 쪽으로 갈라지는 충격을 조성했고, 결국 최종적으로 조선을 개방해야 한다고 주장한 국왕 고종과 대신들에게 이 책략이 받아 들여졌던 것이다.

학자들의 연구에 의하면 이홍장의 조선정책은 세 개의 시기로 나눌 수가 있다. 첫째는 방임(放任)시기(1879년 [광서5년] 이전)이고, 둘째는 견제(牽制)정책시기(1879년~1883년[광서5년~9년])이며, 셋째는 간섭정책시기(1884~1894[광서10년~20년])이다. 그 중 제2, 제3 시기는 국제법을 널리 인용하여 중조 양국의 종번체제를 지탱하려 한 시기이다.

당시 청 조정은 이홍장에게 명하여, 정식으로 조선국왕에게 구미 각국을 향해 "수교 통상"할 것을 권고케 하여 일본과 러시아의 침략과 위협을 견제하라고 했다. 이는 청조가 정식으로 이홍장에게 권한을 주어 조선에 대한 사무를 주도하라는 명령이었다. 1881년(광서 7년) 총리아문은 또한 주일공사 하여장이 조선에 대한 의견을 조목조목 진술하였는데, 그는 이를 통해 이전에는 예부를 통해 조선과 공문이 왕래하던 구제(舊制)를 이제는 변통해야 한다고 주청했다.[136]

이는 청조가 조선과의 종번 외교에 대한 새로운 페이지를 열게 한 것이었다. 이홍장은 미국이 파견한 제독 슈펠트(Robert W. Shufeldt)와 조선이 조약을 체결하기 위해 쌍방이 협조하는 기간을 이용하여 마침내 《조미조약(朝美條約)》에 대한 체결을 이루게 했던 것이다.[137]

이처럼 양무파의 조선에 대한 시각은 이전의 상호 협조라는 유기적 협력관계를 내팽겨 치고 조선을 방패막이로 열강 앞에 던져 넣고 자신들은 뒤에서 숨어 종주국으로서의 위엄만 보이려고 했음을 알 수 있다. 청말 혼돈의 상황에서 비록 청나라 자체의 어려움으로 주변국에 대한 안

---

136. "嗣後朝鮮事務凡係涉及洋務者, 一律由李鴻章及駐日公使與朝鮮直接函商辦理, 隨時勸導商酌, 以臻捷便。"

137. 본 절의 내용은 楊明哲, 「甲午戰爭前洋務的朝鮮觀之探討」(국제한국사학회, 『국제한국사학』 창간호, 2013, 6)를 요약하여 수록함.

위까지 생각할 틈이 없었다고 할지라도, 명나라 같은 경우에는 자신들이 멸망으로 치 닫을 수 있는 아주 어려운 상황에서도 종주국으로서의 책임감을 가져야 하는 대외적 민족주의의 범위를 지키고자 수많은 군대까지 파견하였던 임진왜란의 경우와 비교해 보면 왜 동아시아세계가 근대화를 못 이루고 식민지 혹은 반식민지로 전락할 수밖에 없었는가를 알 수 있는 것이다.

2) 제국주의 침략의 길을 열어준 양무파의 조선 책략

이러한 양무파의 마인드는 조선과의 종번관계가 일본에 의해 파괴될 수도 있다는 두려움에서 이를 방비코자 확실한 개념도 설정하고 있지 못하던 국제법을 인용해야 한다는 관점을 가지고 조선 문제를 처리하고자 했다. 이러한 국제법에 근거하여 조선 문제를 처리하자는 주장이 탄력을 받는 상황 하에서 중조관계는 일종의 신구체제가 병행하는 시기에 들어서게 되었던 것이다. 국제법에서 논쟁하던 속국이론은 중국이 "조선은 자주국이다"라는 조항을 부정하면서 "주동적으로 조선의 내정에 개입하는 쪽"으로 급선회 하는 이론적 근거를 제공해 주었다. 당시 조선은 신속하게 국제사회로부터 독립자주국으로서의 지위를 인정받기 위해 대외적 활동을 하고 있었지만, 청조는 시종 종주국으로서의 지위를 잃지 않으려 했기에, 1887년(광서 13년) 조선이 각국에 대해 사신을 파견한 문제를 트집 잡으려고 원세개는 이홍장에게 전보를 쳐서 이 사실을 총리아문에 전하게 하였다.[138]

이처럼 구제(舊制)를 지나치게 강조하는 바람에 그러한 기세가 조선의

---

138. "韓派使各國, 自謂可與華駐各國大使敵體。如無限制, 似妨體面, 可否乞咨明韓王, 並請總署咨駐各國大臣訂明, 無論韓何項使臣, 概與華大臣呈文, 往來用銜帖, 華大臣用朱筆照會, 以符舊制。韓欲以派使示自主於天下, 華亦以不得平行示屬邦於各國。"

반감을 조성하게 되는 국면이 나타난 데다, 청조는 중국과 일본이 한반도에 대해 대치하는 국면이 나타나게 될 것이라고 보고는 이를 예방하는 차원에서 양무파는 1882년(광서 8년) 이후부터 조선의 외교를 융통성 있게 운용하는 쪽으로 변화해 갔다.

이때 중국 관방이 국제법을 이용하여 중조 양국의 종번관계를 정식으로 구축하려고 했던 것에 대해 중국학자들은 청조가 "국제법의 모종의 원리를 이용하고, 더불어서 종번 관념 및 종번 질서를 부여하여 합리적으로 혹은 유연하게, 특히 국제법의 속국이론 중 여러 가지 모호한 부분에 대해 자주적으로 운용함으로써 이것으로부터 종번 관계가 자연스럽게 조정되도록 실현하기 위한 정책"이었다고 평하였다. 사실 이때 청조의 조선정책으로 인해 1879년에서 1894년까지 약 10여 간은 조선을 평화적 상태로 전환시켜 주었던 것인데 이는 결토 쉬운 일은 아니었다. 그러나 조선의 입장에서 보면, 청조의 이러한 태도는 다른 서방 열강 혹은 일본의 행동반경 내에서 놀아난 극히 단순한 외교적 시각에 불과했던 정책이었던 것이다. 예를 들어 주일공사 하여장의 「조선 외교를 주지하는데 대한 논의(主持朝鮮外交議)」를 보면, 성실하게 중국 스스로가 조선을 통제하려는 의도를 여실히 표명해 주었음을 말해주고 있다. 즉 그는 "조선에게 타인의 위협과 압박을 주게 하는 것은 불공평한 일이다. 실질적으로 조선이 외국과 체결한 조약은 대부분 손해이다. 그러므로 어떻게든 중국이 급하게 이를 모면하게 할 수 있도록 해준다면, 중국이 주도권을 잡을 수 있게 될 것이고, 이로 인해 장차 좋은 효과를 거둘 수 있을 것이다"라고 생각했던 것이다. 이것은 청조의 각도에서는 공평한 것일지 몰라도, 조선 입장에서는 또 다른 형식의 불공평이었던 것이다.

이러한 당시의 조선의 경우는 당시 열강들과 맺은 일계열의 조약과 장정을 통해 이원적인 국제적 신분이 부여되어 있었던 것이다. 즉 종번관계 내에서는 중국의 속국이었고, 종번관계 외에서는 세계에 대해 주권독립국이었던 것이다. 이처럼 당시의 조선은 이원적 신분에 처해 있었기에 동아시아와 구미 사이를 아슬아슬하게 걸어가면서 종번체제와 국제 공법의 약속에 의해 동시에 양쪽의 제재를 받아야 했던 불쌍한 처지였던 것이다. 이러한 변화된 외교책략은 중국 입장에서는 민첩함이 돋보이는 책략이었으나, 조선 입장에서는 자연스럽게 나아가기 어려운 질식할만한 가로막힘이었던 것이다. 결국 그 결과는 조선의 개방 개혁을 거짓으로 돕는다는 명의 하에 조선이 나아갈 바를 통제하는 결과가 되었던 것이다.

이러한 양무파 조선관의 한계는 두 가지 면에서 나타났다. 하나는 근대화에 대한 새로운 지식을 보수 관료보다 많이 가지고 있었으면서도 여전히 예전의 사유방식을 변화시키지 않았다고 하는 점과, 다른 하나는 조선의 개화사상과 개화파를 경시했다는 점이다.

먼저 양무파는 근대 서방의 새로운 지식에 대한 이해가 이미 동시대 보수 관료들의 수준을 넘어서고 있었는데도, 그들 대다수에게서 구 사유가 여전히 큰 영향력을 지니고 있었다는 점이었다. 양무파의 영수 이홍장을 견주어 보면 그도 또한 조선이 반드시 개방을 해야 한다는 것을 알고 서양과 조약을 체결하여 관계를 맺어야 한다고는 알고 있었다. 그러나 종주국이라는 사유와 우월의식이 그로 하여금 조선에 대한 정책을 제정할 때, 오로지 청조가 생존해야 한다는 위기감만 생각하였지 조선이 근대국가가 되어 독립자주를 실현해야만 청국에게도 유리하게 작용할 수 있다는 사실에 대해서는 몰랐던 것이다. 또한 오로지 종주국으로서의 지위를 유지하려면 한국의 조정이 안정되어야만 한다고 보고 이를 보호 유지해야 하는 데만 최선을 다해야 한다고 보았고, 한국민의 변화를 추구하려는 잠재적 의향에 대해서는 알지를 못했던 것이다.

청조는 1890년대로부터 청일전쟁이 폭발하기 전까지 조선정책에 대한 목표가 두 가지에 있었다. 하나는 "천조상국"이라는 존엄함을 확보하는 것이고, "번속" 국가에 대한 "종주권"을 유지보호 하는 데에 있었으며, 둘째는 중국 국내 변방의 안전을 보위하는 것과 서방 열강의 침략을 방어하는 것이었다. 간단히 말해서 "번국을 보호하는 것으로서 국내의 변방을 확고히 한다"는 목표였다. 이와 같이 타국을 희생시켜 이익을 얻어내는 정책이 결국은 역사적으로 견책과 비판을 받게 될 것이라는 점을 그들은 간과했던 것이다.

만일 청조가 능히 주동적으로 국제사회에 대해 장기간 존재해온 중국과 조선의 종번관계를 끝낸다고 선언하고, 더불어서 진정으로 평등한 외교적 지위로써 조선을 대하겠다고 선언했더라면, 동아시아의 국제외교는 완전히 다른 국면으로 들어갔을 것이다. 그러나 이홍장은 누구라도 알고 있었던 사실임에도, 당시 청조내의 각종 주관적 객관적 견해와 주장이 팽배해 있던 상황에서, 스스로 자진하여 조선과의 종번관계를 해제하겠다고 선포할 수는 없었기에, 이홍장은 한국에 대해 표면적으로는 "유지 보호하겠다는 정책"을 취하였고, 속으로는 국제사회의 움직임에 따라 조정하는 태도만을 취했던 것이다. 그러다 결국 청일전쟁이라는 물리적 충돌에 의해 참담한 패배를 맛보고서야 타의에 의한 번속국이라는 조선의 신분이 벗겨지게 되었던 것이니 이는 중국에 대해서도 한국에 대해서도 엄청난 충격과 피해를 가져오게 된 근본적인 원인을 제공하는 역사적 계기를 만들어주었던 것이다. 실로 한중관계사에 있어서 유감스럽기 그지없는 참담한 결과로 나타났던 것이다.

3) 조선의 개화파를 아우르지 못한 청말 양무파의 국제인식

한편 조선의 개화사상과 개화파를 경시했다는 것은 조선인들이 추구하는 바가 무엇인지를 파악하지 못하고 일방적 추종만을 강박하였다는 것을 의미하는데, 이런 태도는 중국 지식인들 스스로가 청말의 국제상황을 제대로 이해 못하고 있었다는 점을 말해주는 것이고, 이는 일본에 저항할 수 있는 국제공조 차원의 외교협력 등은 전혀 고려의 대상이 되지도 않았다는 것을 말해주는 것이라고 하겠다.

조선의 개화사상과 개화파의 형성은 18세기 후반기 북학파인 박제가 등으로 거슬러 올라가는데, 1870년대 개국 전후에 개화파는 박규수(朴珪壽)를 중심으로 김옥균(金玉均), 홍영식(洪英植), 서광범(徐光範), 유길준(俞吉濬), 김윤식(金允植) 등이 대표적인 인물이었다.

연구자들은 개화사상이 조선에서는 역사시기와 영역의 구별에 따라 다른 내용을 가지고 있었다고 지적했다. 1870년대의 "개화"는 "개국"이라는 의의와 같은 개념으로 사용되었는데, 반드시 해외지식을 갖추어야만 개화사상으로 보았다. 1880년대는 이것이 변화하여 소위 외국 기술로써 국가의 부강을 실현코자 하는 사상으로 받아들여졌다. 1890년대에는 국가의 독립(국권)과 국민권리(민권)를 창도한다는 의미로 사용되었다. 따라서 조선 근대의 개화사상은 바로 전통적인 봉건사회질서를 타파하는 것이었고, 서방의 선진 사상문화와 사회제도를 들여와 부국강병을 도모하여 근대민족국가인 자본주의 개혁사상을 건립하고자 했던 것이라고 볼 수 있다. 그것이 의미하는 것은 세 가지 면으로 귀결될 수 있는데, 즉 근대 민족주의국가의 확립, 근대산업경제의 추진, 근대문명사회의 수립이 그것이었다.

개방의 정도가 점점 가속화됨에 따라 조선의 각종 내외의 어려움은 확실하게 나타났다. 임오군란(壬午軍亂)을 전후하여 조선의 내정은 잘못된 폐단으로 층층이 누적되어 있었고, 거기에다 청조는 조선에 대해서 종주권을 이행해 달라고 요구하였으며, 정치, 군사상에서 조선에 상당한 압력을 주었다. 거기에 일본의 유린이 더해지자, 국정개혁에 뜻 있는 청년들이 본격적으로 개화자강, 독립자주, 애국애족의 정신에 바탕을 둔 청년들이 일어나 국가의 정치적 개혁을 도모하기 시작했다. 후에 일어난 갑신정변은 개화파의 실천이상이 구체적으로 표현된 것으로, 학자들은 갑신정변을 정치방면에서 보았지만, 외부에서는 청조와의 종속관계를 청산하기 위한 시도라고 보았다. 내부에서는 조선왕조의 전제주의 정치를 군주입헌제로 바꾸려는 정치개혁으로의 진행을 시도한 것으로 보았다. 기타의 연구자들은 갑신정변을 정면으로 평가하였는데 갑신정변은 비록 실패하였지만, 그것은 조선근대사상 매우 큰 의의를 갖는 사건이었다고 생각했다. 먼저 갑신정변은 봉건 조선을 독립, 민주, 부강한 근대 지본주의국가로 바꾸기 위해 맨 처음 시도된 사건으로 보았고, 그 다음으로는 갑신정변과 개화사상은 조선인민의 반침략, 반봉건 투쟁을 촉진시킨 것으로 보았던 것이다. 다시 말해서 갑신정변과 개화파의 활동은 조선 근대 계몽운동을 개벽시킨 것으로 평했던 것이다.

개화파의 중국에 대한 관념이 바뀌어 여러 가지를 생각케 하는 그런 상황이었는데, 개화파의 핵심 인물인 박규수(1807-1977)를 예로 들어 말한다면, 그가 개국을 주장하고 독립자주의 "화친(和親)" 외교를 전개하려고 한 까닭은 주로 외교상의 문제들을 고려한데서 나왔던 것이고, 그 목적은 외교상의 고립된 상태를 벗어나기 위한 동시에 장기적으로 의지해 왔던 중국의 "사대교린(事大交鄰)"적 "중화외교체제"에서 벗어나고자 했던 것이다.

한편 개화파 인사인 유길준(1856-1914)은 "독립자주"를 바라는 희망을 그의 "개화관"에 나타냈다. 그는 세계 각국을 3개의 유형으로 나누었는데, 즉 개화국, 반개화국, 미개화국 등이 그것이었다. 그는 조선을 반개화국이라고 생각하여 개화를 향한 국학을 학습케 하는 것이 시급히 필요한 일이고, 이를 통해 하루 속히 개화국이 되어야 한다고 생각했다. 그는 1889년 쓴 《서유견문(西遊見聞)》에서 당시 중한관계는 조공을 받는 나라와 조공을 바치는 나라의 관계라 하면서 "조공을 주는 나라의 체제는 조공을 받는 나라 및 모든 다른 나라를 향해 둘로 나뉘어졌고, 조공을 받는 나라체제는 조공을 주는 나라 및 모든 기타 나라를 향해 또한 둘로 나뉘어졌다"[139]고 주장했다. 이는 유길준이 전통적으로 중국

---

139. "贈貢國之體制, 向受貢國及諸他國為前後之兩截, 受貢國之體制, 對贈貢國及諸他國, 亦為前後

과는 조공관계였으나 기타 다른 나라에 대해서는 조선이 자주적이었다는 조화사상을 설명해 주는 것으로, 그는 마땅히 중국으로부터 벗어나려는 사상을 가졌던 과도적인 대표 인물이었던 것이다.

중일 양국은 마찬가지로 국제법에 의거하여 조선의 대외관계에 개입하였으나, 양국은 각자 나름대로의 계산을 하고 있었다. 즉 일본은 조선을 독립국가로 치켜 올리고자 했지만, 그 진정한 뜻은 조선을 홀로 장악하기 위한 것이었다. 그러나 마침 각성하는 중에 있던 조선인들의 감정적 요구에 대해서는 어찌할 줄을 몰라 조선인들의 호감을 얻기 위해 많은 조선 관헌들이 일본 쪽으로 기울어지도록 유도하여 일본이야말로 조선을 구해줄 수 있고 의지할 수 있는 산이고, 구원해줄 수 있는 별로 보도록 했던 것이다. 이에 대해 상대적으로 청조의 통치자들은 여전히 진부한 사유방식에 따라 조선을 대했고, 더불어서 후기에 이르면 이를수록 조선에 대해 통제, 조정하려고 하였으며, 그러한 정도는 갈수록 심해져 갔다. 선천적인 "종주국"이라는 신분으로 "번속국" 조선의 위에 있다는 식으로 능욕한 것은 필연적으로 조선인들로부터 미움을 받는 상황을 맞이할 수밖에 없었던 것이다.

개화사상과 개화파 대표들은 근대조선의 신사상을 구하고자 했던 신생 역량이었다. 개화파에 대해 말한다면 그들은 비록 대체로 젊은 중간층의 관원들이었지만, 그들은 풍부한 신지식을 갖고 있었고, 또한 외국의 진보된 실태를 익히 보고 알고 있었다. 만일 때가 되면 반드시 행동으로 옮길 그런 태세의 인물들이었다. 그러나 양무파는 이들이 역량 있는 존재라는 사실을 보지 못하고, 개화파는 중국이 조선을 조정하고자 할 때 장애가 되거나 외교적으로 골치 아픈 일만을 저지를 수 있는 제조자들로서만 보았다. 심지어 조선의 개화파 중 중요 영도인물인 김옥균을 유괴하는 행동을 주도하고 또한 이를 실행하였

之兩截"

으니, 이것이 근대 동아시아 외교사상 매우 참담했던 한 사건이 되었던 것이다.

종합적으로 말해서 청일전쟁 이전 양무파의 조선관은 국내외의 시국 변화 하에서 나타난 산물이긴 했지만, 관점 상에서 일치하지 않은 차이점이 나타났고, 더욱이 급진파와 온건파로 갈라져 다투면서도 조선의 문제를 처리하는 선상에서는 청나라의 이익을 유지 보호한다는 관점에서만 출발했기에 급진파와 온건파의 태도는 동일했다는 점이었다.

그 원인은 청나라가 종주국의 지위를 완전히 유지 보호하려는 시각과 사고 때문이었는데, 비록 조선의 대외적 개방을 고려하고 조선의 근대화 건설에 힘닿는 데까지 협조하겠다는 구실은 있었지만, 그러나 조선의 개화사상 중에서 독립을 원하는 바람에 대해서는 소홀히 봄으로서 마침내 중국의 조선정책은 실패로 끝나고 말았던 것이다. 그리고 일본이 청나라를 대신하여 이러한 지위를 취하기 위해 한반도를 침략하여 지배하는 세력이 되었고, 이를 더욱 잘 이용하기 위해, 「독립자주를 바라던 풍조」에 영합하였다는 사실은, 청일전쟁 이후 체결한 《시모노세키조약(馬關條約)》만을 보더라도 명확히 볼 수 있는 것이다.

《시모노세키조약》제1항에는 다음과 같이 규정되어 있다. "중국은 조선을 완전무결한 독립자주국임을 명확히 인정한다. 그러므로 무릇 독립자주체제에 손해되는 게 있거나, 조선의 중국에 대한 공헌과 전례를 수정할 것이 있다고 하더라도 이러한 행위는 이후 전적으로 금지한다"[140]고 하여 청나라의 조선에 대해 종주국이라는 사유는 조선정책을 수립하는데 맹점으로 작용했다는 것을 보여주었던 것이다. 이러한 맹점은 오랜 역사적 요인에도 있었지만, 그러나 양무파가 조선의 현상과 조선이 나아가려고 하는 방향을 전혀 등한시 했다는 점은, 결국은 일본의 야심

---

140. "中國認明朝鮮確為完全無缺之獨立自主, 故凡有虧損獨立自主體制, 即如該國向中國所修貢獻典禮等, 嗣後全行廢絕"

을 헤아리지 못했다는 것을 의미하고, 곧 이어 일본의 무력에 패하게 되면서 대한제국의 식민지로의 전락을 방관하는 꼴이 되었고, 나아가 중국 자신도 반식민지적 상황으로 전락하면서 수많은 고통을 감수해야 했음을 역사적 교훈으로 기억해야 할 것이다.

3. 전통 가치이념에 갇혀버린 한중 양국의 지식인들

1) 청말 중국지식인들의 관념론적 유불사상의 비현실론

수천 년간의 유학적 의식구조에 의해 통치되어 온 중국은 서구의 충격에 의해 그러한 전통이 무너질 수 있다는 위기의식과 함께 그러한 충격으로부터 벗어날 수 있는 방법으로서 불교의 혁신사상을 통해 시대적 변혁을 도모할 수 있는 이론적 근거를 수립하고자 했지만, 이러한 의식을 바탕으로 세상을 구하겠다는 구세사상을 현실화 시키는 데에는 여러 가지 한계와 모순이 있었다.

불교의 인생가치관이나 생존가치를 추구하고 창조하는 관념 등은 어느 방면에서 말하더라도 인류가 이미 갖추고 있는 입장에 대해서는 부정하는 입장을 취하고 있다. 이는 곧 인류가 처해 있는 현실세계에 대한 부정이라고 할 수 있다. 이러한 것은 바로 사회적 계급의 차이에 의해서 압박을 받아야 하는 과정에서 조성된 고통스러울 수밖에 없는 상황을 반영하는 차원에서 나타난 결과라고 할 수 있다.

특히 외세의 침략에 의해서 국가적 차원의 위기를 맞이하고 있음은 물론이거니와 이러한 가운데서 더욱 처절한 고통을 느끼며 살아야 하는 대중들에 대한 중국의 근대 지식인들의 생각은 자신이 세상을 구해야 하는 의무를 가져야 한다고 생각했고, 그러는 가운데 마치 자신이 구세주라도 된다는 유혹을 떨쳐 내지 못하고 있었다.

이러한 생각이 청말 지식인들 사이에 공통적으로 생성됐고, 그러한 사명을 다하기 위한 새로운 이론을 찾는 방편으로서 불학에 대해 연구하는 상황으로 전개되었으니, 당시의 지식인들이 이들 불학이론을 가지고 정치적 개혁을 구상했던 중요한 원인이 여기에 있었던 것이다.

중국 지식인들의 전통적인 우환의식과 사명감은 이미 어릴 때부터 잠재의식적으로 뇌리에 박히게 되는 교육과 전통관습 속에서 성장해왔다.[141] 특히 청말의 지식인들은 공양학(公羊學)과 불전(佛典)에 관해 학습하는 것이 하나의 관행으로 되어 있었다. 공양학은 경세치용(經世致用)이 그 학문의 종지(宗旨)였고, 불전이 구국과 구민(救民)의 종지를 버린다면 불법은 아무런 의미를 갖지 못한다고 인식하고 있었다. 이와 같은 치세(治世)의 종지를 가진 공양학과 구국구민의 깊은 뜻을 어릴 때부터 몸에 익히고 배워온 청말 지식인들에게는 청말의 현실을 접하면서 이상적인 구세사상을 품게 되기에 충분했던 것이다.[142]

이처럼 어릴 때부터 배어온 우환사상은 성장하는 과정에서 접하게 되는 유불사상이 계속 집적되면서 날로 성장해 가게 되었던 것이고, 나아가 구세사상도 그들의 내심에 근본적으로 뿌리를 내리게 되었던 것이다.[143] 그러한 대표적인 인물들이 구세사상을 계몽하던 강유위(康有爲), 그의 제자로써 구세사상을 완성한 양계초(梁啓超), 종풍(宗風)을 강연하거나 저술하던 오응주(吳雁舟), 경세불학(經世佛學)을 유발시킨 담사동(譚嗣同) 등은 모두가 당시의 지식인들에게 구세사상을 형성시키는데 촉진작용을 하게 했던 인물들이었다.

이중에서 가장 대표적인 인물이 강유위였다. 그는 불교구제주의자로서의 이론을 체계화 했고, 이러한 불교의 인생가치관을 기초해서 대동

---

141. 梁啓超, 「三十自述」(『飮氷室文集』, 廣智書局, 1097, 이하 양계초의 글은 이 책에 수록되어 있는 글을 참조함)

142. 「中國近代史資料叢書」 "戊戌變法", 上海書店, 2006.

143. 金谷治, 『中國思想を考える』, 中公新書, 1993, 73-76쪽.

사상(大同思想)[144]을 만들어 냈던 데서 알 수 있다. 그러한 강유위를 스승으로 둔 양계초는 그로부터 불학을 전수받았고, 대동사상의 종지를 들은 후 불교의 경세적 작용을 완전히 흡수했던 것이며, 강유위의 사상을 앞장서서 발전시키는데 총력을 기울였던 것이다.[145] 그는 국가를 위해 작은 나를 희생시켜 큰 내가 된다면 나의 희생은 하나도 애석할 것이 없고, 국민을 위해 자아를 봉헌하여 성인(成仁)을 할 수 있기를 원하는 차원으로까지 다다르게 되었던 것이다.[146]

담사동의 경세불학은 양계초와는 달리 한편으로는 사회비판의식을 강화시켰고, 다른 한편으로는 사회를 개혁하는 주체가 된다는 의식으로 무장하여 사회활동을 통해 구체적으로 실시했던 것이다.[147] 이러한 그의 행동과 의식은 양계초에게 큰 영향을 주었다.[148] 이것이 곧 양계초가 말한 "비지쌍수(悲智雙修)"[149]였다. 곧 유학 중의 인지(仁智)의 대의를 불학으로 승화시켜 입세(入世)는 곧 출세(出世)이고, 정토(淨土)는 바로 세간(世間)에 있으며, 다른 사람도 곧 나와 같은 것으로 중생과 자신을 하나라고 여기는 사상을 주장했던 것이다. 그러한 주장의 중심은 바로 피안의 세계를 차안(此岸)의 세계로 되돌려야 한다는 것으로서 중생이 버려지면 나도 없다는 것이었고, 그 목적은 바로 자신이 살고 있는 현 세상의 사회를 개조하여 중생을 구원하고자 하는데 있다고 보았던 것이다. 이러한 의지는 그가 무술변법운동을 진행하는 중에 병을 얻어 상해로 돌아가는 배 안에서 동료들과 약속하는 말 가운데서도 충분히 엿볼 수가 있다. 곧 "가정을 파탄시키지 않고는 나라를 구할 수가 없고, 나 자

---

144. 淸末의 정치 개혁론자인 강유위가 정치의 이상으로서 대동의 세상을 목표로 해야 함을 주장한 사상으로, 『禮記』에 의하면 無差別·自由로운 평화사회를 대동이라고 했다.
145. 『汪穰卿先生師友手札』, "復頌兄書"
146. 梁啓超, 『論佛敎與臺治的關係』
147. 李命洙, 『소통과 변통의 대동사상가, 담사동』, 성균관대학교 출판부, 1911, 참조.
148. 梁啓超, 『譚嗣同傳』
149. 수행정진하는 것과, 일체 중생을 이익되게 하는 것은 결코 두 가지 일이 아니라는 의미.

신을 살신(殺身)하지 않고서는 성인(成仁)할 수 없다"고 하였으니, 그가 말한 살신성인과 구국구민은 그가 평생 활동하는데 있어서의 준칙이 되었던 것이다.[150]

이러한 양계초의 구국구민사상은 불교의 "유루개고(有漏皆苦)"[151]라는 인생가치관에 그 바탕을 두고 있고, 그의 이론적 근거는 "무명연기(無明緣起)"[152]에 있음을 알 수 있다.[153]

강유위의 대동사상은 당연히 유불사상의 융합이고, 중서사상을 합치시켜 놓은 것이었다. 즉 중국의 전통사상인 인본주의가 포함되어 있고, 또한 서방의 공상사회주의적(空想社會主義的) 색채를 갖추고 있는 것이다.[154] 결국 이러한 사상이란 종교정신을 근본으로 삼아 사회를 개조하는 표준으로 삼는 구세방침이었던 것이니, 이러한 것이 바로 유불사상의 조화를 통해 정립된 구세사상이었다고 할 수 있는 것이다.

그러나 문제는 이들 청말 사상가들의 실천력에 있었다. 진정으로 그들이 구상하고 있던 구세사상을 자신의 희생을 무릅쓰면서 실천했더라면, 중국이 반식민지국으로 전락하지도 않았고, 근대화 국가로 나아갈 수 있는 토대가 마련되었지 않았겠느냐 하는 생각을 점쳐 볼 수도 있다는 말이다.

이러한 청말 지식인들의 개혁사상에는 두 가지 측면이 있었다. 하나는 사상가의 예지(叡智)로써 적극적으로 정치와 사회 개량운동을 진행하여 국가와 민족의 발전을 진흥시켜야겠다고 하는 의지와 종교가로서의 열정을 가지고 게으름을 피우지 않고 문화학술 면에 힘을 기울여, 민지(民智)와 신민덕(新民德)을 개척하여 인류의 죄악을 생산하고 사회를 부

---

150. 荻保賢, 『論任公先生事略』

151. 有는 현재의 惑과 業으로 미래의 생과 老死의 苦果를 초래한다는 의미.

152. 무명에 의해서 생사가 있는 것이지 생사가 본래부터 있는 것이 아니라는 의미.

153. 麻天祥, 『晚晴佛學與近代社會思潮』, 臺北, 文津出版社, 民國81年, 230쪽.

154. 梁啓超, 『康有爲傳』

패시키는 원인을 소멸시키겠다고 하는 의지였다.

그러나 불행하게도 그들의 구세사상은 그들이 처하는 상황에 따라서 표현되는 방법이 달라졌던 것이다. 그것은 그들이 가지고 있는 우환의식과 사명감이 "천하에 '도'가 있을 때는 '도'가 몸에 따라오게 하고, 천하에 '도'가 없을 때는 몸이 '도'에 따라가게 하라(天下有道, 以道殉身, 天下無道, 以身殉道)"[155]고 하는 관념 때문이었다. 이러한 관념이란 곧 그 뜻하는 바가 비록 모두 '도'를 이루는 형식이긴 했지만, 그 실천방법에 있어서 "겸선(兼善)"[156]과 "독선(獨善)"[157]을 통해 달리 행동했다는데 문제가 있었다. 이러한 특징이 청 말의 지식사상가들에서 잘 나타났고, 특히 불법에 대한 생각은 그러한 특징이 아주 명확하게 나타났던 것이다. 부연한다면, 그들은 중생을 계도한다는 마음으로 구국구민(救國救民)을 하기 위해서는 불법에 의지해야 만이 가능하다고 생각했으나, 그러다가 뜻한 바대로 상황이 달라지거나 제대로 실행이 되지 않게 되면 그저 "보리수에서 일어나 열반에 드는 일" 정도로 불법을 대했던 것이다. 그렇기 때문에 그들이 구국구민의 뜻을 두게 되는 전기에는 세상에 뛰어들어 동분서주하며 유신(維新)하는 일에 전력을 기울여 청 정부의 적폐(積弊)를 개혁하려 하지만, 어려운 시기에 처하게 되는 후기에 이르면 마음을 '도(道)'와 '예(藝)'에 두고 '민기(民氣)'를 진작하여 국가의 기초를 공고히 하는 것으로써 자신들의 책임과 이상을 실천했다는 식으로 자신들의 처지를 대변했던 것이다. 물론 그 내면으로는 자아완선(自我完善)의 인격을 추구하고 있다는 바를 표현코자 한 것이지만, 청 왕조의 적폐를 개혁하고 외세에 대해 저항하고자 했던 초기의 능력은 상실되고 말았던 것이다.

한편 전기에 품고 있던 구세사상도 자신들 본인이 실행하고자 하지

---

155. 『孟子·盡心章句上』, 第42章.

156. 겸선 : 나뿐만이 아니라 다른 사람도 감화시켜서 착하도록 하는 것.

157. 독선 : 자기 혼자만이 옳다고 믿고 객관성을 생각지 아니하고 행동하는 일.

않고 "시종일관 기득권을 갖고 있는 구세력에 의지해서 국가를 개량하고자 하였다"는 점에서도 그들의 구세사상에는 문제가 있었던 것이다.[158] 다시 말해서 변법유신과 입헌을 통해서 구국하려는 정치적 방침을 사회적, 정치적으로 지위가 높은 구세력의 손을 빌려 실행하고자 기도했다는 점이다. 공거상거(公車上書)[159], 백일유신(百日維新, 戊戌變法), 원세개의 손을 빌려 폐정개혁을 시도하고자 했던 것 등 모든 일이 이와 같은 방식에 의해 진행되었던 것이다.[160]

또한 그들은 정치의 기초가 사회에 있고, 사회의 기초가 국민에 있으며, 국민의 우열강약이 국민성에 있다고 보아, 정치의 청탁, 사회의 흥쇠, 국가의 영욕 등이 모두 국민성에 의해 결정된다고 믿었으니,[161] 위정자인 군주 및 기존 세력에 대한 정치적 의무성이 너무나 강고하여 모든 잘못을 국민들에게 돌리는 모순된 사상을 몸에 지니고 있었던 것도 개혁을 이루지 못한 원인 중의 하나였다.

이러한 사상을 가지고 있었기에 그들은 정치적으로 곤란한 상황에 처하게 되면 현실에 부딪치지 않고 국민성을 계도하고 민기(民氣)를 높인다는 취지하에서 교육과 학술연구에만 주력하였던 것이다. 그러한 대표적인 처신을 한 사람이 양계초였다. 그는 초기에는 적극적으로 정치에 참여하려 했으나, 자신이 원하는 품계를 받지 못하거나, 자신의 의견에 반대하는 상대방이 있으면 자신의 본분인 정치를 멀리하고 그 직위를 고사하거나, 저술 혹은 사회교육 방면에 전념하는 식으로 자신의 처신방향을 바꾸었던 것이다.[162] 이러한 처세는 결국 높은 지위에 올라 자신의

---

158. 梁啓超, 『外交歟內政歟』

159. 康有爲가 작성한 1만7, 8천자에 이르는 상소문에 과거에 응시하고자 북경에 온 1천3백여 명이 연서하여 집단으로 상소문을 제출한 사건을 말하며, 무술변법운동의 시발점이 되었다.

160. 梁啓超, 『論支那宗敎改革』

161. 梁啓超, 『東南大學課畢告別辭』

162. 麻天祥, 앞의 책, 236쪽.

개혁의지를 펴 보일 수 있는 기회를 잃게 되었고, 훌륭한 군주와 더불어 정사를 논할 수 있는 기회조차 얻지 못하는 결과로 이어졌던 것이다. 이러한 처신은 비단 양계초뿐만이 아니라 몇몇의 지식인을 제외하고는 대부분의 지식인들이 거의 같은 형태를 보였던 것이니, 이들은 말로써만 정치와 사회생활에 개입하려 했던 것이지, 애초부터 자신들의 개혁의지를 실현할 수 없었다는 태도를 지니고 있었다고 비판받지 않을 수 없는 것이다.[163]

그러나 이보다 더 큰 문제는 이러한 국내 상황에 대한 처신보다도 해외에 대한 견문을 가진데다가 그들에 관한 서적을 많이 연구한 그들이 서구의 우월한 점이나, 그들의 신학문 등에 대해 저평가하고 자신들의 본래 사상에 머무르거나 합리화시키는 수준에 머무르고 있었다는 점이다. 그들은 국민의 "정신적 기아"를 구제할 수 있는 방법으로써 동방의 것, 즉 중국과 인도의 것이 좋다고 평가했고,[164] 국민성을 개조하고 국민도덕을 증진시키는 가장 좋은 무기는 유학과 국학의 제2 원천인 불학이라고 보았으며, 이들 동방의 학문만이 오로지 민의(民意)를 진작시키고 배양시켜 국가의 기초를 굳게 한다고 주장하였던 것이다.[165] 이러한 청말 지식인들의 중체서용(中體西用) 사상은 중국의 현실을 정확히 판단하지 못한 것이었고, 따라서 그에 대한 대처방안도 제대로 찾지 못하고 있었다는 사실을 대변해 준다고 하겠다.

이상에서 살펴본 바와 같이 그들이 유불의 조화를 통해 구세하려는 자세에 대해서까지 비판할 필요는 없겠지만, 자신 안위의 필요성에 따라 행동하고 세계의 흐름에 대한 판단에 안이했다고 하는 것은, 그들의 활동과 연구가 그저 청나라의 무능과 적폐에 대한 비판의 무기로써만 사용되었지, 사회를 개혁하는 무기로써는 작용하지 못했었음을 대변해

---

163. 위의 책, 240쪽.

164. 梁啓超, 『東南大學課畢告別辭』

165. 梁啓超, 『治國家的兩條大路』, 『論支那獨立之實力與日本的東方政策』

주는 것이라고 하겠다.

　그렇기 때문에 이들의 구세의지는 애초부터 실패로 끝날 것이라는 예정된 결과를 지니고 있었던 것이고, 그럼으로써 청말 지식인들의 비극은 예고되고 있었음을 알 수가 있는 것이다. 결국 이러한 점들은 중국을 서구 열강의 반식민지로 전락시키는 결과를 가져왔고, 근대화의 꿈을 스스로 접게 하는 결과로써 나타났음을 알 수 있는 증거가 된다고 하겠다.

2) 한말(韓末) 지식인들의 독선적 소중화주의의 비극

　조선의 경우는 적폐 개혁 및 근대화에 대한 양상이 중국과 일본과는 또한 전연 다르게 나타났다. 그것은 지식계층의 사상과 행동 양식이 중일 두 나라의 지식인들과 전혀 달랐다는 점이다. 예를 들면 유교사상에 바탕을 두고 정치에 참여하던 지식계층 중에, 불학이 가지고 있는 혁신사상에 눈을 돌린 사람이 없었다는 점과 중국 지식인들의 의식성향을 추종하거나 의존하려는 자세만을 취해 서구적인 근대화가 아닌 중국식 개혁을 따르고자 했다는 점이었다.

　다만 일부 지식인, 예를 들면 유대치(劉大癡), 최한기(崔漢綺), 오경석(吳慶錫), 박규수(朴珪壽) 등이 불교에 대해 관심을 보이기는 했지만, 적극적으로 그 정신을 취하려 하지 않았고, 오로지 유교적 관념 수준에만 머물러 있었다는 점을 간과할 수가 없는 것이다. 또한 이들은 대체로 역관혹은 중인 출신들이거나, 진사가 됐어도 관직에 나가지 않았던 인물들이었기에, 이들이 사상적으로나 실천적으로 사회개혁이나 근대화를 이끌기 위해 앞장설 수 있는 입장도 못 되었다. 물론 이들이 중국과 일본을 통해 들어온 서적을 통해 신지식의 필요성을 느끼고 후일 개혁세력의 주체가 되는 지식인들에게 교훈을 주는 정도의 역할은 했지만, 시대를 변혁시키는 데까지 앞장설 수는 없었던 것이다. 그런 점에서 조선 말기 지식인들의 역할은 중일 양국의 지식인들에게 훨씬 못 미치는 작용을 함으로써, 결국 조선을 멸망케 하고 근대화의 길로는 접근조차 못하는 한계성을 보여주었던 것이다.

이들 지식인들의 주자학 일존주의(一尊主義)의 사상적 근거는 '도통(道統)'이었다. 도통이라는 것은 유교의 '도'를 전한 성현의 계통을 말하는 것이다. 한말의 사상계를 장악하고 있던 화서학파(華西學派)가 지니고 있던 도통은 공자(孔子) → 맹자(孟子) → 주자(朱子) → 송자(宋子, 宋時烈)였다. 이러한 화서학파의 연총(淵叢)이라 할 수 있는 이항로(李恒老)는 반양이적(反洋夷的) 양이론(攘夷論)을 주장했는데, 그것은 송시열의 반청적(反淸的) 양이론, 주자의 반금적(反金的) 양이론과 직결하는 것이었다. 송시열 이래 소중화(小中華)라고 자부해 온 조선에 대해 무력으로 도전해 온 서양은 곧 '양이(洋夷)'가 되었고, 교린국(交隣國)이었던 에도막부(江戸幕府)를 무너뜨리고 왜양일체화(倭洋一體化)가 된 메이지정부는 '왜이(倭夷)'로 전락하게 되었던 것이다.

이러한 위정척사사상(衛正斥邪思想)의 근저에 있었던 것이 '존화양이(尊華攘夷)'라는 명분론(名分論)이었다. 이러한 명분론에 바탕을 두고 있던 화서학파는 대중화(大中華)인 중국이 여진족에게 이적(夷狄)화된 상황에서 소중화(小中華)를 지킨다는 것은 조선만의 문제가 아니라 인류의 보편적인 사명으로까지 의식이 확대되어 있었던 것이다. 이항로의 문인이던 김평묵(金平黙), 유중교(柳重敎), 최익현(崔益鉉), 유인석(柳麟錫) 등은 이 소중화라는 고루(孤壘)를 지키기 위해 죽음을 돌보지 않고 지켜야 하는 반침략(反侵略), 반근대(反近代)를 주장하면서 반일의병의 선구에 서게 되었던 것이다. 이렇게 하는 것이 그들에게 있어서는 살신성인(殺身成仁)[166]하는 일이었다.

---

166. 『論語』 '衛靈公篇'

그러나 이러한 살신성인의 자세는 양계초가 말한 살신성인과는 전연 다른 개념이었다. 앞 장에서 지적한 바처럼 양계초를 위시한 청말 지식인들의 살신성인 자세는 그래도 구세구민을 위한 것이었지만, 한말 지식인들의 그것은 양이(洋夷)로부터 중화주의를 지켜내야 한다는 명분론에 지나지 않았던 것이다.

비록 인류의 마지막 남은 보루인 "소중화=조선"을 사수하겠다고 무기를 든 그 사명감은 비장했지만, 이러한 비극은 세계와 현실의 변화를 있는 그대로 직시하지 못했음을 말해주는 것이고, 송대의 주자학이라는 필터를 통해서만 세상 밖을 보았다는 것이 됨으로써, 세상물정에는 전혀 어두웠다는 것을 대변해 주는 것에 지나지 않았다고 볼 수 있다. 한마디로 말해서 외세의 침략을 막아내고자 하는 데는 일조했는지는 몰라도 조선의 미래에 대해서는 전혀 도움이 되지 않는 행동이었음을 알 수 있는 것이다.

웨스턴 임팩트(서양의 충격)라고 하는 것에 대한 조선의 대응책이 청국·일본과 전연 달랐다고 하는 점은, 병인양요와 신미양요 등 서양인에 의한 소요사건을 두 번이나 겪었으면서도 '무(武)'의 근대화라는 문제가 최우선 과제로써 전혀 제기 되지 않았다는 점이었다. 물론 두 번의 양요를 기적적으로 이겨내기는 했지만, 그들이 가지고 온 '기(器)'와 '무(武)'에 대해 자세히 관찰하지 않은 채 서양의 과학과 병법 등에 대해서 비록 주의를 기울이기는 했어도 그에 대한 연구의 필요성을 제기한 사람이 하나도 없었다는 점은 중일 양국의 지식인들과 크게 차별되는 현상이었다.

단지 박규수 문하의 일개 서생이던 김윤식(金允植)이 친구에게 보내는 편지[167]에서 "다수의 병력보다도, 정교한 대포 하나를 구함이 낫다(不務

---

167. 金允植, 『雲養集』 卷之一 '洋擾時答某人書'

兵多, 而惟求礮精)"[168]고 한 위원(魏源)의 말을 인용했던 점만이 유일한 지식인의 서구문물에 대한 시각이었다. 이러한 상황은 당시의 지식인들이 여전히 유자(儒者)로서의 사고방식에 젖어 구태의연하게 '기(器)'보다는 '도(道)'가 위이고, '무(武)'보다는 '문(文)'이 위라는 '상문천무(尚文賤武)'의 소중화 의식에 빠져 있었음을 말해준다고 하겠다. 이러한 의식 속에서 근대화라는 개념이 세워질 리 없다는 것은 당연한 이치였다. 특히 두 번의 양요를 극복하면서 이들의 침략을 발본색원해야 한다면서 '양물근절론(洋物根絶論)'을 주장했던 사실은 이를 충분히 뒷받침해주고도 남음이 있는 일이었다.

역시 이러한 생각의 원천은 이항로에서 시작 되었던 것이다. 이항로는 이기론(理氣論)에 대해서, "'이'는 '기'를 통솔하는 주인(統氣之主)"이고, "'기'는 '이'를 담는 그릇이다(載理之氣)"라고 보았다.[169] 조선의 이기론에 놓여 져 있는 입장은 '이주객기(理主客氣)'였다. 이러한 '이'와 '기'를 어떻게 위치시켜 놓느냐 하는 것이 천하의 어지러움을 다스리는 것과 직결된다고 보았던 것이다. 이러한 의식을 바탕으로 '도'와 '기'의 상관관계를 위치시켜 놓은 것이 또한 서양을 보는 그들의 기본 시각이었던 것이다.[170] 다시 말해서 '도(형이상학)'와 '기(형이하학)'의 관계도 그 존비(尊卑)와 대소(大小)를 명확히 하지 않으면 안 된다고 보았던 것이다.

이러한 관념 하에서 서양의 상품(공업품)은 일상생황에 어떠한 도움도 되지 않는다고 하든가, 오히려 미풍양속을 어지럽게 된다고 하는 식의 의식이 생겨나게 된 것은 어쩌면 당연한 일이었는지도 모른다. 곧 서양의 기교는 '기(奇, 괴상한 것)'이고, '음(淫, 음란한 것)'한 것으로서 정도(正道)에 반하는 것이라고 인식했던 것이니, 이것이 바로 위정척사파가 주

---

168. 魏源, 「海國圖志」 '籌海篇'

169. 李恒老, 「華西集」雅言卷3, '臨川'

170. 위의 책, 卷之十 '尊中華'

장했던 '청빈(淸貧)사상'[171]이었다. 이러한 청빈이 의미하는 것은 바로 양이(洋夷)의 물건을 사용하지 않는다는 의미였던 것이다.

이런 점에서 조선말의 지식인들은 청정(淸淨)함을 지키고, 소중화를 사수하는 것을 긍지로 삼는 가운데 다른 나라의 종교 문화가 들어오는 것을 막고, 그들 나라와의 통상을 반대하며, 그들 나라의 선진기술에 눈을 돌리지 않았던 것이니, 근대화를 이루기는커녕 오히려 근대화의 길을 막는 우를 범했던 것이기에, 조선이 식민지국으로 전락되는 것은 당연한 역사의 수순이었다고 할 수밖에 없을 것이다.

유교사상은 '윤리도덕'과 '조상숭배'를 핵심으로 하여 이루어진 가치관으로서, 바로 인간의 절대적인 존재성을 어떻게 인정해주며 살아야 할 것인가에 그 원초적인 목적을 두고 있다. 이러한 존재성을 인정해 주는 가장 중요한 가치관으로서 '효'라는 개념을 정립했다. 그리고 공자는 이러한 가족적인 관계를 지켜주는 가족윤리를 '충'이라는 개념으로 승화시켜 사회윤리와 정치론까지 끌어올렸던 것이다.[172] 이후 많은 유가들은 이러한 논리를 더욱 발전시켜 정치이론과 경제이론으로 발전시켜 나갔다. 그리하여 유교는 사회세력을 확대시켜 나가게 되었고, 훗날에 이르면 유교는 국가의 통치이론이 되고,[173] 국책의 입안이 이에 의해 이루어졌으며, 유가의 학식을 완벽하게 습득한 관료들에 의해 이들 국책이 행해짐으로써 수천 년간의 전제왕조를 계승시켜 오는 작용을 하게 하였던 것이다.

이에 비해 불교는 현실적 측면에서의 작용보다는 내세에 대한 불안감을 해소시켜주고, 이를 바탕으로 현실에서의 어려운 문제점을 죽음이라는 궁극적 한계에 대비시키면서 이겨내게 하는 내면적 심리작용을 받쳐주는 차원에서의 역할을 담당해 왔다.

---

171. 위의 책.

172. 本田濟, 「孔子 - 儒敎의 創始者」, 日原利國編, 『中國思想史』, ぺりかん社, 14쪽.

173. 西嶋定生, 李成市 編, 『古代東アジア世界と日本』, 岩波現代文庫, 2000. 15~19쪽.

이러한 유불사상이 어우러져 내재화 되어진 가운데 하나의 문화적 공동체를 이룩해 온 지역이 바로 동아시아지역이었고, 그 중에서도 두드러지게 유불사상을 조화시켜 역사발전의 원동력으로 삼았던 지역이 한중일 삼국이었다. 이것이 타 지역 국가와 달리 삼국만이 수천 년 동안의 역사를 이어올 수 있게 했고, 동시에 오늘날 세계가 주목하는 지역으로 발전할 수 있는 모토가 되었던 것이다. 다시 말해 유불사상의 유기적인 작용에 의해 삼국민의 내면에 정립되어진 절대적 가치관, 즉 포용성, 창의성, 대응능력 등의 덕목이 내재되게 됨으로 해서 이를 바탕으로 정치적·경제적 발전을 이룩하여 이제 현실적으로 동아시아시대가 열리는 출발점에 서 있게 되었다고 해도 과언이 아니다.

이러한 사실은 역사의 전개 과정 속에서 정치적 혹은 외세적(북방민족) 충격에 의해 이들 양자가 충돌할 경우 동아시아 사회에 미치는 악영향이 매우 컸었고, 반대로 서로 어우러지며 내면세계를 떠받쳐 줄 때는 매우 안정적으로 교류가 이루어지고 경제 및 문화가 발전하는데 좋은 영향을 주었던 사실을 잘 기억하고 있을 것이다.[174]

그러나 이러한 유불의 전통적 역사적 작용은 근대에 이르러 새로운 형태의 충격인 웨스턴 임팩트에 의해서 전통적 가치관 및 사회적 대응능력에 혼란이 생김으로 말미암아, 어떤 충격에도 대처할 수 있었던 동아시아세계의 유기적 시스템이 붕괴되고 말았다.[175] 환언하면 이러한 비전통적인 시대적 격변에 대해서 유불에 의해 만들어진 전통적 가치관을 토대로 잘 적응해 갔던 나라는 근대화를 이루는데 성공했고, 그렇지 못했던 나라는 근대화의 문턱에서 좌절하거나 아예 접근조차 못하는 국면을 맞이해야 했던 것이니, 곧 전자의 경우는 일본이었고, 후자의 경우는 중국과 조선이었다.

---

174. 賀耀民,「中國經濟史」, 集屋齋, 2010. 金勝一,「한민족과 동아시아세계」, 도서출판 경혜, 2010. 堀敏一,「中國と東アジア世界」, 岩波書店, 1993 等 참조

175. 浜下武志,「近代中國の國際的契機」, 東京大學出版會, 25-37쪽.

부연한다면, 일본의 경우는 늦게 조선의 성리학을 받아들였지만 이것이 가지고 있는 통치이념으로서의 작용을 적절히 잘 활용하였고, 나아가 자신들 사회에 걸 맞는 유불사상의 조화와 결합을 통해 서구의 충격을 소화할 수 있는 인식구조를 정립시킴으로써 근대화를 이룰 수 있었던 것이다. [176]

이에 비해 중국의 경우는 청말 이후 서구세력의 침략에 대응하기 위해 불교의 혁신사상을 구세사상(救世思想)의 배경으로 전환시키려고 노력은 했지만, 자신들의 몸에 배어 있는 존왕양이(尊王攘夷)라는 유교적 인식의 테두리를 벗어나지 못함으로써 근대화의 길로 들어서게 하는 길잡이 역할을 하지 못했던 것이다. 다시 말해서 비록 유불사상의 통합에 의해 시대변화에 대처하려고 노력은 했지만, 서구적 근대문물의 가치를 제대로 인식하지 못했고, 자신들 행동양식의 모순으로 말미암아 서구 열강의 침략을 바라보고 있어야만 했던 것이다.

그러나 이러한 시기에 무엇보다도 가장 심각한 위기를 초래했던 것은 조선이었다. 유교의 유심적 논리에만 집착하고 있던 조선의 지식인들은 중국의 대처 방법을 모방하려고도 했지만, 그들보다도 더 심각하게 서구 문물에 대해 배타적인 생각과 태도를 지니고 있었고, 조선왕조에서 배척하고 있었던 불학에 대해서는 관심조차 보이지를 않은 가운데, 소위 소중화주의를 사수하고자 하는 데만 집착과 긍지를 보였을 뿐이었다. 그러다 보니 유불사상의 조화를 통한 위기상황에 대처하기 위해 중국과 일본처럼 대안을 찾으려는 노력을 하기는커녕, 주관적 매너리즘에 빠져 세상의 변화와 선진문화에 대한 평가를 소홀히 하는 바람에, 결과적으로 역사적으로 우위적 지위를 점하고 있던 일본에게 식민통치를 당해야 하는 처지로 전락하고 말았던 것이다.

---

176. 山本七平 저, 金勝一 역, 『일본 자본주의 정신』, 범우사, 1998, 참조

제6장

중국혁명 전후
한중 양국의 역학적 관계

20세기 전반의 동아시아 역사는 2000여 년간 지속되어 온 동아시아세계의 구질서가 붕괴되고, 이후 나타난 새로운 구도는 제국주의 일본과 그에 저항하는 식민지·반식민지국의 대결로 점철됐다. 이러한 구도로의 출발은 한국의 동학운동으로부터 시작됐다. 이 또한 동아시아세계의 특징인 유기적 관계구조의 역학적 원리에 따라 나타났다고 할 수 있다.

1. 동아시아의 신질서 구축과 한중관계의 현대적 의의

1) 중국 국공 양당의 정책노선과 한국 통일전선의 성격

20세기 전반의 동아시아 역사는 2000여 년간 지속되어 온 동아시아 세계의 구질서가 붕괴되고, 이후 나타난 새로운 구도는 제국주의 일본과 그에 저항하는 식민지·반식민지국의 대결로 점철됐다. 이러한 구도로의 출발은 한국의 동학운동으로부터 시작됐다. 이 또한 동아시아세계의 특징인 유기적 관계구조의 역학적 원리에 따라 나타났다고 할 수 있다. 즉 한국 전라도 고부군(古阜郡)의 군수 조병갑(趙秉甲)이 가렴주구를 일삼자 피폐할 대로 피폐해진 농민들이 더 이상 견딜 수 없는 상황에 이르자 이들을 대신하여 동학교도들이 들고 일어나자 이는 곧 전국으로 확산되었다. 그러자 이들을 진압할 수 없었던 무력의 조선정부는 장차 야기될 국제적 문제에 대해서는 그다지 고려하지 않은 채 구질서 체제의 지원국인 청나라에 군대 파견을 요청하였다. 이에 원세개 휘하의 청국 군이 조선에 들어와 동학군과 대치하자, 호시탐탐 한반도 진출을 노리고 있던 일본은 천진조약(天津條約)[177]의 내용을 근거로 거의 같

---

177. 천진조약 : 1884년 조선의 갑신정변이 청의 개입으로 실패로 돌아간 후, 일본은 조선에 대한 청의 영향력 확대를 우려하여 2개 대대의 병력을 조선에 파견했다. 그리고 양국 간의 무력충돌의 위험이 커졌다는 명분으로 이토 히로부미(伊藤博文)를 전권대사로 천진에 보내 이홍장과 담판을 지어 조선에 대한 영향력을 계속 확보하려고 했다. 그 결과 1885년 4월 전문 3개조의 천진조약이 체결되

은 시기에 군대를 한국에 보내 한편으로는 청국군대의 움직임에 대처했고, 다른 한편으로는 동학농민군 진압에 힘을 기울였다. 이러한 정세 하에서 제대로 된 무기도 갖추지 않은 동학농민군은 곧바로 진압되었다. 그러나 이후에도 청국 군과 일본군은 서로간의 이해득실만 저울질하고 있을 뿐 철수할 준비를 하지 않았다. 이처럼 첨예한 양국 군대의 대립은 곧바로 전장으로 치 닫을 수밖에 없었으니, 바로 청일전쟁의 발발이었다.

이 전쟁은 동아시아의 구질서를 유지할 것인지, 붕괴시킬 것인지를 결정하는 최후의 대전이었다. 그러나 이미 메이지유신(明治維新) 이래 서구적 기계공업이 발달하여 서구유럽과 마찬가지로 공황상태로까지 다다른 일본군의 입장과 그저 구질서체제 하에서 조공국의 보호가 자신들의 의무라고 생각하는 단순한 의식을 가진 청국 군과는 여러 면에서 엄청난 차이가 있어 청국군은 순식간에 무너지고 말았다. 전쟁 이후 청일 양국 간에는 시모노세키(下關條約) 조약이 체결되었고, 그 결과 일본은 청국으로부터 배상금 3억 엔(2억 량)을 받게 되었다. 당시 중국의 1년 예산이 1.5억 엔(1억 량), 일본이 1억 엔(6천 500만 량)이었다는 점에서 볼 때, 청국은 2년간의 예산을 고스란히 일본에 건네준 셈이고, 일본은 앞서서 3년 치의 예산을 받아냈던 것이다. 이러한 자금을 바탕으로 일본은 자국 내의 경제적 모순을 일순간에 해결할 수가 있었고, 나아가 이미 상당한 수준에 올라 있던 기계공업을 바탕으로 군사국가로 발전하게 된 것이다. 이로써 동아시아세계의 구질서는 완전히 붕괴됐고, 일본과 기타 동아시아 약소민족과의 대결구도로 이어지는 새로운 질서가 나타나게 되었던 것이다.

었다. 그 주요내용을 보면 ① 청일 양군은 4개월 이내에 조선에서 철병할 것, ② 조선 국왕에게 권해 조선의 자위군을 양성하도록 하되, 훈련교관은 청일 양당사국 이외의 나라에서 초빙하도록 할 것, ③ 조선에서 이후 변란이나 중요사건이 발생하여 청일 두 나라 또는 어느 한 나라가 파병할 때는 먼저 문서로 연락하고, 사태가 진정되면 다시 철병할 것 등이다

청일전쟁 이후 자신감과 능력을 겸비하게 된 일본은 1905년 러시아에 선전포고를 하여 승리하였고, 1905년 12월 25일 러일강화 조약을 통해 요동반도 남단부(關東州)를 점령했다. 이로부터 시작된 본격적인 영토침략은 1910년 한반도를 비롯해, 1914년 남양군도, 청도(靑島), 1931년 중국 동북부지역과 몽고 남부지역 등으로 이어지며 1937년 중일전쟁까지 일으켜 중국전토를 넘보게 되었다.

이러한 상황에서 한국과 중국은 동병상련의 처지가 되어 연합항일하지 않으면 안 되는 상황으로 치달았다. 그러나 중일전쟁이 일어나기 이전까지의 중국은 여전히 구질서적 중화주의를 그대로 국제관계에 인용하고 있었다. 그러한 예는 국민당을 이끌던 손중산의 발언에서도 확인할 수 있다. 그는 1919년 2월 상해주재 미국총영사 새먼즈(Thomas Sammons)와의 대담에서 "중국은 한국을 일본이나 다른 나라에 양도하지 않았기 때문에, 한국문제는 합리적으로 재개되어야 할 것이지만, 열강들이 어떤 태도를 취할지 모르기 때문에, 중국이 이를 제기하기가 주저된다"고 하였다. 또 "중국이 장차 강대국이 된다면, 이전의 조공국들이 다시 중국에 복속될 것이다"(『國父全集』 6)라고 한데서 동아시아세계의 구질서를 재구축하려는 그의 의도를 엿볼 수가 있다.

이러한 관념은 정치적 영도자들만이 아니라 일반적인 중국인들의 관념에서도 엿볼 수 있었다. 즉 일본이 한국을 합병한 사실이 알려지자 "번방(蕃邦)이 망해도 구할 수 없고, 한반도 전체가 다른 사람에 의해 처리되는 일은 결코 견딜 수 없다"고 말한 『중국공보(中國公報)』(1910년 1월 7일)의 논설이 이를 대변해 준다. 이러한 견해를 근저에 깔고 있던 국민정부였기에 대한민국임시정부를 끝까지 인정하지 않았던 것이고, 이러한 국민당 측의 한국관은 해방시기까지 계속적으로 이어졌다.

1944년 중국비서처(中國秘書處)의 한국문제에 대한 회의기록을 보면, "일부인사는 한인세력에게 도움을 줌으로써, 한국독립당의 오만한 심리를 경고하고, 앞으로 매진할 수 있도록 자극을 주자고 하였다"는 사실에서 자신들의 기득권을 이용해 한인세력을 통제하려 했던 의도를 알수 있다. 물론 개인적인 친분 등이 작용하여 호의적인 감정으로 지원을 해준 인물들도 있었으나, 정부차원에서의 한국관은 모두가 한결같았다.

1944년 들어 전쟁 종결의 기미가 보이고, 소련이 동아시아문제에 개입하려 할 때에야 국민정부는 한국을 강력히 지지하기 시작했다. 특히 카이로선언이나 신탁통치반대 등의 주장은 한국이 독립을 쟁취하는데 큰 역할을 했던 것이다. 이 또한 향후의 한국정부에 대한 통제력을 갖기 위해 준비된 것이라는 측면도 있지만, 한국의 우파계열이 국민당의 보호와 지원을 받으며 독립운동에 매진할 수 있었다고 하는 것은 한중관계에서 매우 중요한 사실임을 지적하지 않을 수 없는 것이다.

이에 대해 중국공산당의 입장은 국민당의 태도와는 좀 달랐다. 그것은 공산당의 태동이 국민당보다 늦어진데다 기존의 정권장악자들이 자신들의 세력을 빼앗기지 않으려 한데서 오는 압박과 고립 등으로 매우 어려운 처지에 몰리게 됐기 때문에, 약간의 협력자라도 자기 쪽으로 흡수하려고 했다. 한편 이러한 공산당 측의 불리한 여건을 이용해 한국인들은 한국인 나름대로의 독립운동을 전개하고자 했다. 그 예로 1927년 국공합작의 파경 속에서 김홍일(金弘壹)은 "내가 중국 혁명전에 가담한 것은 오로지 앞으로 다가올 중일전쟁을 바라보고서이다. 만약에 앞으로 중일전쟁이 터질 경우, 우리는 그때를 잘 이용하여 우리 민족의 독립과 활로를 찾아야 한다는 그런 원대한 계획 때문이었다."라고 한 데서 알 수 있다.

그러나 중국혁명에 참여했던 많은 진보적 한국인들은 공산당의 어려운 처지와 국민당과의 대립에서 받아야 하는 공격으로 인해 많은 희생을 감수해야 했다. 그럼에도 남경 국민정부의 소극적 항일노선에 대한 실망은 진보적 한국인들로 하여금 더더욱 공산당 쪽에 가담토록 했다.

이러한 국공 양당의 모순 속에 한국인들도 좌우익으로 나뉘어져 각각 다른 노선에서의 독립투쟁을 영위해 가야 했다. 그러나 이러한 정세

하에서 한인세력의 정체성에 대한 자각과 이를 바탕으로 한 단결과 협동의 공감대로 인해 민족협동전선운동이 진전되었던 것은 한국인의 독립운동사에서 매우 고무적인 일이었다. 이러한 협동전선의 궁극적인 결과는 비록 실패로 끝났지만, 국공 양당의 정책적 상이 하에서 해방을 맞이할 때까지 이러한 노력이 계속되었다는 것은, 한국인 스스로도 민족독립역량의 단결에 상당한 힘을 기울였음을 엿보게 해준다. 그러나 이러한 협동전선의 실패는 반드시 실망스러운 일만은 아니었다. 대표적 한인공산당원인 김산[178]은 다음과 같이 그 원인을 말하고 있다.

"비록 달성하려는 방법은 달랐지만, 모든 한국인들은 단 두 가지만을 열망했다. 독립과 민주주의. 그러나 실질적으로는 오직 한 가지만을 원했으니 바로 자유이다. 광범위한 민주주의를 향한 충동은 한국에서는 아주 강력한 것이었다. 우리가 제정당의 강력한 중앙집권적 조직을 발전시키지 못한 이유의 하나는 바로 이것이다. 각 정파(政派)는 각각 자기가 존재할 권리와 자유로운 정견발표의 권리를 고수하였다. 또한 각 개인도 자기 신념의 자유를 지키기 위해 끝까지 싸웠던 것이다. 우리들 사이에는 민주주의가 남아 돌 정도로 많았다."

이처럼 자기 신념의 관철을 포기하지 않음으로서 비록 협동전선에 의한 종합적인 역량의 집중은 이루지 못했지만, 대신 자신을 희생하면서까지 처절한 항일을 할 수 있었던 것은 이러한 신념과 자유에 대한 확고한 믿음이 있었기 때문이었다.

그런데 여기서 주목할 것은 중국 국공 양당 나름대로의 정책과 통제

---

178. 김산(金山, 1905년 ~ 1938년) : 사회주의 혁명가, 항일독립투사, 아나키스트, 국제주의자이자, 민족주의자로, 본명은 장지학(張志鶴) 또는 장지락(張志樂)이다. 만주, 일본, 북경, 광동 등을 누비며 독립운동을 전개하다 희생된 독립운동가로 님웨일즈가 쓴 『아리랑』의 주인공이다.

하에서도 한국인 독립운동가들은 좌우 계파에 관계없이 자신들의 의도대로 독립운동을 펼쳐나갔다는 점이다. 그것은 국공 양당의 이해관계와 한국인 독립운동가들의 이해관계가 맞아 떨어졌음을 의미한다고 하겠다. 다시 말해서 각각 자기들 나름대로의 계산속에서 협조와 지원관계가 이루어진 것이었고, 그러는 가운데 서로의 필요성을 공감하면서 우호적 관계가 정립되었다는 점이다.

비록 서로 간에 만족스런 정도까지는 이르지 못했다 하더라도, 운명적인 조건하에서 연합하여 투쟁했고, 또 궁극적인 투쟁성과를 얻었다는 것은 다른 어떤 나라보다도 우호관계를 지속할 수밖에 없는 운명적 요소를 갖게 했던 것이다.

해방 이후 좌우 양파로 갈라져 냉전이라는 국제적 냉각기를 거치는 동안에도 이러한 감정은 쉽게 사라지지 않았다.

20세기 전반의 동아시아세계 질서는 식민지·반식민국가와 일본제국주의와의 대결구도였다. 이는 구질서 붕괴 이후 자연스럽게 만들어진 구도였다. 따라서 이러한 연합항일 속에서 자국의 이해관계에 따른 상대국에 대한 정책이 수립되어지기는 했지만, 그러한 가운데 서로에 대한 신뢰와 우호관계가 싹터, 해방 이후 자국의 발전과 안정을 위한 시행착오를 50여 년간에 걸쳐 시험했던 동아시아세계의 각국은 이제 서로에 대한 필요성을 재삼 감지하고 협력의 디딤돌을 놓기 시작한 것이다. 여기에는 이미 차별적이고 상하적인 관념이 존재할 수 없는 것이고, 오로지 선의의 경쟁만이 있을 뿐이다.

2) 신질서 구축을 위한 한중 양국의 역할

세계는 20세기 전반기에 들어 두 차례의 세계대전을 치루면서 제국주의 당사국들조차 전쟁과 침략주의를 부정하기에 이르렀고, 그 결과

식민지 해방이 시작되었으나, 곧 민주주의와 공산주의라는 두 개의 이데올로기의 충돌이 가시화 되는 냉전체제를 구축했다. 그리하여 "미소의 패권주의", "자유주의권과 사회주의권의 대립과 갈등", "세계 각 국가별 권력정치와 현실주의"가 지속되었고, 이러한 대립이 전쟁으로 치닫지 않도록 하기 위해 국제연합이 평화주의를 제창하며 세계 각국의 협조와 공존을 강조하는 가운데 20세기가 지탱되어 왔던 것이다.

그러다가 20세기 후반기에 들어서며 일부 사회주의 국가들이 붕괴하여 냉전이 종식되면서 20세기의 대미를 장식했고, 동시에 21세기에 대한 새로운 국제질서의 "신축론(新築論)"이 제기되고 있는 것이 요즘의 현실이다.

그러나 이처럼 미래지향적인 희망찬 계획만 있는 것이 오늘날의 세계는 아니다. 20세기 말이래 현재까지도 국제질서의 변용이 엄청나게 빠르게 전개되고 있기 때문이다. 즉 국제 정치 및 경제의 변용에 따라 국제사회의 기본적 시스템이나 메카니즘의 변용, 국가이외의 다국적기업, 비정부조직(非政府組織), 개인 등 국제 주체의 증가에 의한 조직의 다양성, 국가의 규모·능력 및 역할의 다양화·계층화, 국제 주체 간 상호의존의 진전에 따른 상호작용의 다원화 및 유동화(流動化) 등에 의한 국제문제의 국내화, 국내문제의 국제화가 한데 어우러져 혼돈을 가중시키고 있는 것이다.

이러한 가운데 이제는 어느 한 국가와 한 민족만의 문제가 아닌 지구차원의 문제가 등장하게 되었다. 즉 문명의 갈등 및 충돌 가능성이 팽배해졌고, 구미 중심적 가치관에 기초해서는 해결 불가능한 문제들이 증가하고 있는 것이다. 예를 들면, 남북문제, 무역마찰문제, 무기 및 기술의 이전문제, 민족, 인구, 인권, 환경, 핵(核), 테러 등의 문제가 바로 그것들이다.

그리고 이러한 문제를 해결하기 위해 국제사회를 조율하고 있는 국제질서도 이제는 한계점에 와 있다. 즉 현실주의자들이 말하는 권력정치론과, 신현실주의자가 말하는 탈국가적인 상호의존론으로는 이런 문제를 해결할 수 없다는 말이다. 왜냐하면 이들이 가지고 있는 이론의 원리만으로는 구미 중심적인 국제질서가 남긴 「부(負)의 유산(遺産)」을 청산하지 못하기 때문이다.

이처럼 현 시점에서 우리들이 극복해야 할 문제점은 산적되어 있다. 그러나 그 문제를 어떻게 처리해야 할 것인 지에 대한 방법은 여전히 제시되고 있지 않고, 오히려 자기 지역만의 이익을 얻기 위한 이합집산(블럭화)에만 골몰하고 있는 상황이다. 따라서 이러한 현실에 대처하고 나아가 전 세계적으로 이들 문제에 대해 공동적으로 대처하기 위해서는 동아시아세계의 구질서 구조를 현대적 의미로 승화시켜 이를 세계 관계 구조의 개편에 도입시킬 필요가 있다고 본다.

근대 이전의 동아시아세계 질서를 우리는 화이관념에 기초한 질서 즉 화이질서라고 불러왔다. 그러다 보니 이 질서를 중화를 정점으로 한 주변제국과의 조공·책봉체계(tributary system)로서만 이해하고 있는 듯하다. 비록 이 질서가 중국 고대의 경천(敬天)사상, 화이질서에 기초한 사위인식(四圍認識)에서 비롯된 천하관념으로, 중원(中原)을 비롯해 동아시아 제국(諸國)을 포함하여 중국문명을 중심으로 하는 「자기완결적인 문화권(동아시아세계)」이기는 했지만, 조공·책봉체제가 중국을 정점으로 하여 주변국이 조공-책봉관계에 의해 종속됐다고 하는 중화세계질서의 단일원리에 기초해 만들어진 「자기완결적 체제」로써 이해해서는 안 될 것이다.

이러한 현상은 중화세계질서를 유지해 온 다양한 외교체제 중의 하나에 불과하며, 동아시아지역 및 그 질서에 대한 일부 혹은 일면적인 파악에 불과하기 때문이다. 따라서 동아시아세계는 「자기완결적 문화권」이라는 새로운 시각의 정립이 필요하다. 다시 말해서 크고 작건 간에 중국 문화·문명의 영향을 받아 이를 도입·계승했다는 의미에서는 「공동의 문화·문명권」이라고 볼 수 있지만, 중국 문화·문명자체가 변형되어

들어왔고, 이를 받아들인 지역·국가에서는 그 변형된 것을 자신들 고유의 문화·문명과 혼효(混淆)시키면서 자신들의 새로운 문화·문명을 구축·유지해 왔다는 의미에서 보았을 때 비로소 「자기완결적 문화권」이라고 할 수 있다는 말이다.

그렇기 때문에 고대 동아시아세계의 질서는 중화세계질서의 전형(典型)이긴 하나, 여기에만 기초하여 만들어진 「자기완결적 질서체제」가 아니라, 동아시아세계는 화이질서라고 하는 구조와 중화의식(화이의식)이라는 관념을 공유하면서, 각각의 고유한 전통적 국제질서를 형성해 왔다고 이해하여야 할 것이다. 이런 의미에서 우리가 흔히 생각하는 화이질서란 동아시아 제지역의 다양한 질서 중 주축은 이루어 왔으나 이 또한 다양한 질서 중의 하나였다는 점을 인식하여야 할 것이다.

이러한 「국제질서」로서의 「화이질서」의 특징은 다음과 같다. 즉 구미의 국제질서와 같이 외교나 국제관계에의 인식구조나 국경선의 확정에 의한 영토관계가 아니고, 「화(華)」와 「이(夷)」의 구별은 지역보다는 문화를 중시하는 중화관념(화이관념)에 의해 결정된 것이다. 그렇기 때문에 「내」와 「외」의 구별은 영토관념이 아니라 판도관념에 의한 「애매」한 것이라고 할 수 있는 것이다. 그러나 자기 판도를 갖고 있던 지역·국가는 「내정과 외교」에 있어서 자주권을 가지고 있었다. 그리고 화이질서 하에서는 천하주의·대동주의·문화주의·사대교린(事大交隣) 등의 조화와 공존의 이념에 의해서 타 지역과 국가들에 개방되어 있던 것이다.

한편 중화문화권의 이러한 국제질서는 "이념과 현실"·"윤리성과 정치성"·"왕도와 패도"·"유가와 법가사상" 등 양면성을 포함하고 있었기에, 화이질서가 조화와 공존의 이념에 기초해 있었다고는 하더라도 현실적으로는 각종의 탄력적인 정책과 교섭수단을 통해 교류 협력관계를 추진해 갈 수가 있었던 것이다. 또한 현실적으로 유교이념에 의한 「예」뿐만이 아니라, 「형(刑)」·「힘(力=武)」에 의한 통치술도 규정되어 있었던 질서였던 것이다. 그래서 만약 타 지역 혹은 국가가 덕치(德治)와 예 등에 근거한 조화와 공존의 이념에 따르지 않을 경우에는 회유(懷柔)·기미(羈縻)·정복(征服)·복종(服從) 등의 수단을 사용할 수 있었던 것이다. 그러다가 다른 지역과 국가가 화이질서를 위협할 경우에는 대외적 민족주의(排外主義)에 의해 함께 저항하는 이중적 민족주의를 실천해 보였던 것이다.

이처럼 다양하면서도 유기적 관계를 유지해온 동아시아세계는 서로 분리되어 있는 듯하면서도 서로 깊은 내면적 연관관계를 가지고 있었기에 거의 일원적인 시스템에 의해서 역사가 진행되어 왔던 것이다.

그러나 이러한 유기적 관계가 근대 이후부터는 서구열강과 일본의 제국주의에 의해 파멸되면서 서로 다른 이념과 체제를 따라 개별적 구생(求生)의 길을 찾아 나아가다보니 서로 간에 갈등과 경쟁심만 커졌고, 때로는 원수와 같은 적대적 사이로 변질되어 가기도 했던 것이다. 그러다가 냉전체제가 무너지고, 또 중국의 개혁개방정책이 효과를 거두면서 한중 양국은 국교를 재개하게 되어 현재는 국제적으로도 가장 평가받는 협력관계를 유지하고 있으므로, 장차 세계가 화해하고 공존할 수 있는 새로운 세계질서를 다시 구축할 수 있도록 양국 간의 교류협력을 근간으로 기타 지역 및 국가 간의 교류 협력이 더욱 긴밀해지도록 이끌어갈 필요가 있는 것이다.

그러기 위해서 이제부터라도 우리가 해야 할 일은 지금까지 전개되어온 국제질서의 원리에다, 화이질서(조화와 공존의 이념)의 본질적 성격에 대한 재발견이 필요하고, 오늘날까지 이어지고 있는 편협한 중화의식(화이의식)을 지양하고, 상대국을 아우르고 지원하며 서로 윈-윈(雙贏)할 수 있도록 안정된 중화문화권을 유지하는데 노력을 기울였던 본래의 중화의식으로의 갱생이 필요하다고 하겠다. 그리고 구미 중심적 원리인 세계관·인간관·가치관 등을 보충하기 위한 방편으로 동아시아적 질서의 유교적 원리에 대한 새로운 해석도 필요하다고 본다.

그런 차원에서 지금까지 보다도 더욱 미래지향적이고, 우호협력적인 한중 양국 관계의 정립을 확고히 할 필요가 있는 것이다. 왜냐하면 양국은 근대에 들어서 오만과 방심에 빠져 세계적 변화를 도외시함으로써 식민지 내지 반식민지 국가로 전락하여 참혹한 시대를 경험해야 했지만, 이를 극복하는 과정에서 한중 양국은 피를 나눈 형제처럼 되어 함께 일제에 대응했던 역사적 경험이 있고, 또한 1992년 수교한지 20년 동안 미국과 일본과의 관계를 능가하는 성과를 축적해 왔다는 데서 양국 관계의 운명적 중요성을 알 수 있기 때문이다.

비록 해방 이후 냉전이라는 국제적 냉각기를 거치면서, 또한 한때 이데올로기적 대립각을 세우면서도, 역사적·현실적 감정을 저버리지 않았으며, 수교 이래 서로에게 발전의 모형을 제공해 주었고, 양국 간의 투자가 활발하여 경제성장의 원동력이 되어 주었으며, 그에 따른 무역 의존도는 점점 더 높아가고 있으며, 한반도를 둘러싼 국제관계 하에서 중국의 지원과 조정 역할이 큰데다가 남북한의 관계변화를 위해 중요한 역할을 하고 있다는 점 등이 이를 설명해 주고 있는 것이다.

이제 한중 양국 사이에는 차별적이고 상하적인 관념은 존재하지 않고 오로지 선의의 경쟁을 통해 자국 및 세계 발전에 매진하는 길만이 남아 있다는 것을 서로 인식하고 보다 발전적인 우호협력을 위해 노력해야만 할 것이다.

2. 한국 화교의 역정(歷程)·곡절(曲折)·희망(希望)

1) 한국 화교의 곡절과 분투

『상서대전(尚書大典)』과 『한서(漢書)·지리지』에 따르면 중국인들이 한국에 건너가 살게 된 역사는 고대 은나라, 주나라 때부터이다. 그러나 한국에 화교사회가 정식으로 형성된 시기는 1882년 8월 〈조청상민수륙무역장정〉을 체결한 후 본격적인 이주가 이루어지면서 부터이다. 물론 이 시기보다도 훨씬 더 이전에 들어올 수도 있었던 문제이기 때문에 정확한 연대라고는 할 수 없으나 기록상에서 이 시기를 그 기점으로 보고 있는 것이 학계의 시각이다. 그러나 이 보다 두 달 앞선 1882년 6월 청나라는 조선을 돕기 위해 3,000여 명의 병력을 파견하였는데, 당시 청나라는 세 척의 군함과 두 척의 상선으로 나누어 산동성 연대(煙臺)에서 출발하여 한 달 후 서울에 도착했던 것이다. 이때 청나라 군대와 함께 한국에 온 화상은 약 40여 명이었는데, 이들이 바로 한국에 정착한 화교의 시작이라고 보고 있는 것이다.[179]

이들이 한국에 온 목적은 청나라 군대를 도와주고자 함이었는데, 청나라 군대가 한국에 오랫동안 머물게 되자 청나라 군대의 물자를 조달하기 위해서 한국인과 교역을 하게 되었던 것이다. 처음 2, 3년간은 청나라의 보호 하에서 상업 활동을 했기 때문에 매우 순조롭게 발전할 수

---

179. 정성호, 『화교』, 살림, 2010. 41쪽

있었기에 후대 화상들이 더욱 번창할 수 있는 기반을 공고히 닦아 놓을 수 있었던 것이다.[180]

그렇게 되자 일본의 항구도시에서 거주하고 있던 일부 화교들도 일본인들을 따라 들어와 부산에 정착하기도 했다. 2년 후인 1884년 4월에 인천에 청국조계지가 설치되자 청나라 상인의 활동기지 역할을 하게 되면서 산동반도와 인천을 정기적으로 다니는 배가 운행됨으로서 인천의 화교 수는 235명으로 증가했고, 밀접한 상업권이었던 서울의 화교의 숫자도 크게 늘어나 350명 정도가 되었던 것이다.

당시 화교들이 한국에 정착하는 데는 오늘날과 같은 번거로운 수속이나 자격증 같은 것이 필요 없었다. 그렇기 때문에 한국과 거래하고 싶은 중국인이라면 여러 가지 상품을 들고 들어와 자유스럽게 상업 활동에 종사할 수가 있었다.

1920년대에 들어오면서 한국 내 화교의 경제력은 막강해졌다. 특히 1927년 전후에 화교의 활동이 가장 두드러졌는데, 그 이유는 중국대륙으로부터 풍부한 토산품을 들여와 초기에는 잡화점, 비단가게, 양장점, 이발소 등을 경영하였으나 후반기에 들어서면서 요식업을 통해 많은 수익을 얻을 수 있었기 때문이었다. 1923년 조선총독부의 통계에 의하면 서울과 인천 등지에서 거주하는 화교 수는 약 6,000여 명 정도나 됐으며 이들이 40년 동안 중국으로 보낸 금액은 1천만 엔(円)에 이르렀다고 하고 있다.

이렇게 터전을 닦아 놓은 화교들은 해방 후 중국 국내의 정치적 혼란으로 한국으로의 유입이 더욱 많아졌고, 이들은 한국의 정치적 혼란을 틈타 자신들의 무역망을 이용하여 더 많은 이익을 얻을 수가 있게 되었다. 1946년에는 한국 전체 무역 수입 총액의 82%를, 1948년에는

---

180. 한국에 온 화교들은 군수물자의 보급 외에도, 면직물의 수입과 유통, 인삼의 수출 등 상업 활동이 주를 이루었고, 제작물을 재배하던 화교농원은 대도시에 대한 채소류 공급을 거의 독점하였다.

52.5%를 점할 정도였다.[181]

그러다가 한국이 1948년 정부수립을 하면서 사회적 체제가 잡혀가자 서서히 막을 내리게 되었다. 이후에는 더욱 한국 정부의 각종 제도에 의한 제약과 억압에 위축되어져 갔으며 홍콩, 대만, 동남아시아, 미국 등으로 떠나게 되었던 것이다.

바로 외국인의 입국을 허용하지 않는 이민규제정책을 실시함으로서 화교의 한국으로의 유입이 종식되었고, 또한 1949년 중화인민공화국이 창립되면서 이주 억제책의 일환으로 외국으로의 이동을 금지하자 한국 화교의 중국 방문이 끊어지게 되었다. 이러한 시대의 변화와 함께 나타난 한중 양국의 사정으로 화교들에 의해 진행되던 한중 양국의 교역이 불가능해 졌고, 한국의 화교들은 이제 한국사회에서 생존해 나갈 수 있는 방법을 찾아야만 했다.

이러한 환경의 변화는 한국에 거주하는 화교들에게 어려운 상황을 맞이하게 했는데, 특히 6.25전쟁이 일어나기 직전부터의 상황은 더욱 어려워지게 했다. 곧 당시 한국에서 정권을 잡고 있던 자유당 정권이 전쟁 직전에 전국에 내린 창고 봉쇄령으로 인해 창고를 이용할 수 없었던 화교무역상들은 더욱 큰 타격을 입게 되었던 것이다. 곧이어 내려진 외화사용 규제책은 화교의 무역업에 족쇄를 채우는 것과 같은 상황이 되었던 것이다. 이로부터 화상들은 한국기업과의 경쟁을 감당하지 못하고 점차 도태되어 갈 수밖에 없었던 것이다.

그러나 이러한 타격은 이것으로 그치지 않았다. 그것은 한국의 사회적 경제적 상황이 외국인에 대해서까지 신경을 쓸 형편이 안 된데 있었다. 1961년에는 외국인 토지소유금지법이 시행되어 토지를 소유한 외국인은 정부의 승인을 받아야 했는데, 당시 외국인이라고 하면 일반적

---

181. 8.15 광복 후 국내에 부족한 소비물품을 홍콩, 상해, 연태, 청도 등지에서 수입하는 일이 거의 화교에 의해 수행되었는데, 화교경영 무역회사 13개사가 당시 전체 수입의 21%, 수출의 16%를 차지하였다.

으로 구미 사람들을 말하는 것으로 그들의 도움을 받아야했던 한국 정부는 그들에 대해서는 많은 혜택을 주려했으나 화교들은 생김새부터가 닮은 데다가 국교도 단절되어 있었고, 중국 스스로가 한국 화교들에 대한 보호 조치를 취하지 않았기 때문에 대부분의 화교들이 소유하고 있던 토지는 한국 정부의 승인을 받지 못하고 헐값으로 매도 처분해야 했다.

특히 1962년 6월 9일 밤10시, 5·16군사정부가 발표한 "긴급통화조치법"에 의한 제2차 통화개혁은 현금 소유를 선호하던 화교들에게 청천벽력같은 일이었다. 이 통화개혁은 당시의 화폐단위를 '환(圜)'에서 '원(圓)'으로 바꾸고, 10환을 1원으로 평가절하 해야만 교환할 수 있다는 내용이었다. 50환 이하의 소액 은행권과 주화를 제외한 모든 환화(圜貨)의 유통을 전면 금지시키되, 예상되는 불편에 대비해 세대 당 500원까지는 새 돈으로 바꿀 수 있게 했다.[182] 이러한 화폐개혁은 경제개발 5개년계획의 재원을 마련하고 부정축재 자금을 회수하며 고리채를 일소하겠다는 것이 정부의 의도였지만, 부작용만 속출시켜 물가는 뛰었고 기업 활동도 날로 위축돼 사회 불안까지 가중시키는 등 실패한 정책이 되고 말았다. 그러나 화교 입장에서는 소유하고 있던 화폐가 종이뭉치로 변해버린 상황이었기에 한국인들이 받는 충격보다 더욱 컸음은 말할 것도 없었던 것이다.

그러다가 1970년에는 외국인 토지 취득 및 관리에 관한 법이 제정되어 한국 화교는 1가구 1주택 1점포만 소유가 허용되었고, 주택견적도 200평 이하 점포는 50평 이하로 제한되었다. 또한 취득한 토지의 건물은 자신만 사용하는 것이 가능했고 남에게 임대할 수가 없었다. 논밭이나 임야의 취득도 불가능했다.

특히 다방면에서 제약과 통제를 받아야 했던 한국 화교들에게 그나

---

182. 정성호, 앞의 책, 44쪽.

마 생활수단이었던 요식업까지 차별대우를 겪어야 했다. 그것은 한국인과 다른 세율을 적용케 한 것과 음식 값을 통제하는 등의 탄압을 받아야 했기 때문이었다. 이런 제약으로 인해 한때 4,000여 개에 이르렀던 중국음식점이 1천여 개까지 감소했던 적이 있었으니 그 상황이 어떠했는지를 알 수 있을 것이다. 결국 이들은 한국을 떠나 미국 등 여러 나라로 이민을 떠나야 했던 것이니 근 2,000여 개 집이나 되었던 것이다.[183] 그야말로 이들 시기는 한국화교들에게 있어서 암흑기나 다름없었다. 이러한 역사적 배경 때문에 세계 어디를 가나 차이나타운을 형성하며 살아가는 중국인들이지만 한국에서는 차이나타운을 성립시킬 수 없었던 것이니, 한국에서 이들이 살아가는 것이 얼마나 어려웠는가를 짐작할 수 있을 것이다.[184]

---

183. 6.25전쟁 직전에 대형 무역상 등 상당한 자본력을 갖춘 화교는 대부분 한국을 떠났고, 남아있던 화교들은 한국전쟁을 거치면서 경제적 기반을 거의 상실하였다. 1950년대 이후에는 소규모 자본으로 시작할 수 있는 음식업이 화교의 주요 업종으로 부각되었고, 1950년대 화교취업인구 중 60~70%가 음식업에 종사하였다. 그러나 1970년대 제3국으로 이주하는 화교가 늘면서 화교음식점도 1,500여 개나 감소하여 쇠퇴기를 맞이하였다. 1990년대 후반 화교음식점은 약 700여 개, 평균 자본금은 7천만 원~ 6억 원 정도로 조사되었다. 화교의 음식업이 쇠퇴하면서 음식재료를 납품하던 잡화점과 주류 제조공장 등이 함께 어려움에 처하게 되어 약 100여 개의 잡화점도 대부분 중소형 규모로 전락하게 되었다.

184. 역대 한국 정부의 대 화교 정책 및 관련 법 규정은 다음과 같다.
- 1948년 외국인에 대한 외환규제를 실시하여 화교의 무역거래 비용이 크게 상승됨.
- 1950년 창고봉쇄조치로 인해 현물을 대량 보관하고 있던 화교무역업이 타격 받음.
- 1953년과 1962년에 실시된 제2차 통화개혁은 대량의 현금을 보유하고 있던 화교에게 큰 타격을 입혔다.
- 1961년 외국인토지소유 금지 조치로, 당시 화교 소유 부동산은 한국인의 명의를 빌려 등록하였는데, 이로 인해 적지 않은 분쟁이 야기되었음.
- 1968년 택지 용 2백 평과 상업용 50평 소유를 허용하였지만, 경제활동 확대를 위한 또는 자산가치 증식을 위한 부동산 추가 매입을 금지하였음.
- 1998년 IMF 위기 이후 외국인 투자를 촉진시키기 위해 외국인의 토지 취득을 전면적으로 허용하고, 토지 취득 절차를 간소화하였음.
- 1950~90년대 화교들의 귀화를 억제하는 정책을 취하였음.
- 2002년 영주자격제도를 도입하면서 체류자격을 정기적으로 갱신해야 하는 불편함을 해소시킴. 또한 간이귀화규정을 폭넓게 적용하고 있음.

이 같은 어려운 상황이 연속됨으로서 한국의 화교인구는 계속해서 감소해 갔는데 1970년대 초부터 미국, 호주, 대만 등지로 이주하기 시작했다. 예를 들면 현재 미국 캘리포니아 주에만 8천여 명의 한국 화교 출신들이 거주하고 있다. 이렇게 해서 1960년대까지 4만 명에 이르렀던 한국 화교수는 이때가 되면 절반인 2만 명으로 줄어들게 되었던 것이다. 이후에도 이런 상황은 계속되어 1980년대에서 1990년대 말까지 해외로 이주해간 한국 화교는 6천여 명이었다고 하는 법무부 통계를 보면 화교의 숫자는 더욱 감소해 갔음을 알 수 있는 것이다.

그러나 이렇게 된 배경에는 한국 정부의 화교정책에만 문제가 있었던 것이 아니라 화교 자체에도 문제의 소지가 있었던 것이다. 제일 중요한 원인은 화교들 특유의 경영방식과 투철한 생존의식에 의해 아직 정치와 경제적으로 안정을 찾지 못하고 있던 한국사회에서 많은 부를 얻었으면서도 그 수익의 일부를 한국사회에 환원시키지 않았다는 데에 있었다고 볼 수 있다. 당시 재정적으로 상당히 어려운 한국정부에서 고율의 세금을 부가할 수 있는 대상으로 화교가 유일했던 것이다. 따라서 한국정부가 화교에 가한 가혹한 정책은 형평상에서 문제가 있었음은 부인할 수 없는 일이었지만, 화교사회에서도 이러한 점을 고려하여 적절한 대처가 필요했던 것인데, 그런 점을 고려하지 않았던 아쉬움을 생각하지 않을 수 없는 것이다.

■ 1950~1990년대 화교학교를 임의단체로 분류하여 화교의 취업과 진학에 불리케 함.

■ 1999년부터 각종 학교로서의 외국인학교로 인가받을 수 있게 됨. 화교 학교는 현재 대만 학제에 따라 교과과정을 편성하고, 주당 3시간 정도 한국어 교육을 실시하고 있음.

■ 최근 몇 년간 화교들의 경제활동을 제약하고, 체류자격을 결정하는 법규 등이 크게 바뀌 었지만, 외국인등록번호 인증시스템이 보급되지 않아 귀화를 하지 않은 화교들은 여전히 금융기관 이용 또는 인터넷 이용 시 큰 불편을 겪고 있음.

2) 한국 화교의 특성과 한국 차이나타운의 출현

이러한 상황은 1992년 한중 수교 이후까지도 계속되다가 1997년 한국의 금융위기 이후 외국인 부동산 소유 한도가 철폐되는 등 외국인에 대한 처우 개선이 호전되면서 비로소 한국화교도 안정된 국면을 맞이할 수 있게 되었다.[185]

현재 한국에 거주하고 있는 화교는 약 2만여 명으로 집계 되고 있다.[186] 화교의 거주지역 분포는 서울 34%, 인천 15%, 부산 13% 등으로 집계 되고 있다. 그러나 현재 한중 양국의 경제가 세계적으로 평가받고 있고 양국 간의 관계가 매우 우호적인 상황에 있다는 차원에서 한국 화교의 증가 속도는 매우 빠르게 나타날 것으로 보여 진다. 이들은 기존 화교의 2, 3세와 더불어 유학, 사업, 취업 등으로 한국에 들어오는 중국인들이 점차 증가하고 있는 상황이 이런 예측을 더욱 가능케 한다.

이들 한국화교는 현재 서울에서 가장 많이 거주하고 있는데, 초기 인천 거주자가 많았던 데서 서울로 거주지가 변한 것은 당연히 서울에서의 경제적 여건이 매우 좋기 때문이라고 볼 수 있다. 그러나 보다 더 서울에서의 생활에 매력을 주는 것은 서울에 거주하는 화교들의 결속력 때문이 아닐까 한다. 그것은 화교학교 출신이 많다는데 그 원인이 있을 것이다. 1902년 인천에 처음으로 화교학교가 설립된 이래 현재 한국화교의 교육을 위한 중고등학교는 4개소, 소학교의 수는 28개소이다. 이

---

185. 6.25전쟁이 끝난 후 정부 정책으로 인해 화교 자신의 명의로 무역업을 경영할 수 없었고, 또한 중국 대륙과의 무역루트가 단절됨에 따라 화교의 무역업은 쇠퇴하였지만, 대만을 오가던 화교들이 보따리무역을 하면서 무역업은 명맥이 유지되었고, 1990년대 무역회사 인가 조건이 크게 완화되면서 화교경영 무역회사가 63개까지 증가하였다. 1989년 해외여 행이 자유화 되면서 대만을 향한 여행자가 크게 증가하였고, 관련 서비스를 제공하는 화 교경영 여행사도 10여 개 설립되었으나, 1992년 대만과 외교관계를 단절하면서 여행사가 타격을 받았지만, 중국 대륙의 관광객이 점차 증가하면서 1999년 42개로 증가하였다.

186. 화교인구는 1942년 82,661명을 정점으로 해서 1954년에 22,090명, 1974년 34,913명, 2002년 21,782명, 2007년 21,806명, 현재는 20,000여 명 전후로 집계되고 있다.

들의 매년 재학생 수는 3천여 명인데 이들이 한국 화교사회의 주요 동력이 되고 있는 것이다.

이들은 한국 화교로서의 특징을 지니고 있는데, 95%이상이 산동반도 출신이고, 90% 이상이 한국의 화교학교 출신이며, 결혼에 의한 혈연적 유대까지 강하다는 점이다. 특히 절반 이상이 한국 어머니를 두고 있어 한국화 되어 가는 경향이 짙다는 점에서 다른 나라 화교들과는 다른 특징을 가지고 있는 것이다. 이러한 특징은 1970, 80년대에 한국정부의 차별정책으로 한국을 떠났던 많은 한국 출신 화교들이 이제는 역설적으로 한국 화교만의 네트워크를 형성하는 바탕이 되고 있는 것이다.[187]

한국산 온라인게임, TV드라마, 영화, 인터넷 통신 제품 등이 이들의 손에 의해 전 세계에 수출되고 있어 한국 경제에 많은 도움을 주고 있으며, 이들에 의한 세계 화상대회가 유치되는 등 세계 각지의 화교들과 한국과의 관계를 더욱 밀접하게 연계시키고 있어, 한국에 의해 내쳐졌던 화교들이 오히려 한국에 대해 큰 공헌을 하고 있는 역사적 아이러니를 보여주고 있는 차제이다.

특히 한국을 여행하려는 중국인들이 증가하면서 부산, 인천, 서울 등 대 도시에 한국의 차이나타운이 조성되고 있는 것은 한국 화교사에 있어서 하나의 새로운 이정표가 되고 있다고 생각된다. 이는 엘빈 토플러가 방한했을 때 "향후 한국 사회가 더욱 발전하려면 단일민족주의를 버려야 한다"고 충고를 했었는데, 마침 한국사회 가 다문화사회에 대해 관심을 갖기 시작하고 있는 현대의 환경변화와 맞물려져서 한국화교와 한국인의 관계도 점점 더 좋은 관계로 변화되고 있는 상황이다.

1960년대 시골 외진 곳에 단출하게 서 있던 화교소학교에서 들려오는 알 수 없는 말(중국어)을 들으면서 마치 문둥병 환자들이 모여 사는 것은 아닌지 하는 두려움에 그 앞을 지날 때마다 달음질 쳐서 지나가

---

187. 정성호, 앞의 책, 48쪽.

곤 하던 어린시절의 철없던 추억이 이제는 한국인 누구에게서도 느껴질 수 없게 되었고, 오히려 중국어를 배우고자 화교학교에 입학하는 한국 어린이들이 성황을 이루고 있다는 소식은 세월의 변화를 새삼 느끼게 한다.

대학 때 화교여학생과 서예반 동아리에서 붓글씨를 쓰며 배운 중국어 발음이 하도 이상해서 오히려 그녀를 놀려대던 40여 년 전의 정경을 생각할 때마다 미안한 마음을 금치 못하면서도 그 때의 정겨움을 잊지 못하는 것은 시간이 지나면서 떠오르는 단순한 학창시절의 추억 때문만이 아니라, 진실로 중국 여인의 너그러움과 친절함, 그리고 그녀와의 의리가 그리워져서임을 부인하고 싶지 않음도 그만큼 중국을 이해하는 마음이 우리에게 크게 자리 잡고 있는 것이 아닌가 하고 생각되는 것이다.

3. 잠자는 사자에 접근하려던 한국의 참사

1) 한국의 북방정책과 아웅산(Aung San) 묘역의 참사

아웅산 묘역 폭탄테러사건은 1983년 10월 9일 미얀마(緬甸, 당시 국명은 Burma)의 수도 양곤(Yangon, 仰光)에 위치한 아웅산 묘역에서 북한 특파원에 의해 미리 설치된 폭탄이 터져 한국인 17명과 미얀마인 4명 등 21명이 사망하고, 수 십 명이 부상당했던 폭탄테러사건이다. 당시 한국의 인재 중의 인재로 불리던 서석준(徐錫俊) 부총리, 이범석(李範錫) 외무 장관, 김동휘(金東輝) 상공장관 등 각료가 사망했던 안타까운 테러사건이었다. 사건 직후 전두환(全斗煥) 대통령은 공식순방일정을 취소하고 귀국했으며, 각 대학의 가을 공식축제가 취소되고, 연예오락프로그램도 결방되는 등 한국에 미친 영향은 대단히 컸었다.

그 과정을 보면 1983년 10월 8일 전두환(全斗煥) 대통령은 공식수행원 22명, 비공식수행원 등을 데리고 동남아 5개국의 공식 순방길을 출발했다. 미얀마는 전두환 대통령의 동남아시아 및 오세아니아(Oceania) 순방의 첫 방문지였으며, 이날은 버마의 독립운동가 아웅산의 묘소에서 참배 행사가 예정되어 있었다. 10월 9일 전두환 대통령은 행사에 참가하기 위해 이동 중에 있었는데 수행원들은 미리 와서 대기하고 있었는데, 그들 중 주요 인사들은 묘소 맨 앞줄에 서 있었다. 아직 전두환 대통령이 도착하지 않은 시점이었기에, 수행원들은 대통령이 도착하기만을 기다리며 옷매무새를 고치기 시작했고, 당시 주변을 경호 중이던 한국

청와대 경호계장이 버마 측 고적대 앞으로 가서 영어로 대통령이 도착할 시간이 다 됐다고 말을 걸자 영어를 알아듣지 못한 버마인이 대통령이 온다는 신호로 잘못 해석하여 팡파레를 울리기 시작했다.

한국의 경호계장이 그러는 버마인의 태도에 곤혹스러워 하는 찰나에 갑자기 묘소 지붕이 붕 뜨더니 이내 가라앉으며 요란스러운 폭발음이 나기 시작했다. 주변은 아수라장이 되었고 한국 측 수행원들의 모습은 커다란 철근에 깔려 모습조차 보이지도 않았다. 폭탄이 묘소 천장에서 터져 피해자들의 모습은 참혹하기 이를 데 없었다. 이 때 아직 도착하지 않던 전두환 대통령은 목숨을 구했지만 미리 대기하고 있던 서석준 부총리를 비롯한 수행 공무원들과 경호원, 기자들이 미리 대기해 있다가 순직하고 말았다.

이 사고 후 한국정부는 조사단을 현지에 파견하여 버마 측과 합동조사를 벌였는데, 버마정부는 국가정보국에 특별수사본부를 설치한 데 이어 진상조사위원회도 구성하였다. 버마 당국의 발표에 따르면 이 사건의 범인은 개성에 있는 북한군 정찰국 특공대 소속의 진(陳) 씨 성의 소좌와 강민철(姜敏哲) 상위, 신기철(申基哲) 상위 등 3명으로 밝혀졌다.

이들은 1983년 9월 9일 북한 서해안 옹진항(甕津港)에서 북한 선박에 탑승하여, 22~23일 경 랭군에 도착하여 버마 주재 북한 대사관 정무담당 참사관의 집에 은거하여 암약하다가, 전두환 대통령 일행이 버마에 도착하기 하루 전인 10월 7일 새벽 2시경 아웅산 묘소로 잠입하여 지붕에 2개의 폭탄을 설치한 것으로 밝혀졌다.

세월이 흘러 버마는 미얀마가 되었고, 사건 후 단절되었던 미얀마와 북한의 관계도 회복되었다. 라종일(羅鐘一) 전 국정원 차장이 최근 출간한 책 『아웅산 테러리스트 강민철』에 따르면 "그는 북한이 테러와 아무런 연관이 없다고 극구 부인하였지만 북한으로부터 잊혀진 존재가 되어 죽을 때까지 감옥에 갇혀 있던 25년 동안 단 한 명도 북한에서 온 방문객을 맞이한 적이 없었다"고 했다.

멀리서 폭발물을 지켜본 강민철, 김진수, 신기철 등은 양곤강으로 내달렸다. 북한 화물선으로 데려다 줄 쾌속정이 대기하고 있기로 약속을 했으므로 필사적으로 찾아 다녔지만 화물선은 끝내 보이지를 않았다. 그러는 가운데 시간이 흘러 수색대가 접근해 오면서 신기철은 총격전 중 사살됐고, 강민철과 김진수는 수류탄이 손바닥에서 터져 중상을 입은 채로 체포됐다. 안전핀을 뽑는 순간 터져버리도록 그들도 모르게 북한에서 조작해 놓은 폭탄에 걸려들었던 것이다. 팔과 눈 하나씩을 잃은 김진수는 끝내 진술을 거부하는 바람에 사형되었고, 역시 눈 하나를 잃은 강민철은 테러를 시인하는 바람에 사형이 집행유예 되는 판결을 받아 구금생활을 하게 되었던 것이다.

후에 한국외교관들이 먹을 것을 들고 찾아가 그를 달래자 그는 만약에 풀려나게 되면 한국으로 가고 싶다고 말했다고 한다. 2004년 그의 석방협상이 건의됐으나 당시 햇볕정책에 집착해 있던 정부는 북한과의 관계를 그르칠까봐 그에 대해 잊게 되었다. 이 소식을 접한 그는 실의에 빠져 살아야 했고, 북한과 미얀마의 외교관계가 복원된 2007년부터는 더욱 불안감에 전전긍긍하게 되어 북한이 감옥 음식에 독극물을 넣어 독살할 것이라면서 두려워했다고 한다.

강민철은 2008년 5월 18일 간암으로 죽을 때까지 "나는 풀려나도 갈 곳이 없다"며 괴로워했다고 한다. 그의 시신이 어떻게 처리됐는지는 아무도 모른다. 그의 나이 53세 때의 일이다.

이러한 참사가 일어나게 된 배경은 당시 새로 제시된 한국의 북방정책 때문이었다. 한국의 북방정책은 북한을 포함한 소련, 중국 및 그 밖의 모든 공산 국가들과의 관계 개선을 통해 통일기반을 구축하려는 외교정책이었다. 한국의 북방정책은 역사적으로는 1972년의 7.4남북 공동 성명[188]을 외교 정책상으로 뒷받침하기 위한 '평화 통일에 관한 특별 성

---

188. 7·4 남북 공동 성명은 1972년 7월 4일 대한민국과 북한 당국이 국토분단 이후 최초로 통일과 관

명(1973년 6.23)'[189]에서 시발되었다고 볼 수 있다. 소위 '6.23 선언'으로 불리는 이 성명이 북방정책의 시발점이 되었다고 볼 수 있는데, 이 북방정책의 목표는 그때나 지금이나 평화통일의 기반조성을 위해 국제적 환경을 조성하고, 남북한 관계를 대립과 적대로부터 평화적 공존관계로 전환시키자는 데에 두고 있었다. '7.4남북 공동성명'에 의해 남북대화가 시작되고 공산권 국가들에 대한 문호 개방정책이 천명된 것은 그 목표에 도달하기 위한 실천적 의지를 보이기 위함이었다.

물론 1970년대와 1980년대의 국제환경이 다르고 한국의 북방정책 추진 주체도 1970년대와 1980년대, 특히 6공화국 시대는 민주화 단계로 접어든 시기이기 때문에 동일시할 수 없다고 하겠지만, 평화통일에 관한 특별선언의 1, 2항과 5, 6항은 '7.7선언'[190]의 정신과 바탕을 같이한다고 볼 수 있다. 곧 한반도의 평화는 반드시 유지되어야 하며, 남북한은 서로 내정에 간섭하지 않으며, 침략을 하지 말아야 한다는 것이었다. 또는 유엔 다수 회원국의 뜻이라면 장애가 되지 않는다는 전제하에 한국은 북한과 함께 동시에 유엔에 가입하는 것을 반대하지 않는다고 했으며, 한국은 유엔 가입 전이라도 한국 대표가 참석하는 유엔 총회에

련하여 합의발표한 공동성명이다. 1972년 박정희 대통령의 지시로 이후락 중앙정보부장이 조선민주주의인민공화국에 파견되어 김일성과 만나 자주, 평화, 민족대단결의 3대 통일 원칙 제정하였다. 국제적 데탕트분위기와 주한미군 철수선언, 군비경쟁 축소를 위해 제정되었으나 이후 통일논의를 통해 남북 양측이 자국 권력기반 강화를 위해 이용되었다.

189. 6.23선언은 1973년 6월 23일 박정희 대통령이 발표한 평화통일외교정책에 관한 특별성명. 총 7개항으로 구성되어 있는데, 공산권에 대한 문호개방과 남·북한 유엔동시 가입 등을 내용으로 하고 있다.

190. 1980년대 말 미·소 양대 진영의 대결로 형성된 냉전체제가 무너지면서 2차 대전 이후 국제질서에 큰 변동이 일어났는데, 한국에서 군사독재를 종식시킨 1987년의 6월 민주항쟁으로 민주화에 대한 국민의 욕구와 함께 통일의 열기가 고조되었다. 이런 상황에서 출범한 노태우 정부는 88서울올림픽을 앞두고 1988년 7월 7일 '민족자존과 통일번영을 위한 대통령 특별선언'을 발표하고 남북 대화를 추진했다. 이 '7.7선언'은 전쟁까지 치렀던 '적'을 평화와 통일의 '동반자'로 받아들이고, 북한과 교류 왕래, 그리고 교역의 길을 트는 전향적인 정책이었다. 북한에 대한 인식의 전환을 가져온 이 '7.7선언'이 대북 포용정책의 효시가 되었다.

서의 한국 문제 회의에 북한 측이 같이 초청되는 것을 반대하지 않는다고 통일 의지를 확고히 천명했던 것이다.

특히 한국은 호혜 평등의 원칙하에 모든 국가에게 문호를 개방할 것이며 한국과 이념, 체제를 달리하는 국가들도 한국에 문호를 개방할 것을 촉구한다고 했다. 이리하여 벌써 그때에 공산 국가와의 접촉이 가능하도록 길을 열어 놓았다. 이 점에 있어서 한국의 통일정책은 기본 정신과 이를 구현하기 위한 외교 정책에 있어서 큰 맥락으로는 일관성을 유지해 왔다고 할 수 있었다.

1980년대의 남북한 관계는 한국은 제 5공화국의 출발과 전개로, 북한은 김정일 체제의 출발과 전개로부터 그 특징이 유래되었다. 양 체제는 과거의 어느 시대보다도 치열한 대립 대결 관계에 있었는데, 경제력 신장에 있어서는 북한이 참패했고 통일 정책에 있어서는 한국의 '민족화합 민주 통일 방안(82. 1. 22)'[191]과 북한의 '고려 민주 연방 공화국안(80. 10. 10)'[192]으로 대치하게 되었다.

---

191. 남에서 일관된 형태의 통일방안이 발표된 것은 82년 5공 정부의 「민족화합민주통일방안」(이하 방안)이다. 「방안」은 첫째, 60년대까지 북진통일론, UN감시하의 자유총선거와 같은 전쟁직후의 발상에서 완전히 탈각해 있고, 둘째, 80년대 이후 통일방안의 원형을 제시하고 있다는 점에서 중요한 문서이다. 「방안」의 골자는 첫째, 남북대표들이 만나 통일헌법, 통일정부를 구성하되 둘째, 그것이 이루어지기 이전까지 「남북한 기본관계에 대한 잠정협정」을 체결하여 남북관계를 운영하자는 것이었다.

192. 북한의 최초의 통일방안은 '민주 기지론'이었다. 민주 기지론의 골자는 남한을 해방시키기 위해 북쪽이 힘을 키워야 한다는 것이다. 이 민주 기지론은 1960년을 전후해서 폐기되었다. 북한은 그 사이 한때 남북 총선거에 의한 통일 방안을 주장한 것도 있었다. 그 후 북한은 장기간에 걸쳐 일관되게 '연방제'를 자신들의 통일방안으로 주장해 왔다. 그러다가 1980년 10월, 노동당 제 6차 대회에서 김일성이 제시한 '고려 민주 연방 공화국'이라는 '새로운 연방 제도'가 발표되었다. 이젠의 내용은 "민족적 단합을 이룩하고 조국 통일을 실현하려면 어느 한쪽의 사상과 제도를 절대화하지 말아야 한다. 한 나라에서 서로 다른 사상을 가진 사람들이 같이 살 수 있으며, 하나의 통일 국가 안에 서로 다른 사회 제도가 함께 존재할 수 있다. 우리는 우리의 사상과 제도를 결코 남조선에 강요하지 않을 것이며, 오직 민족의 단합과 조국통일을 위하여 모든 것을 복종시킬 것이다. 우리 당은 북과 남이 서로 상대방에 존재하는 사상과 제도를 그대로 인정하고 용납하는 기초 위에서, 북과 남이 동등하게 참가하는 민족 통일 정부를 내오고 그 밑에서 북과 남이 같은 권한과 의무를 지니고 각각 지역 자치제를 실시하는 연방공화국을 창립하여 조국을 통일할 것을 주장한다." 「조선 노동당 대회 자료

이러한 때 아웅산 폭탄테러사건에서 유명을 달리한 당시 이범석 외무장관이 1983년 6월 29일 국방대학원 연설에서 '북방정책'이란 용어를 정부 고위 관리로서는 처음으로 사용하였는데, 그 의미는 중국과 소련에 대한 정책을 설명하는 표현이었다. 이 장관의 이 표현은 1973년 6.23 선언이 발표된 지 10주년이 되는 시점에서 발표된 것이기 때문에 내외의 관심을 집중시켰다. 이 장관이 말한 북방정책은 평화 통일의 실천 의지를 후퇴시키거나 단절하는 것이 아니라, 더욱 적극적으로 중국과 소련에 접근하는 정책을 피력한 것이기 때문에, 제안만 무성하고 행동이 따르지 않는 통일 논의에 새로운 돌파구가 되는 듯했다.

한편 북한은 1980년 10월 제 6차 당 대회를 통해 '고려 민주 연방 공화국 안'과 '10대 정책 목표'를 채택함으로써 '6.23 선언(1973. 6.23)'의 '5대 강령'을 발전적으로 계승했다. 북한의 이 조치는 정치적으로 1980년 10월 6차 당 대회를 통해 김정일 체제가 시작되면서 이 체제의 제 1호 정책으로 내세운 정책이었다. 따라서 김정일 체제의 통일정책은 '고려 민주 연방 공화국 안'으로써 이는 변하지 않을 것이며, 이 방침은 당대의 김일성 체제가 세습적으로 물려준 변할 수 없는 정통적 계승과도 같은 것이었다. 북한이 통일정책에 있어 시종 일관 오직 '고려 민주 연방 공화국 안'만이 유일하게 정당하고 합리적인 것이라고 주장하면서 10년 동안 일관되게 주장했던 것은 '주체사상'의 교조(敎條)와 더불어 향후에도 북한 스스로 '고려 민주 연방 공화국 안'을 버리지 않겠다는 의지의 표현이었다.

이에 대해 한국의 북방정책은 80년대의 중반에 이르기까지 민족화합, 민주통일의 기반 조성에 중점을 두고, 외적으로는 88 서울올림픽을 계기로 한 대 공산권 외교 특히 중국과 소련에 접근하는 외교정책에 정력을 집중시켰다. 이를 위해 내적으로는 정치, 경제, 사회, 문화면에서 북

집』제4집, 국토 통일원(편), 통일원,1998, 59쪽.

한에 대해 우위를 달성해야 함을 지향하지 않을 수 없었는데, 이를 통해 강대국들의 지원과 호응 및 북한의 개방과 변화를 유도하는데 국가적 정력을 경주했던 것이다.

이러한 북방정책을 제시했던 당시의 외교부 장관 이범석에 대한 주한 미국대사였던 워커[193]의 평가는 "타고난 외교관"이었다.[194] 그가 회고록에서 이범석 장관을 처음 만났을 때의 인상을 소개하면 다음과 같다.

> "나는 이범석 씨를 66년 처음 만났다. 그는 첫 만남 때부터 강한 신뢰감을 느낄 수 있었던 몇 안 되는 사람 중 한명이었다. 우리는 서로 죽이 맞았다. 나는 이내 그가 재기 넘치는 인물이라는 점을 깨달았다. 그는 또 과장됨 없이 직설적으로 말하는 능력을 타고 났다. 영어에도 능통했으며 이글거리는 눈빛에는 지성이 번득였다. 나같이 오랜 세월 강단에서 학생들을 가르쳐 본 사람들은 학생들의 눈빛만 봐도 누가 비범한 학생인지를 쉽게 가려낼 수 있다고 생각한다. 내가 보기에도 이씨는 확실히 보통이 아닌 사람이었다."

이러한 이범석 장관의 북방정책이 나타나게 된 것은 그의 국제정세를 보는 탁월한 견해에서 비롯되었던 것이다. 이러한 그의 북방정책의 제일 목표는 잠자는 사자였던 중국에 접근하여 관계개선을 하고 이를 통해 북한에 영향을 주어 북한을 남북간 당사자가 얼굴을 맞대고 통일의 장으로 끌어내고자 하는데 있었던 것이었다.

---

193. 제13대 대사 리처드 워커(Richard L. Walker, 1981년 7월 ~ 1986년 8월)
194. 리처드 워커 지음/이종수·황유석 옮김, 『한국의 추억 : 워커 전 주한 미국대사 회고록』, 한국문원, 1998.

2) 잠자는 사자에 대한 접근 노력과 실패

"북방정책"이라는 말이 대두하게 된 직접적인 계기는 1983년 5월 5일 6.25 한국전쟁 이후 처음으로 중국 국적의 항공기 한 대가 대한민국 영공으로 날아들어 온 순간이었다. 사실상의 "적기(敵機)" 출현에 따라 발령된 공습 경계경보로 전국이 초긴장 상태에 빠졌다.

문제의 항공기는 우리 공군이 요격 태세를 갖추자 날개를 아래위로 흔들어 귀순 의사를 밝혔고, 강원도 춘천의 미군기지 비행장에 불시착했다. 승객 96명과 승무원 9명을 태우고 중국 선양(沈陽)에서 상하이(上海)로 향하던 중 공중 납치된 민항기였다. 영국 제트기 트라이덴트(Trident) 기종인 이 민항기는 춘천비행장 활주로를 50여 m나 지나서 멈춰섰고, 육중한 두 바퀴는 땅에 깊숙이 박히고 말았다.

첨예했던 동서 냉전의 한복판에서, 그것도 6.25전쟁 이후 북한과 혈맹(血盟)을 맺고 있던 중국 국적 항공기가 대한민국 땅에 착륙했다는 사실은 실로 어마어마한 큰 일이었다. 단순히 적성국의 비행기 한 대가 국경을 넘어왔다는 물리적 의미를 넘어서는 '외교의 불시착'이었다. 그러나 역설적으로 이 불시착은 이후 '중국'이라는 존재 자체를 우리 사회의 안방에 들어오게 만든 '역사의 초청장'으로 탈바꿈 되는 계기를 가져다 주었다.

중공 민항기 불시착 소식이 날아든 청와대는 그야말로 발칵 뒤집혔다. 대통령 비서실장 주재로 오후 5시께 관계부처 대책회의가 긴급 소집됐지만 주요 각료와 실무자들은 사상 초유의 사태를 접하고 어떻게 대응해야할 지 몰라 난감한 표정이었다. 그때 경호실장이 방금 수신된 외신 전문을 들고 다급하게 회의실로 뛰어들어 왔다. 중국 민항국장 명의로 교섭 대표단을 태운 특별기를 보낼 테니 착륙 허가를 내달라는 내용이었다.

중국 정부가 한국 정부에 전문을 보낸 것은 1953년 한국전쟁 휴전 협정 체결 이후 처음 있는 일이었다. 우리와 수교관계가 없던 중국이 사건 발생 몇 시간 만에 이토록 신속하게 교섭 움직임에 나선 것은 불가사의하다는 게 당시 외교가의 평가였다. 뾰족한 대응방안을 찾지 못하던 정부는 일단 중국의 요청을 승인했다. 이틀 후인 5월 7일, 베이징을 출발한 33명의 대규모 교섭 대표단이 김포공항에 도착했다. 대표단원들의 신분은 표면적으로 '민항국 직원'으로 돼 있었으나 실제로는 중국 외교부와 정보기관의 부국장 급 인사가 대거 포함돼 있었다.

양국 간 교섭의 핵심은 자연스레 6명의 납치범에 대한 처리 쪽에 모아졌다. 이들 납치범은 중국에서 범죄를 저지른 뒤 해외 도피 과정에서 항공기를 납치했던 것이다. 이에 따라 중국 측은 승객과 여객기 기체는 물론 납치범까지 모두 인도하라고 요구했지만 우리 정부는 자유의사에 따라 결정하도록 하는 것이 국제관례라는 입장을 고수했다. 3일에 걸친 마라톤협상 끝에 교섭은 납치범들의 즉각 망명을 허용하지 않고 우리 국내법을 적용해 처벌하는 쪽으로 타결됐다. 납치범들은 우리 법정에서 재판을 거쳐 징역형이 확정됐지만 1년 후 형 집행 정지로 석방돼 대만으로 망명했다.

그러나 이번 교섭에는 보이지 않는, 그러면서도 외교적 의미가 큰 쟁점이 도사리고 있었다. 바로 양국의 교섭 합의문서에 국호(國號)를 공식 사용하느냐의 여부였다. 외교관계가 없는 양국이 상호 정부를 어떻게 칭하느냐는 그 자체로 외교적 함의를 내포할 수밖에 없었기 때문이다. 국호의 공식 사용 여부를 놓고 양국의 속내는 확연히 달랐다. 사실 중국은 국호의 공식 사용을 내켜하지 않았다. 동서 냉전시대라는 국제 정치 환경도 있었지만 북한과의 혈맹관계를 의식할 수밖에 없던 탓이다. 그러나 한국 정부의 생각은 달랐다. 이번 사건을 어떤 식으로든 연결고리로 만들어 '북방외교'의 돌파구를 마련해보려는 전략적 의도를 속에 품고 있었던 것이다. 정부의 이 같은 기류는 한 달여 뒤인 6월 29일 이범석 당시 외무부장관이 국방대학원 특강에서 "우리 외교의 과제는 중공과 소련과의 관계를 정상화하는 북방정책에 있다"고 공식적으로 언급한데서 밝혀졌다.

한국 측 교섭대표단은 "남의 안방에 들어와서 안방 주인에게 인사도 안하는 법이 어디 있느냐"는 논리를 내세우며 합의문서에 양국의 공식 명칭을 집어넣도록 압박했고 결국 중국의 양보를 이끌어냈다. 이렇게 되어 합의문서에는 1949년 중국 정권이 수립된 뒤 양국의 공식 국호를 사용한 외교적 교섭이 처음으로 성사되게 되었던 것이다.

한중관계의 흐름은 이번 사건을 계기로 일거에 뒤바뀌었다. 이듬해인 1984년부터 대 중국 수출이 급증한 것이다. 한국무역협회에 따르면 1983년 대(對)중국 수출 금액은 484만 달러였지만 1984년에는 1천694만3천 달러로 무려 250%나 늘어났다. 그 뒤로도 대중 수출은 꾸준히 증가해 1990년에는 수출액이 5억8천485만4천 달러에 달하는 기염을 토했다. 결국 중국 여객기 피랍 사건이 북방외교의 출발점이자 9년 뒤 이뤄진 한·중 수교의 주춧돌이 됐다고 할 수 있는 것이다.

당시 외무부 제1차관보로서 교섭대표단을 이끌었던 공로명(孔魯明) 전 장관의 술회는 적지 않은 울림을 주고 있다. 공 전장관은 최근 연합뉴스와의 인터뷰에서 "중국 민항기 피랍 사건을 처리하는 과정에서 한국이 중국에 대해 적의가 없고 실질적인 관계를 갖길 원한다는 진의가 전달됐다"고 평가했다. 이제는 적이 아니라 친구가 되고 싶다는 진정성이 전달된 것이 가장 강력한 외교의 무기가 됐다는 것이었다.

이런 기회를 이용해 한국정부는 중국과 국교수립까지 갈 수 있는 방안을 강구하기 시작했다. 거기에는 이범석이라는 걸출한 외교전문가가 중심에 서 있었다. 그는 먼저 인도를 생각했다. 이범석 씨가 1976년부터 1980년까지 4년 동안이나 인도주재 한국대사를 지낸 경험의 산물이었다. 몇몇 칼럼니스트들은 정부가 그를 인도로 보낸 것은 시간낭비라고 지적하기도 했다. 사실 그는 인도 대사직을 맡기에는 너무 똑똑하고 재능이 많았기 때문이었다. 그러나 그는 인도대사 시절 그곳 북한 대표들과 접촉 라인을 구축할 수 있었고, 대화채널을 유지해 놓았던 것이다.

1950년대에 중국과 인도는 짧은 밀월기간이 있었지만, 1960~1970년 대에는 적(敵)대 관계였다. 그러다가 1980년대 후반 이후 서서히 관계 정 상화가 진행되어 2005년 4월 중국의 원자바오 총리가 인도를 방문, '평 화와 발전을 위한 전략적인 관계'를 선언하면서 절정에 이르게 되었다. 냉전체제 하에서 제3국으로 분류되어 있었던 중국과 인도는 6, 70년대 의 적대관계를 끝내고 제3세계[195]를 이끌어 가는 핵심국이라는 같은 배 를 타게 되면서 1980년대부터는 서서히 우호적인 관계로 진입해 가고 있었던 것이다. 이범석 외교장관은 바로 이러한 국제관계의 흐름을 읽 고 사회주의 국가인 중국과 직접적으로 가까이 하기에는 여전히 많은 거리감이 있었으므로 먼저 인도와 맺어놓은 자신의 외교적 기반을 활 용하여 인도로 하여금 중국을 움직여볼 생각이었다.

그렇게 해서 5공화국 행정부 요원들은 대통령과 함께 서남아, 오세아 니아 5개국 순방에 오르게 되었던 것이다. 사실 처음에는 버마 방문이 예정에 없었는데 공식 국교수립이 안 되어 있던 버마와 국교 수립을 할 경우 국제외교상에서 북한보다 우위에 설 수가 있고, 무엇보다도 제3세 계의 중심국인 인도와의 교류를 원활하게 하기 위한 복잡한 속내도 깔 려 있었던 것이다. 그 때문에 원래 친소, 친미도 아닌 인도를 가장 첫 번 째 행선지로 정했던 것임에도 불구하고 이러한 목적을 달성하기 위해

---

195. 제3세계를 규정하는 기준은 정치적으로는 제2차 세계대전 이전에 식민지배를 경험했으며 종전 후 에는 냉전체제의 동·서 어느 진영에도 가담하지 않은 국가들이 해당되고, 경제발전과정으로는 구 미 자본주의와 일본이 속하는 제1세계, 그리고 소련과 그 영향권하의 동유럽 제국이 포함된 제2세 계로부터 자본·기술·이데올로기 등을 도입한 개발도상국들을 가리킨다. 1970년대 초에는 중국이 3개 세계론을 전개했는데 미국·소련 같은 초강대국이 제1세계, 서유럽과 일본이 제1세계로부터 수모 받는 제2세계, 제1·2세계로부터 지배해온 개발도상국가들이 제3세계가 된다. 제3세계는 제2차 세계대전 이후부터 1960년대까지는 비동맹운동, 개발도상국들의 그룹화 등을 통해 미·소 지배의 세계질서에 대항해왔으며 국제사회의 여론형성에 상당한 영향력을 행사했다. 이러한 제3 세계를 이끌어 갔던 나라가 중국과 인도였기에, 1980년대에는 상당히 밀접한 관계를 유지하고 있 었다.

순방순서를 바꾸었던 것이다.

결국 국내와 국제문제를 동시에 다 해결하려던 구상이 아웅산 묘역 폭탄테러사건으로 인해 무산되게 됨으로써 중국과의 수교는 1992년에 야 이루어지게 되었지만, 만일 예정대로 인도가 중재를 하는 가운데 한 중 국교수립 문제가 다루어졌더라면, 그보다 일찍 국교수립이 이루어졌 을 것이고, 한중관계는 다방면에서 훨씬 원-윈(雙贏)할 수 기반을 조성 할 수 있었을 지도 모른다는 점에서 매우 안타까운 일이 아닐 수 없었던 것이다.

결론적으로 당시 한국이 정치, 경제, 외교, 국방 등 분야에서 중국에 대한 기대가 매우 컸다는 점을 시사해주는 사건이었던 것이다. 이러 한 노력의 결과가 결국은 1992년 한중 국교 수립이라는 역사적 쾌거를 가져온 것임은 의심할 여지가 없는 것이다.

제7장

한중 발전상의
유사성(類似性)과 상대성(相對性)

한때 중국은 한국을 어려운 여건에서 민주주의와 경제발전을 함께 이룬 나라라고 칭송했었다. 초기 한국식 민주주의 체제 하에서 이룬 경제발전과 국민이 일치단결하여 "잘 살아보자"고 한 정신에 매료되었기 때문이었다. 그러나 21세기 이후 국내외에서 한국인에 의해 벌어지고 있는 추태는 그러한 인식을 바꾸어 놓고 있다.

1. 중국특색의 사회주의와 한국식 민주주의

1) 중국특색의 사회주의

중국특색의 사회주의는 종래의 사회주의 경제가 파산하여 나타난 새로운 형태의 사회주의라고 할 수 있다. 진리는 보편타당성을 지녀야 한다. 중국특색의 사회주의는 중국의 역사적인 토양과 문화적인 배경 속에서 태어난 중국에서만 가능한 정체라고 할 수 있다. 이에 대한 세계적인 시각은 둘로 갈라져 확연히 나타나고 있다. 하나는 이 제도야말로 자본주의의 위기를 구할 수 있는 유일한 대안이라고 하는 주장과 다른 하나는 경제발전만 서방을 흉내 내고 민주주의 정치는 외면한 기형적인 체제라면서 비판하는 주장[196]이 그것이다.

그러나 현재 중국은 중국특색의 사회주의라는 이름 아래 세계가 놀랄 정도로 괄목할만한 발전을 이룩하고 있는데, 사실 중국이 안고 있는 제반 현실을 감안하면 이 제도는 긍정적인 평가를 받기에 충분하다고 할 수 있다.

마르크스·레닌주의는 중국에 있어서 외래사상(外來思想)이었다. 이러

---

196. 티머시 가이트너 미국 재무장관은 세계경제포럼(WEF)에서 국가가 주도하는 중국의 무역체계가 세계 무역체계에 특이하고 거대한 위협이 되고 있다고 우려하면서, 중국은 시장경제로 전환됐음에도 불구하고 여전히 국가가 경제를 주도하고 있다면서, 핵심 수입품에 대한 체계적인 보조금 제공과 인위적으로 낮게 유지된 위안화 환율이 무역 상대국 뿐만 아니라 글로벌 무역체계에 심각한 피해를 주고 있다고 비판했다.

한 외래사상이 중국식 사회주의라는 이름으로 2천여 년 동안 지속되어 온 유교문화에 바탕을 둔 황제국가의 공식이념이 될 수 있었던 이유에는 두 가지가 있었다. 첫째는 마르크스·레닌주의가 중국에 비교적 잘 침투할 수밖에 없었던 당시의 시대상황 하에서 유교문화와 사회주의가 가지고 있는 유사성을 들 수가 있고, 둘째는 사회주의를 단순한 구호차 원에 머무르게 하지 않고 그 당시 중국의 현실에 맞게 변용시킨 모택동(毛澤東)의 실천적 자세가 그것이다.

국민당과의 대립에서 승리한 마오쩌둥이 중화인민공화국을 건립하면서 맑스·레닌이즘을 기초로 한 사회주의 국가로서의 노정이 다져진 후, 그로부터 30년이 채 안 된 1970년대 후반의 중국 대륙은 '개혁개방의 설계사'라고 불리며 이후 중국 경제성장의 기초를 닦은 덩샤오핑(鄧小平)에 의해 또 다른 사회주의 길을 걷게 되었으니, 그것이 바로 "중국식 사회주의"인 것이다.

중국식 사회주의라는 것은 덩샤오핑이 1970년대에 말한 백묘흑묘론(白猫黑猫論)을 통해 알 수가 있다. 즉 "검은 고양이건 흰 고양이건 쥐만 잘 잡으면 훌륭한 고양이"라는 의미의 이 말은 그의 실용주의 철학을 대변해 주는 말이다. 특히 "아무리 사회주의라도 인민을 배부르게 하지 못하면 뜯어고쳐야 한다"는 1980년대의 사회주의 만능부정론[197]은 어떠한 교조(敎條)에도 속박됨이 없어야 한다는 그의 수정적인 사회주의 철학을 잘 보여주는 말이다. 1990년대의 '발전도리론(發展就是硬道理)'은 스스로 최고라 자부해도 객관적으로 열등하면 결국 조소꺼리밖에 될 수 없으니 발전으로 극복해야 한다는 논리였다. 즉 수단방법을 가리지 말고 발전을 위해 전력을 기울여야 한다는 그의 실사구시 철학의 정수(精髓)를 보여주는 이론이었다. 이와 같은 사상철학에 힘입어 덩샤오핑의 중국은 마오쩌둥의 중국과는 다른 모습을 지닌 또 하나의 신 중국으

197. "社會主義不能當飯"

로 거듭나게 되었는데, 이는 실제로 1992년에 마오쩌둥의 사회주의 계획경제가 중국특색의 사회주의를 뒷받침 해주는 "사회주의 시장경제론"으로 탈바꿈시켰던 것이다.

중국공산당은 중국특색의 사회주의 시장경제와 자본주의 시장경제의 차이에 대해 "경제활동이 공급과 수요의 원칙에 의해 이뤄지고 있는 것은 동일하나, 중국은 소유제와 분배제, 경제의 거시적 조정이라는 차원에서 자본주의와는 다르다"고 주장하고 있다. 이 말에 타당성이 있는가 없는가를 논하는 것은 무의미한 일이 될 수도 있지만, "중국의 새로운 사회주의 탐색"은 개혁시기의 중국 문제를 분석할 때 간과하기 쉬운 이념의 중요성을 환기시켜 주었다는 점에서는 큰 의미가 있는 것이다.

중국식 사회주의 시장경제의 첫 번째 특징은 그것이 진정한 시장경제의 일종으로 시장경제원칙을 거의 대부분 도입했다는 점이다. 즉 부분적 시장도, 반(反)계획적 반(反)시장도 아닌 완전한 시장체제인 것이다. 중국의 중국공산당 14차 전국대표대회에서는 이전의 경험을 근거로 해서 사회주의시장경제의 개념을 명확히 제시하였고, 또한 자원배분의 효율성을 제고하기 위하여 시장경제기능의 강화를 결정하였다. 두 번째 특징은 중국식 사회주의시장경제는 공유제를 위주로 한 여러 형태의 경제주체를 기초로 하여 건립되었다는 점이다. 중국이 다른 사회주의국가의 개혁과 다른 점은 중국이 시장경제개혁에 있어서 대규모의 사유화를 실행하지 않았다는 점이다. 즉 공유경제 위주의 전제하에 다양한 소유형태를 지닌 경제를 발전시킨 것이다. 세 번째 특징은 시장경제에 대한 보다 효율적인 거시조절을 행함으로써 중국의 시장경제가 국가상황에 더욱 유효하게 적응할 수 있도록 한 점이다.

이러한 특징을 활용하여 중국은 이미 경제 분야에서 2000년대 초반부터 수출에서 내수 중심으로 경제구조의 전환을 ·시작했다. GDP에서 무역이 차지하는 비율이 한국은 90%를 넘는 반면 중국은 85%에서 45%로 낮추는 데까지 성공했다. 이것이 2008년 국제 금융위기를 중국이 성공적으로 견뎌낼 수 있었던 비결이었다.

정치적으로는 싱가포르를 벤치마킹하고 있는데, 가장 핵심적으로 벤치마킹 한 것이 "일표부결제(一票否決制)"이다. 즉 중국의 관료들은 모든 것을 잘해도 한 가지 부분에서 잘못을 저지르면 면직당할 수 있다는 것이다. 예를 들면 산아제한, 인재성 자연재해, 탄광사고, 국민주택 보급 쿼터 이행 등 제 부문 사업을 시행하면서 중국 관리들은 긴장하지 않으면 안 되는 시스템 속에 있는 것이다.

이런 식으로 민주화를 유보한 채 관리들을 압박해 경제 우선정책을 펼친 결과 공산당 장기집권이 가능하게 됐던 것인데, 이러한 정부 주도형 정책에 대해 오건민(吳建民) 전 중국외교학원 원장은 공산당 창당 90주년 기념 국제세미나에서 "전 세계에서 연평균 10% 성장을 지속하면서 권력을 잃은 정치세력은 없다"면서 "선거이건 혁명이건 이러한 정권이 전복되는 것은 불가능하며, 이는 진리"라고 말했을 정도로 중국은 "중국특색의 사회주의"에 대한 굳건한 믿음을 가지고 있는 것이다.

IMF가 2016년 구매력 기준 GDP에서 중국이 미국을 추월할 것으로 예측했고, 호안강(胡鞍鋼) 청화대 교수는 2020년 실질 GDP에서도 중국이 미국을 추월할 것이라고 예상했다. 중국은 이미 세계의 시장이자, 세계 제일의 투자자일 뿐만 아니라, 어느 순간 규칙 제정자(rule setter)로서 부상되어 있다. 특히 군사력 분야에서 소위 '우주군' 분야를 육성해 인공위성 격추 능력을 갖췄으며, 다수의 탄도를 대기권 밖에서 수직으로 낙하시키는 방식인 '둥펑(東風)21'은 유사시 미국의 항공모함 전단의 진입을 차단할 수 있는 '항공모함 킬러'로 개발과 시험에 성공했다. 이로서 중국 인민해방군의 '반(反)접근' 전략은 사실상 완성단계에 있다고 할 수 있다.

한편 이러한 중국특색의 사회주의 속에는 "인민 근본, 시장경제, 공통적 부유, 중화문화, 민주정치" 등 5가지 근본 특징이 들어 있다.[198] 자

---

198. 인민을 근본으로 한다는 것은 모든 권력이 인민에게 속해 있다는 것을 말하는 것으로, 인민을 사랑

칫 일당 독재에 의한 일부 세력만의 국가로 전환되는 것을 거부하는 의지가 들어 있는 것이다.

오늘날 국가 간 경쟁이 치열하게 진행되는 가운데 나타나는 경제문제는 점점 더 강력한 정부를 원하고 있다. 이러한 때 다양한 민족과 다양한 세력으로 뭉친 중국경제를 하나의 구심점으로 뭉치게 할 수 있는 정치제도가 필요한데, 바로 "중국특색의 사회주의"가 이런 제도라는 점을 중국은 확고하게 믿고 있는 것이다.

시진핑(習近平) 중국공산당 총서기가 "중국특색 사회주의가 개혁 개방 이후 30여년은 물론 5천년 중화민족의 역사 속에서 형성된 것"이라고 말하면서 "혁명이든 건설이든 개혁이든 노선 문제가 가장 근본적인 것"이라고 했다. 그리고 "새로운 역사적 시기에서 중국특색의 사회주의를 견지하면서 반드시 자신의 길을 걸어가야 한다"고 강조한 것에서 중국은 계속해서 이 길을 걸어갈 뜻을 분명히 하고 있음을 알 수 있는 것이다.

2) 한국식 민주주의와 경제발전

지난 반세기에 걸친 한국사회의 변화와 발전을 연구하는 것은 모든 연구자들의 관심 있는 주제로서 손색이 없다. 연간 무역액 1조 달러를 넘긴데다가 2만 달러를 훌쩍 넘은 1인당 국민소득, 그리고 전국 어느 곳이나 사회간접시설이 훌륭하게 잘 되어 있는 것을 보면 1인당 국민소득이 1백 불에도 미치지 못했던 세계 최빈국으로서 국민들의 주식(主食)마저 자급하지 못했던 이 나라가 이제는 세계 10위권 안에 드는 당당한

하는 마음이 있어야 하고, 인민을 보호하는 책임이 있어야 하며, 인민을 부유하게 하는 방책이 있어야 하고, 인민을 이롭게 하는 일을 많이 해야 하며, 많은 인민들을 위해 더욱 더 많은 봉사를 해야한다는 뜻으로, 중국식 사회주의의 시작점이자 마지막이라고 할 수 있는 개념이다.

경제대국으로 거듭난 세계에서도 유례없는 나라이기 때문이다.

그러나 이러한 유례없는 변화와 발전 과정에서 한국사회가 겪어야 했던 경험은 그렇게 달콤함만 있었던 것은 아니었다. 오히려 수많은 험난한 길을 헤쳐 나가야 했던 쓰라린 경험으로 점철되었던 것이다. 그런데 이 험난한 길이란 한국의 의지와는 관계없이 자체 경쟁력이 약해서 외부적인 영향 때문에 걸어야 했던 길보다는 한국사회가 경제성장을 하면서 나타난 보수와 진보의 갈등이 더욱 큰 요인으로 작용했다는 점이다. 다시 말해서 그러한 갈등 속에서 한국식 민주주의를 규정짓는 일종의 대중적 이데올로기의 대립과 항쟁이 더 큰 원인이 되었다는 말이다.

예를 들면 1980년 광주 민중항쟁 이후 계속 이어진 민주화 요구 및 노동자들의 대투쟁은 한국사회에서 새로운 사회적 주체로서 시민 계급 혹은 노동자 계급이 등장하는 계기가 되었고, 정부 주도의 경제정책이 실시되는 과정에서 재벌회사의 등장으로 말미암아 부가 한쪽으로 편중되는 불평등사회로 전향되어, 이 두 계층 간의 갈등이 오늘날 한국 사회의 불안 요인으로 나타나고 있는 것이 그것이다.

그러나 이러한 대립과 갈등은 반드시 한국사회에서만 있는 것이 아니라 세계 어느 나라에도 존재하게 마련이다. 다만 사회가 이끌어져 가는 방향이 어느 쪽에 치우치느냐에 따라 대중적 이데올로기의 성향이 나타날 뿐이다. 그렇지만 이러한 대중적 이데올로기가 어느 쪽으로 치우치던 그 상대방은 사회에 불만을 갖게 되고 그것이 갈등과 대립을 불러일으키는 동인(動因)이 되는 것이다. 따라서 한 국가의 발전과 미래 비전은 대중적 이데올로기가 어느 쪽으로 치우쳐 가야 하는 것이 중요한 게 아니라 어느 쪽이든 나라가 발전하는 모습을 보여주는 영도력을 갖게 한다면 그 나라는 발전하는 것이고 국민생활의 안정을 가져다주게 되는 것이다.

그런 점에서 한국식 민주주의가 갖는 매력은 대단히 크다고 할 수 있다. 그것은 오늘날의 발전을 가져오게 한데다, 그러한 발전 과정에서 나타난 수많은 어려움을 극복하면서 민주주의사회를 정착시켰기 때문이다. 그렇다면 그러한 한국식 민주주의의 근본은 무엇일까? 이에 대한 대답은 1963년 1월 1일에 가졌던 박정희 의장의 공동기자회견 내용을 보면 잘 나타나 있다. 즉 "민주주의는 이상이고 목표라고 생각한다. 도달하는 길은 여러 가지가 있을 것이다. 서구식도 있고 자기식도 있으니까 가는 길은 다를 수가 있다. 꼭 이 길이라야 한다는 불변의 길은 없다. 한국은 한국민의 현실에 맞는 방식을 택해야 할 것이다"라는 내용이었다.

대한민국이 자유민주주의를 이념으로 하여 건국된 이래 그 민주주의를 주관적(또는 주체적)으로 해석하는 바탕 위에서 "서구식 민주주의를 한국의 현실에 맞는 한국식 민주주의로 개조하겠다"고 선언하고 나선 사람은 박정희가 최초이자 최후의 인물이었다. 민주주의를 지고지선(至高至善)한 신성불가침의 존재로 숭배하던 많은 지식인과 정치인들에게 박정희의 이런 태도는 무엄한 도전으로 받아들여졌다.

그러나 혁명을 통해 정권을 잡은 박정희 의장은 당시의 상황에서 교과서 내용 같은 그들의 의견을 받아들이는 인물일 수가 없었다. 그는 "가난은 나의 스승이자 은인이다"[199]라고 생각했기 때문이었다. 이러한 당면한 한국의 상황을 근본적으로 바꾸기 위해 정립된 것이 "한국식 민주주의"였다. 그리고 이것은 새마을운동과 접목되면서 정신운동으로까지 연계되어 한국을 새로운 나라로 바꾸는 엄청난 에네르기를 창출해 내어 획기적인 경제발전을 이룩해내는 원천이 되었고, "하면 된다"고 하는 자신감을 한국인들이 갖도록 했다. 이러한 결과는 현재까지도 세

---

199. "본인의 24시간은 이 스승, 이 은인과 관련 있는 일에서 떠날 수가 없는 것이다. '소박하고 근면하고 정직하고 성실한 서민사회가 바탕이 된, 자주 독립된 한국의 창건' 그것이 본인의 소망의 전부다. 동시에 이것은 본인의 생리인 것이다. 본인이 특권계층, 파벌적 계보를 부정하고 군림사회를 증오하는 소이도 여기에 있을 것이라 생각한다. 본인은 한마디로 말해서 서민 속에서 나고, 자라고, 일하고, 그리하여 그 서민의 인정 속에서 생이 끝나기를 염원한다. 본인과 같은, '가난'이란 스승 밑에서 배운 수백만의 동문이 건재하고 있는 이상, 결코 쉴 수도 없고, 후퇴할 수도 없는 염원인 것이다"

계 곳곳에서 이러한 한국의 모델을 받아들이려 연구하고 있다는 점에서도 알 수 있다.

그러나 이러한 "한국식 민주주의"는 당시의 한국 상황을 극복하는데 맞추어져 시행되었기 때문에, 그에 부합하지 못하는 상대자들은 많은 피해의식을 가져야 했다. 이것이 소위 한국의 민주화를 불러일으키는 원인이 되었고, 이러한 민주화는 현실적으로 많은 진전을 이루었다. 선거는 주기적으로 공정하게 시행되어 왔고, 정책결정 과정에서 시민참여의 공간도 크게 확대되었다. 또 여당과 야당 간의 관계가 역전되는 정당 간의 정권교체, 이른바 "수평적 정권교체"도 이루어졌고, 그에 따라 광범한 엘리트 교체도 가능해졌다. 또한 지방자치의 발전과 더불어 권력의 공간적 분권화와 지방수준에서의 정치참여의 폭도 크게 확대되었다. 뿐만 아니라 민주화는 그동안 정치에 있어 부패의 원천으로 작용한 정경유착을 완화함으로써 정치권에 있어 부패의 수준을 현저하게 떨어뜨리는 결과도 가져왔다.

비록 정당의 제도화 수준이 낮고 정당의 사회적 기반이 약하며, 그 결과 사회의 이익과 갈등을 잘 대표하지 못하고 있다는 문제도 있지만, 이런 점을 감안한다 하더라도 한국의 민주주의는 적어도 제도적 절차적 수준에서 세계 어디에 내놓아도 빠지지 않을 만큼 크게 발전했다고 할 수 있는 것이다.

그러나 그렇다고 이러한 민주화를 모두 긍정하는 한국인들은 많지 않다. 이러한 민주화는 또한 많은 전통적인 한국인의 미덕을 없애버렸기 때문이다. 특히 공권력에 대한 경시, 전통 도덕의 상실, 상대방에 대한 배려 부족, 부에 대한 무조건적인 추종 등 부정적 요소가 판을 치고 있는 오늘날의 현실을 보면 회의감이 들 정도이다.

그러다 보니 중산층의 해체와 사회계층구조의 재편성, 전체 경제활동인구의 16%에 이르는 360만 신용불량자의 양산, 빈곤층의 증가, 고용불안, 빈부격차의 증가, 저성장의 지속과 높은 청년실업률 등 한국사회의 불평등화를 심화시키는 원인을 제공하기도 한 것이다. 이는 도덕성이 결여된 자유, 즉 자유방임적 분위기가 사회에 팽배해졌기 때문이다. 그런 점에서 "한국식 민주주의"는 아직 제 틀을 잡지 못하고 여전히 실험 중에 있다고 하겠다. 따라서 앞으로 "한국식 민주주의"를 정착시키기 위한 연구가 더욱 필요한 시점에 있다고 할 수 있다.

다만 이러한 향후의 모델을 유추해 볼 수 있는 것으로 두 가지 유형을 들 수 있는데, 하나는 한국과 대만같이 경제성장이 사회 안정을 유지하면서 정치민주화로 이어진 나라로 계속 나갈 것인지, 아니면 싱가포르, 홍콩과 같이 민주화 대신 행정체제 정비를 통해 경제발전을 이어가는 '정치제도화 모델'을 지향할 것인지 이다.

현재 한국적 입장에서는 후자를 택하는 것이 더 좋을 것 같다는 생각이 든다. 왜냐하면 민주의식이 정착되지 않은 사회에서 제도만 먼저 민주화시키면 민주주의 형태를 가진 전제정치가 출현하기 때문이다. 이른바 선출된 제왕(elected monarch)이 출현하게 되는데 한국의 경우가 바로 그런 경우이다.

한때 중국은 한국을 어려운 여건에서 민주주의와 경제발전을 함께 이룬 나라라고 칭송했었다. 초기 한국식 민주주의 체제 하에서 이룬 경제발전과 국민이 일치단결하여 "잘 살아보자"고 한 정신에 매료되었기 때문이었다. 그러나 21세기 이후 국내외에서 한국인에 의해 벌어지고 있는 추태는 그러한 인식을 바꾸어 놓고 있다. 이제 '한국'이라는 형용사가 붙으면 '퇴폐적'인 것, '부정적'인 것으로 인식하게 되었다. 천박한 젊은이의 버릇없는 행동을 '한류(韓流)'라고로 부르고, 퇴폐 안마는 '한국식 안마', 실패한 민주주의는 '한국식 민주주의'라고 인식되어 가고 있다는 말이다. 실로 통탄할 일이 아닐 수 없다.[200]

그러나 여전히 민주화 타령을 하며 한국사회를 지탄하는 사람들이

---

200. http://blog.naver.com/huangguihe/140047803254

많이 있다. 자신들의 눈에만 비치는 모순만을 보고 있기 때문이다. 그런 가운데서 한국은 오늘날까지 발전을 구가해 왔다. 비판하는 자들의 논리대로 라면 한국은 이미 존재가치조차 없는 변방의 나라가 되었을 것이다. 그러나 오늘날의 한국은 세계 전체에서도 유례없는 발전을 이루며 우뚝 서있다. 여전히 한국을 일으키는데 기초가 되었던 "한국식 민주주의"가 존재하고 있음을 말해주는 것이다. 그렇기 때문에 이러한 장점을 지속적으로 유지시키면서 수정 보완해 나가는 지혜를 모아야 할 때인 것이다. 그것이 진정한 "한국식 민주주의"를 출현시킬 수 있다고 보기 때문이다.

3. "중국의 꿈(中國夢)"과 "제2 한강의 기적"

1) 시진핑(習近平) 국가주석의 "중국의 꿈"

(1) 시진핑 국가주석의 "실용주의"와 "대인정치"

시진핑 중국 국가주석이 외치고 있는 "중국의 꿈"은 과연 실현 가능할 것인지 하는 문제는 한국의 운명과도 깊이 관계가 되는 만큼 향후 중국의 변화에 대한 기대는 한국인에게 지대한 관심사가 아닐 수 없다. 중국은 지금 이를 실현하기 위해 옛 길(老路)인 마오쩌둥(毛澤東) 시대의 좌파적 길을, 잘못된 길(邪路)인 서구식 제도를 도입하는 길을 멀리하고 좌도 우도 아닌 중국특색의 사회주의 길을 걸어 중화민족의 위대한 중흥을 실현하겠다는 "중국의 꿈"을 달성하고자 달려가고 있다. 1789년 프랑스대혁명 직후 열린 국민회의 때, 의장석 왼쪽에 앉은 공화파를 좌파라 했고, 오른 쪽에 앉은 왕당파를 우파라고 한데서 불려지기 시작한 좌파 우파의 편 가르기는 오늘날에도 여전히 사용되고 있다. 현재 중국의 좌파는 마오쩌둥 시대 때 강조한 평등을 강조하고 있다. 개혁 개방의 폐단으로 보고 있는 자유화를 못마땅하게 보고 있기 때문이다. 때문에 이들은 민족주의 성향을 띠며 반미 구호를 외치고 있는데, 이들의 외침을 대변해 주고 있는 것이 『환구시보(環球時報)』이다. 이와 반대로 중국의 우파는 보편적 가치를 주문하고, 법치 건설과 인권 보호를 외치고 있다. 내용적으로 서구의 민주와 맥이 닿고 있는데, 광주의 『남방일보(南方日報)』가 이들을 대변하고 있다. 이러한 좌파와 우파의 갈등(左右之

爭)이 사회 갈등의 원인으로 등장하자 덩샤오핑은 "싸우지 말 것(不爭論)"을 주장하였고,[201] 이 말은 지금까지도 금과옥조로 지켜지고 있다.

이런 『남방일보』의 계열사인 『남방주말(南方週末)』이 2013년 신년기획으로 "중국몽(中國夢), 헌정몽(憲政夢)"이라는 기사를 실었다. 시진핑 주석이 강조하는 "중국의 꿈(中國夢)"을 이루려면 "헌정"부터 제대로 실시하라는 취지에서의 글이었다. 헌정을 강조하는 것은 공산당의 일당 통치에 도전하기 위한 것으로 해석되는데, 연구자들은 이러한 시각에 대해 당권을 법치 아래 두려는 의도로서 다당제와 삼권분립제도 등의 도입을 통해 공산당 일당제를 허물기 위한 속셈이 깔려 있는 것이라고 분석하였다.

이 정도의 위험수위까지 이른 좌 우파 간의 갈등은 중국을 바라보는 사람들은 언제나 불안감을 떨치지 못하게 하고 있다. 그러나 다행히도 시진핑 주석은 좌도 우도 아니라는 듯이 중간에 서서 "본분을 다하라 (守土有責)"고만 외치고 있다. 그는 소련이 해체된 원인이 "이상에 대한 신념이 흔들린데 있었다"고 보고 "거울을 보고 옷매무새를 똑바로 하라 (照鏡子整衣冠)"며 경각심을 늦추지 말라는 경고를 보내고 있다.

시진핑 주석은 "두 길은 절대 걷지 않겠다"[202]고 말한 바 있다. 그러면 시진핑 주석이 가려고 하는 길은 어떤 길인가? 그가 걸어가려는 길은 바로 "실용주의 길"이다. 그는 "총명한 사람은 시대에 맞춰 변하고, 지혜로운 사람은 때에 따라 제도를 바꾼다(明者因時而變, 知者隨事而制)"고 하면서 좌와 우를 가리지 않고 시대에 맞게 변화해야 한다는 지론을 가지고 있는 것이다. 그런 점에서 그는 서구식 정치에 기대지 않고, 경제적으로는 시장의 기능을 더욱 강조하는 개혁을 추진할 것이고 "정치적으로 조이고, 경제적으로 풀겠다(政左經右)"고 하는 시진핑 주석 나름의 중국특색의 사회

---

201. 劉尚哲, "習近平旣非左也非右", 韓國中央日報中文網 http://cn.joins.com/big5

202. 한 길은 옛길(老路)로서 마오쩌둥 시대의 좌파적인 길로 돌아가지 않겠다는 것이고, 다른 한 길은 잘못된 길(邪路)로서 소련처럼 깃발을 바꿔서 서구식 민주의 길로 들어서지 않겠다는 뜻이었다.

주의 길을 걸어 갈 것이라고 본다. 왜냐하면 그는 이를 통해 천하의 이익을 추구하는 대인정치를 지향하려는 것이 아닐까 생각되기 때문이다.

한편 시진핑 주석은 대중 강연이나 연설에서 중국 고전이나 시가의 구절을 자주 인용한다. 특히 외국 방문에서 그런 경향이 두드러지게 나타난다. 지나치게 직설적인 표현을 금기로 삼는 외교적 화법으로 중국 시가나 고전만한 게 없기 때문이다. 예를 들어 전 대만 총통 장징궈(蔣慶國)가 인용한 연설로 양안관계(중국-대만)[203]에 새로운 바람을 불게 한 것도 그런 스타일이 가져다 준 것이다. 그가 인도네시아 국회에서 연설을 할 때도 "손을 잡고 중국과 동남아국가연합(아세안)의 운명공동체를 건설하자"는 제목의 연설에서 "우리는 서로를 존중하면서 사회제도와 발전의 길은 스스로 선택해야 한다"고 말한 뒤, "이익을 따지려면 천하에 이익이 될 것인지를 따져야 마땅하다(計利當計天下利)"는 문구를 인용했는데, 이는 중국의 발전이 곧 아세안을 포함한 천하의 이익이 됨을 넌지시 강조하였던 것이다.

그의 이러한 대인정치는 또한 그가 인용했던 "명예를 추구하려면 마땅히 후대에 길이 남을 명예를 추구해야 한다(求名應求萬世名)"는 문장에서도 그의 대인적인 정치관을 엿볼 수 있다.

이러한 대인정치관 배경에는 경제도 정치라고 보는 그의 정치관이 바탕이 되고 있다. 그는 이를 위해 새로운 경제실험정치를 발동하면서 시장경제 체제를 확대하고 있다. 이를 위해 그는 경제정책의 핵심과제를 정부와 시장관계의 재정립 및 시장역할의 확대로 확정했다. 이에 따라 향후 10년간 정부 인허가권 감축과 국유기업 지분 매각, 민영 금융기관 설립

---

203. 시진핑(習近平) 중국 국가주석은 '하나 된 중국'을 위해 대만과의 경제협력 강화에 나설 계획인데, 시 주석은 경제협력 강화를 통해 중국·대만 양안(兩岸) 간 정치적 갈등을 해결할 수 있을 것이라고 기대하면서, 인도네시아 발리에서 열린 동아시아태평양경제협력체(APEC) 정상회의에 참석해 샤오완창(蕭萬長) 대만 전 부총통과 회담을 통해 "양안 경제는 중화민족 경제에 속하며 동아시아·태평양 발전의 새로운 환경 속에서 쌍방이 합작을 강화하면 도전에 잘 대응할 수 있다"고 말했다.

등 시장 활성화를 위한 각종 개혁조치를 취했다. 즉 중국공산당 제18기 중앙위원회 제3차 전체회의(3중전회) 폐막식에서 선언한 "오는 2020년까지 시장이 주도하는 '중국식 사회주의 시장경제'를 완성 하겠다"는 조치의 출발점이라 할 수 있는 것이다. 다시 말해서 신화사통신이 지적한 "향후 개혁에서 정부에 집중된 권한을 줄여 시장의 활력을 높이는 것이 반드시 넘어야할 난관"이라며 정부기구 축소, 부정부패 철폐, 고위관리 재산 공개 등을 촉구한 것과 일맥상통하는 조치였던 것이다. 그러나 공산당은 "중국식 사회주의 시장경제의 기본 골격 유지를 위해 시장의 역할을 강화하되 국유제를 국가경제의 근간으로 삼아야 한다"고 밝힌 것은 개혁이 자본주의식 시장만능주의로 확산되는 것을 차단하는 섬세함도 보였다. 거기에다 "국가안전위원회를 설립하여 국가의 안전체계와 전략을 개선해 국가안보를 확립하기로 했고,[204] 헌법의 법률적 권위를 보호하고 행정개혁을 추진하며 공정한 심판제도를 확보하는 한편, 사법권력 운영체계를 완비해 인권 사법보장제도를 개선할 예정이다.

이처럼 중국은 묵묵히 제 갈 길을 가고 있었다. 그림자 금융과 과잉 부채, 부동산 버블과 국유기업의 비효율, 부패와 빈부격차 같은 '차이나 리스크'를 얘기하는 서방 세계를 비웃듯이 중국은 중국 나름의 방식에 따른 발전과 개혁을 위한 행보를 계속해 나가고 있는 것이다.

(2) 중국의 자신감 넘치는 개발과 속도전

GDP의 200%를 넘는다는 민간과 국유기업, 지방정부 등의 과잉 부채 문제에 대해 중국 전문가들은 "올바른 지적인 것 같지만 결국 아무것도 아닌 일이다"라는 반응을 보이고 있다. 자전거에 짐이 좀 많이 실렸다고 해도 자전거 자체가 과거보다 강해졌고, 달리는 속도가 빠르다면 쓰러질리 없다는 논리와 같은 것이다. 똑같은 자전거라도 연 1~2%

---

204. 이는 소수민족 갈등은 물론 일본, 미국 등과의 외교적 대립을 해결하기 위한 전담기구로 해석된다.

의 속도밖에 안 되는 기존 선진국·중진국과는 달리 여전히 7%가 넘는 중국을 똑같은 잣대로 봐선 안 된다는 설명이다. 분자가 좀 커도 분모가 빠르게 불어나면 균형을 잃는 일은 없을 것이란 자신감이 묻어 있는 것이다. 내륙에 있는 3대 도시는 시진핑(習近平) 시대 구조개혁의 실험장이다. 연안과 내륙, 수출과 내수, 투자와 소비, 성장과 복지 등이 제각각 충돌하며 균형을 찾아가는 모습에서 실험장이라는 말 그대로 활력이 넘치고 있다. 물론 성공을 염두에 둔 실험이기에 실패에 대한 두려움은 없는 것처럼 보일정도다. 아마도 그동안 해왔던 모든 실험들이 성공적으로 끝났다고 하는 풍부한 경험에서 오는 자신감인지도 모른다. 이런 가운데 서부 대개발 계획은 더욱 탄력을 받고 있다. 충칭(重慶), 청두(城都), 시안(西安)을 중심으로 하는 서부지역사람들은 "최근 3년의 변화를 보면 어지러울 정도다. 미래의 변화는 또 어떨지 기대가 된다"고 이구동성으로 말하고 있다. 이들 3대 도시의 경제성장률은 최근 몇 년간 13~14%를 유지했다. 7%대로 낮아진 중국 전체 성장률과 비교해 꼭 2배다. 도심의 스카이라인은 우후죽순처럼 들어서는 고층 빌딩들로 하루가 달라지고 있고, 시 외곽의 공단들 안에는 전자와 자동차, 바이오, 항공, 화학 등 첨단 공장들이 빼곡하게 들어서고 있다. 이들 내륙도시의 소비는 이미 글로벌 대도시의 수준에 가깝다. 충칭의 '명동' 격인 해방비(解放碑) 거리는 그 화려함이 세계 유명한 어떤 거리에도 못지않다. 상품을 구매하려는 사람들이 인산인해를 이루고 있는 모습을 보면 중국인들의 소비능력이 그만큼 커졌고, 돈도 잘 돌아가고 있다는 것을 방증하고 있다. 기업 투자를 유치하기 위한 지방정부들 간의 속도 경쟁은 더욱 가열되고 있다. 시안의 까오신(高新) 개발구에 세워지고 있는 삼성전자의 반도체 공장은 이를 실감케 하는 상징물이다. 지은 지 불과 1년 반만에 연매출 20억 달러 규모의 세계적 생산시설이 탄생한 것이다. 이런 속도는 현지 정부의 전폭적 지원 덕분에 가능했다. 35만 평(坪)의 공장부지에 살던 1만2000여 가구 주민의 이주가 단 3개월 만에 끝났다. 공장으로 바로 연결되는 전용 고속도로와 전기·물·가스 등 인프라도 눈 깜짝할 사이에 제공됐다. 시 정부의 고위 공무원들은 매주 회의를 자청해 회사 측의 애로와 건의를 청취했다. 공장 건설 책임자인 삼성전자 전무는 "그동안 말도 많았지만 시안을 선택하길 정말 잘했다는 생각이 든다"고 말할 정도니 말이다. 시안과 충칭 정부는 현대자동차 공장을 끌어들이기 위해 소리 없는 전쟁을 벌이고 있다. 충칭의 투자 유치 담당자들은 자기들이 제공하는 각종 혜택과 우수한 입지조건 등을 자세히 설명하면서도 유치에 나선 상대방 도시를 자극하지 않으려는 정중동의 행보를 하고 있다. 내륙의 노동시장도 급변하고 있다. 임금과 후생복지 비용이 연 20% 이상씩 오르면서 싼 임금에 기댄 임가공 생산이 거의 불가능해졌고, 3개 도시의 신설 공단만 봐도 첨단 산업 군 별로 구획이 나눠졌고, 경공업은 찾아보기 힘들 정도로 기술의 고도화만이 적용되는 산업화가 이루어지고 있는 것이다. 그야말로 기술과 아이디어 없인 버티기 힘든 단계로 넘어가고 있는 것이다. SK충칭공장 상무는 "주변의 수십 개 공대에서 매년 수만 명의 기술 인력이 공급된다"며 "이들에게 합당한 대우를 해 주고 가족처럼 대하니 그만큼 성과로 보답하더라"고 말할 정도로 정부 정책과 노동시장의 변화, 소비시장의 팽창 등이 어우러져 있는 중국 내륙시장은 글로벌기업들이 반드시 진출해야 하는 지역으로 탈바꿈되어 있다.[205] '차이나 리스크'니 뭐니 해도 중국은 결코 포기할 수 없는 가능성의 땅, 그 자체가 거대한 글로벌 시장이 된 것이다.

(3) 평등정치와 민생개혁

사회주의 평등정치의 끈을 놓지 않으려는 통치를 하려면 반부패와의 투쟁과 분배정책이 가장 효과적이다. 중국이 이를 모를 리 없다. 그러나 이를 해결하는 일은 그리 쉬운 일은 아니다.

---

205. 포춘 500대 기업 중 약 300개가 이곳에 진출해 있다.

"당 중앙의 천리안(千里眼)이 되어 '호랑이'와 '파리'를 적발하라"는 지시는 현대판 암행어사로 불리는 중앙순시조(中央巡視組) 발대식에서 왕치산(王岐山) 당 중앙 기율검사위원회(이하 기율위) 서기가 내린 지시다. 반(反)부패 전선의 선봉장인 왕치산 서기는 올해 12개 순시조를 편성했다. 지방 6개조, 기업·금융 4개조, 중앙국가기관 2개조로 나뉜 순시조는 "호랑이·파리" 사냥에 투입했다. 장관급 간부의 부정부패, 형식·관료·향락주의와 사치 풍조, 정치 기율, 임용비리 등을 적발하는 것이 주임무이다. 현지에 파견된 순시조는 두 달간 보고 청취, 개별 면담, 자료열람, 제보 수집, 설문조사, 비밀 실사 등을 통해 비리를 수집했다. 무수한 고위 공무원의 옷을 벗기는 성과를 거두었으며, 그들의 활동은 지금도 계속 되고 있다.

시진핑 총서기의 반부패 구상은 제18기 3중전회에서 결의된 "전면적 개혁 심화에 관한 결정"에서 구체화 되었다. 기율 검사를 할 경우 크로스 체킹 시스템을 구체화·체계화·제도화시키고, 부패사건의 조사·처리는 상급 기율위가 주도하도록 명시했다. 중앙기율위가 당·국가의 모든 기관에 직속기구를 파견·주재시킨다는 방안도 채택됐다. 중앙과 지방의 순시제도를 개선해 모든 지방·정부·기업을 점검한다고 규정했다. 지도층 간부의 개인사항 보고, 회피제(回避制) 등의 입법 조치도 예고했다. 건전한 업무 분위기를 위해 불요불급한 공금 낭비를 엄금하고, 전시 행정과 프로젝트 남발을 근절시킬 수 있는 간부 평가시스템 개혁도 약속했다.

그러나 시진핑 총서기의 "중국의 꿈(中國夢, Chinese Dream)"의 핵심은 무엇보다도 "모두가 배불리 먹는 것"이라고 할 수 있다. 이 말은 그가 국가박물원에서 열린 "부흥의 길(復興之路)"이란 전시회를 참관한 직후 "정치국 상무위 7인이 '중국의 꿈'에 대해서 토론했다"고 하면서 "나는 중화민족의 위대한 부흥을 실현하는 것이 근대 이래 실현해야만 할 가장 위대한 꿈이라고 생각한다"고 말하면서 처음 나타나게 되었다. 그가 지금까지 국가를 이끌어 오면서 꿈꾸어왔던 소신이 이 말에 모두 녹아 있는 것이다. 그것은 자신의 국정경험을 총합시켜 나온 자신감의 발로라고도 할 수 있고, 반드시 이루어내겠다는 강력한 욕망도 엿보이게 하는 말이다.

이 "중국의 꿈"에 대해 리시꽝(李希光) 청화대(淸華大) 교수는 "인화해(仁和諧)"로 요약하여 설명하였는데, "미국의 꿈" 즉 "아메리카 드림"이 "민주, 자유, 인권"과 같은 개념이라면 "중국의 꿈"은 "사람이 둘이서 서로 보살펴야 한다는 인(仁)의 뜻과 벼를 입에 넣는 것 즉 모든 사람이 배불리 먹을 수 있어야 한다는 화(和)'의 뜻, 그리고 모두 말을 잘 들을 수 있어야 한다는 해(諧)의 뜻"을 포함하는 개념이라고 설명했다. 이 세 개의 개념은 고대나 현대나 유교문화권의 핵심적 가치로서 이를 현대에 실행시키려고 하는 것이 그가 말하는 "중국의 꿈"의 본질이라고 했다. 몇 천년 동안을 꿈꿔 내려온 중국인들의 정치적 이상과 같다는 말이다.[206]

시 주석은 이를 실현하기 위한 계획표까지 구체적으로 밝혔다. 그의 제1차 목표는 중국공산당 창당 100주년이 되는 2021년에 "전면적 소강(小康)사회를 실현한다"는 것으로, 매년 7%이상의 성장을 한다면 GDP(국내총생산)가 미국을 초월할 것으로 예상하기 때문이라고 했다.

이러한 목표가 제시된 배경에는 현재 중국 국민의 대다수가 불평등하다는 인식을 갖고 있기 때문에, 이는 중국의 향후 정국을 변화시킬 수 있는 중요 요소가 될 수 있는 것이다. 현재 중국의 불평등 척도인 지니계수(Gini's coefficient)[207]가 0.5를 넘어 더욱 불안감을 갖고 있는데, 이는 북유럽의 지니계수가 0.35이고, 중국 문화대혁명 때가 0.2였다는 점과 비교해 보면, 현 중국의 지니계수는 중국 당국이 당면하고 있는 문제 중 제일 큰 문제라는 점을 알 수 있을 것이다.

---

206. http://heuyil.blog.me/20203734694

207. 지니계수(Gini's coefficient) : 인구분포와 소득분포와의 관계를 나타내는 수치로서, 소득분배의 불평등도를 나타내는 수치이다. '0'은 완전평등을, '1'은 완전불평등한 상태를 의미하는데, 수치가 클수록 불평등이 심화되는 정도를 나타낸다고 이탈리아의 통계학자 C. 지니가 제시한 이론이다.

그래서 시진핑 주석은 "빈곤층 수입을 늘리고(提低), 중산층을 확대하고(擴中), 부유층을 통제한다(控高)"는 분배정책을 실시하고 있는 것이다. 중산층을 확대해 소득 구조가 양극화된 모래시계 형에서 건강한 다이아몬드 형으로 바꾸겠다는 것이 그 골자인 것이다. 한편 제18기 중앙위원회 제3차 전체회의(3중전회)에서는 13억 인구의 마음을 잡는 민생개혁을 선언했는데, 이를 통해 중앙정부의 권력 기반을 강화하고, 전면적인 개혁을 지도하는 듯한 효과를 얻기에 충분한 결정이었다. 그 골자는 "1자녀 정책 완화", "농민 토지소유권 보장" 등 민생개혁에 대한 천명이었다. "30여 년간 묶여있던 '1가구 1자녀' 정책이 완화될 경우 중국 전역에서 2000만 명의 부부가 자녀출산의 자유를 누리게 될 것"이라며 중국 각계는 환영 일색의 반응을 보였다. 앞으로 부부 중 한 명이 독자일 경우 두 자녀까지 허용하는 "단독 두 자녀 정책(單獨二胎)"으로의 전환은 중국사회를 또 다른 전환기를 가져다 줄 것으로 예상된다.[208] 1979년 이후 강력한 산아제한 정책으로 자녀 출산의 제약을 받아온 중국인들에게 3중전회의 결정은 그만큼 신선한 충격을 중국인민에게 주었던 것이다. 산아제한 감시를 피해 버려진 아이들을 일컫는 "흑해자(黑孩子)"가 1300만 명으로 추정되는 등 "1가구 1자녀 정책" 폐지를 촉구하는 의견이 거셌지만 실제로 채택될지는 미지수였던 것인데. 이것이 실현됨으로써 수많은 지지자를 확보할 수 있게 된 것이고, 동시에 중국 가족제도의 불완전성을 개선할 수 있는 계기가 될 것으로 보이기 때문이다. 이외에도 "노동교화제 폐지", "농민의 토지소유권 보장", "대학입시제도 개선", "사회보험료 인하", "퇴직연령 연장" 등 중국 국민의 실생활과 관련된 개혁안이 상당수 포함되자 중국 언론들은 이들 개혁안들이 출생에서부터 교육, 취업, 노후에 이르기까지 국민의 생활과 직결되

---

208. 적진무(翟振武) 인민대학 교수는 "출산 희망조사 결과, 2자녀가 허용되는 최대 2000만 명의 부부 가운데 50~60%가 둘째 아이를 출산할 것"이라고 예상했다.

어 있는 만큼 오는 2020년까지 개혁 시간표가 이행될 경우 중국인의 일상과 사회생활이 확연하게 달라질 것이라고 기대감을 표시했다. 시 주석이 거창한 개혁 구호를 내세우는 대신 국민의 생활에 직결되는 과제에 주력한 것은, 국민 눈높이에 맞춰 개혁·개방을 추진함으로써 지지 기반을 확대하여 빈부격차의 심화와 부동산 거품 등의 후유증이 갈수록 심각한 사회문제로 부각되면서 나타나는 불만과 개발의 주역이기는 하지만 동시에 부정부패로 인해 국민들에게 좌절감을 안겨주고 있는 공산당 체제에 대한 불만을 일시에 무마시키고자 하는 묘수(妙手)라고 평가할 수 있는 것이다.

(4) "강경엔 강경, 협력엔 협력"의 외교노선

1990년부터 한반도 문제를 중심으로 대국관계를 연구해 온 류밍(劉鳴) 중국 상하이사회과학원(SASS) 국제관계연구소장은 "시진핑(習近平) 시대에 중국 외교의 키워드는 미국과의 신형대국관계 건설이고, 그 핵심은 충돌하지 말고 협력하며, 상호존중으로 원-윈(雙贏)을 추구하자는 것인데, 그러한 신형대국관계 구축의 최 일선 현장에 있는 것이 한반도라고 볼 수 있다"고 말했다. SASS는 베이징에 있는 중국 사회과학원의 산하 기구가 아니다. 1958년에 설립된 중국 최초의, 또 지방에선 가장 큰 사회과학원이다. 국제관계연구소는 산하에 중국외교연구실 등 6개의 실(室)과 조선반도연구중심 등 11개의 센터(中心)를 운영하고 있다. 그는 시진핑 주석이 신형대국관계 건설을 제시한 배경에 대해 "미국은 현실주의 시각에서 역사를 해석한다. 역사적으로 모든 신흥국가는 기존 패권국가에 도전했고, 중국도 미국에 도전해 충돌이 불가피하다고 본다. 그러나 중국으로선 생각이 다르다. 과거 신흥국가는 영토 확장과 경제이익 추구를 위해 패권국가와 한판 승부를 벌였지만, 중국은 영토에는 욕심이 없다. 또 경제이익은 경제 글로벌화를 통해 얻을 수 있으므로 미국과 부딪칠 이유가 없다"고 했다. 그러면서 조용히 힘을 기르자던 덩샤오핑(鄧小平) 시대의 도광양회(韜光養晦) 정책과 후진타오(胡錦濤)의 조화(和諧)외교와 시진핑의 외교정책은 어떻게 다른가에 대해 "도광양회는 80년대 말 동유럽 사회주의 국가들의 붕괴 과정에서 나왔는데, 덩샤오핑은 외부 세계와 다투지 말고 경제 건설에만 매진하자고 한 것이다. 그러나 이제는 상황이 바뀌어 중국은 아·태 지역 최대의 경제국이고 또 군사적 발전도 빠르게 진행되고 있어 중국의 지위가 근본적으로 달라져 있다. 그렇기 때문에 이제는 도광양회 정책을 견지하는 게 맞지 않으며, 또 협조를 키워드로 내세웠던 후진타오 시기의 외교정책도 맞지 않는다. 시진핑 외교의 특징은 중국의 주권과 핵심 이익에 양보가 없을 것이란 점을 명확하게 밝히고 있다는 점인데, 이는 다시 말해서 다른 국가가 협조하겠다면 협조하되 싸우겠다면 싸우겠다는 입장으로, 강경엔 강경으로, 협력엔 협력으로 대응하는 식이다"라고 말했다. 이러한 것은 시진핑이 국가부주석이던 2009년에 멕시코에서 화인(華人)들과 만난 자리에서 "배부른 외국인들이 중국의 일에 감 내놔라 밤 내놔라 한다. 중국은 첫째 혁명을 수출하지 않고, 둘째 기아와 빈곤을 수출하지 않으며, 셋째 그네들을 괴롭히지 않는다. 그런데 더 무슨 말이 필요하겠는가?"라고 한데서 그의 외교노선은 이미 정해져 있었던 것이다. 그러한 그의 의도를 잘 보여주었던 것이 미국을 방문하면서 제시한 중·미간의 "신형대국관계(新型大國關係)" 구축론이다.[209] 그는 신형대국관계에 담겨 있는 뜻으로 "불충돌(不衝突), 불대항(不對抗), 상호존중"이라는 세 가지 뜻이 담겨 있다고 했다. 그러나 실질적인 의도는 미국에서 끊임없이 제기되는 "부상하는 신형대국(中國)"이 "기존대국(미국)"과의 충돌을 피할 수 없을 것이라는 주장에 대항하기 위함이었다.

다시 말해서 그 주요 뜻은 미국의 글로벌파워를 인정할 테니 미국은

---

209. Chosun.com, 2013, 6, 8.

중국의 핵심이익을 존중해 달라는 것인데, 중국이 말하는 핵심이익은 크게 세 가지다. 첫째는 중국공산당의 일당(一黨) 제도 유지, 둘째는 경제의 지속적인 발전, 그리고 셋째는 중국의 영토 및 주권 보존 등이다. 시진핑의 중국은 이 같은 논리를 내세우면서도 군사력 강화의 고삐를 단단히 쥐는 게 특징인데, 그 의도는 새로운 시기의 강군(强軍) 목표인 12자 방침을 통해서 엿볼 수 있다. 바로 "당의 지휘를 받고 싸움에선 이겨야 하며, 양호한 태도를 견지해야 한다(聽黨指揮 能打勝仗 作風優良)"는 것이 그것이다. 청화대 염학통(閻學通) 교수는 "시진핑 시대에 들어 중국의 외교가 세 가지 변화를 보이고 있다"고 하면서, 첫째는 경제이익 위주에서 정치이익 위주로, 둘째는 중국이 과거보다 더 국제적 책임을 지려고 하며, 셋째는 안보문제에 더 적극적이라고 설명했다. 그러한 일환으로 중국은 동아시아태평양지역 경제통합 추진에 적극 협력할 계획을 가지고 있다고 장리쥔(張力軍) 중국 APEC 발전 이사회 회장이 말했다. 그러면서 "현재 지구촌에는 경제의 글로벌화와 사회 정보화가 발전하는 추세에 있는데, 국가 간의 관계가 긴밀하게 연결되어 있어 단독으로 살아남을 국가는 없다"고 말하면서, "따라서 동아시아태평양지역 경제통합 추진에 유익한 제도에 대해 중국은 항상 개방적인 자세로 포용하고 지지할 계획"이라고 표명했다. 나아가 그는 또 동아시아태평양지역 경제통합의 추진에 대해 중국은 새로운 방안을 찾고 있으며, 동아시아태평양 경제 대국들이 서로 다른 수준으로 발전하는 객관적인 현실에 대해 점진적이고도 개방적인 태도로써 대응하려고 하고 있다고 밝혔다. 이러한 계획에 대한 실천의 일환으로 보호무역주의를 견제하고, 무역의 자유화와 편리성을 추진할 계획임도 밝혔다. 이를 위해 중국은 현재 "철도외교"에 열중이다. 그것은 에너지 자원의 수입을 촉진시키고 주변 국가에 대한 영향력을 확대하려는 데 제1차적 목적이 있는 것이지만, "이제는 외교에도 창조가 필요한 시대"라며 국가 간 외교관계에서 경제적 수단이 촉매제로 작용하면서 화학적 융합을 이뤄내려고 하는 것이 현재 중국외교의 특징이라고 볼 수 있는 것이다. 이러한 외교형식은 과거 "핑퐁외교"와 "팬더외교"에 이은 "차이나 3.0 버전"의 중국외교인 셈이다. 핑퐁외교는 죽(竹)의 장막을 열어 젖혔고, 팬더외교는 상대국의 감성을 자극했는데, 이제 고속철도(高鐵)외교는 실리를 파고드는 것으로 마오쩌둥(毛澤東)의 정치혁명, 덩샤오핑(鄧小平)의 경제혁명을 잇는 시진핑(習近平)식 중국외교의 트레이드마크가 되고 있는 것이다.

중국은 현재 쿤밍(昆明)을 기점으로 싱가포르를 잇는 판동아시아철로(Pan-Asian railway) 구축을 추진 중이다. 최근 박근혜 대통령이 유럽에서 제시한 한반도와 유럽을 철도로 연결하겠다는 '유라시아 이니셔티브'의 동남아 버전인 셈이다.

리커창(李克强) 중국 국무원 총리도 태국 방콕에서 중국철로총공사(옛 국무원 철도부)가 주관한 "중국고속철로전" 개막식에 참석하여 "태국 철로의 기초설비시설 의 발전과 태국 농산품 교환에 관한 정부 간 합작프로젝트 양해각서"에 서명했다. 당시 언론은 이 합의를 "고속철과 쌀의 맞교환(高鐵換大米)"으로 보도했다. 태국에 이어 베트남에서도 해상 공동 개발, 금융협력과 인프라협력을 위한 3개의 태스크포스를 구성해 연내 가동에 들어가기로 합의했는데, 이 인프라협력팀의 주요 업무는 중국 고속철도의 세일즈였다. 중국 외교는 아세안 국가들에게 운명공동체, 이익공동체, 책임공동체라는 3개 공동체 실현을 제시한 바 있는데, 바로 고속철도가 이 3개 공동체를 잇는 주요 도구가 되고 있는 것이다.

중국의 고속철외교는 3대 전략 방향으로 추진되고 있다. 러시아를 통과해 유럽으로 향하는 유로동아시아철도, 신장(新疆) 우루무치(烏魯木齊)를 출발해 중앙아시아를 경유해 독일을 종착지로 하는 중앙아시아선, 동남아시아 국가들을 통과해서 싱가포르를 향하는 환 동아시아 철로다.

그러나 이러한 철로 시장이 중국 점유물만은 아니다. 일본 등 여러 나라와 치열하게 경합 중에 있다는 말이다. 그동안 동남아는 일본의 앞마당이었으나 최근 10여 년간 분위기는 돌변했다. 일본의 영향력은 약해지고, 중국의 영향력은 빠르게 증가한 것이다. 미국이 동아시아 회귀 전략을 선언하자 일본은 동남아 지역과 손잡고 중국을 압박할 호기가 왔다고 판단했다. 하지만 동남아 국가들은 국가 이익 극대화를 위해 중국과 일본 사이에서 균형정책을 취하고 있다. 몇몇 국가들은 중국에 더 접근하는 전략을 취하고 있다. 일본이 동남아에서 중국을 견제할 나라를 찾는 일이 간단치 않다는 의미다. 중국의 고속철외교가 동남아와 일본의 합종을 깨는 전가의 보도(傳家寶刀)가 될 수 있다는 이야기다.[210]

이처럼 시진핑 주석은 동아시아 역내 국가들을 공동운명체로 여기고 있다. 전통적 중국의 대내·대내 만족주의의 정책으로의 회귀라고도 할 수 있다. 중국은 14개 국가와 국경을 맞대고 있고, 중국의 꿈을 실현하기 위해서는 동아시아 역내 국가와의 평화와 안정이 매우 중요하다는 인식은 몇 천 년 유지해왔던 중국 역대왕조의 외교정책 노선과 맞닿아 있는 것이다. 이러한 노선을 걸어가는데 있어서 한반도 특히 한국과의 교류와 협력은 매우 중요한 것임을 중국 당국은 알고 있는 것이다.

2) 박근혜(朴槿惠) 대통령의 "제2한강의 기적론"

(1) 경제민주화와 국민대통합의 기치

박 대통령이 취임사에서 강조한 '제2의 한강의 기적'을 이루기 위해선 무엇보다 부가가치가 높고 일자리 창출 효과가 큰 고급 서비스업, 즉 의료, 관광, 금융, 교육, 법률 분야에 대한 규제를 풀어야 하는 것을 제일의 과제로 여기고 있다.

정보통신기술(ICT) 문화 콘텐츠 서비스 산업에 투자를 확대해 새로운 시장과 일자리를 창출하겠다는 "창조경제론" 속의 ICT는 농업, 학습,

---

210. 신경진의 Surfing China, "동남아에서 벌어지고 있는 중·일 '경제 헤게모니' 전쟁", Issues & Analysis.

의료, 에너지 등 전 산업의 생산성을 높일 핵심적 산업이다. 정규직의 기득권 양보로 비정규직과의 차별도 줄이면서 기업 부담도 덜어줘야만, "창조경제론"의 효과가 나타나게 될 것으로 보인다.

이를 위해 박 대통령은 경제민주화를 거듭 강조하고 있다. 그러기 위해서는 대기업이 중소기업 몫을 가로채는 불공정 행위나, 사회적 지탄을 받을 만한 대기업과 총수의 비리는 엄단되어야 한다. 그러나 경제민주화로 인해 반(反)기업 정서가 일어나서는 안 된다는 조건을 반드시 염두에 두고 시행해야 한다는 것이 지적되고 있다.

이를 막기 위해서는 사회통합을 이루어야 하는데, 바로 이를 위협하는 최대 장애물이 "양극화현상"이다. 그러나 현재 한국은 1000조(兆)원(圓)에 이르는 가계부채와 경제협력개발기구(OECD) 회원국 중 최고의 자살률, 세계에서 가장 빠른 저 출산 고령화 등 시한폭탄이 언제 터질지 모르는 상태다. 이를 해결하기 위해서는 취약계층에 기초생활을 보장하고, 질병, 실업, 고령 등 사회적 위험으로부터 개개인을 보호하는 사회안전망을 촘촘하게 엮어야만 이 문제의 위험성을 줄여갈 수 있는 것이다.

그러나 문제는 복지 재원(財源)이다. 대선 공약을 다 이행하려면 5년 동안 135조(兆)원이라는 엄청난 돈이 필요하다. 이를 위해 과도한 복지로 재정건전성을 해치고 성장 불씨를 꺼뜨린다면 후대(後代)에 죄를 짓게 될 것이다. 따라서 돈이 많이 드는 "퍼주는 복지"가 아니라 "일하는 복지"로 물줄기를 틀어 복지와 성장이 함께 굴러가도록 하고, 복지 전달체계의 효율성과 투명성도 높여야 할 것이다.

또 임신이 걱정이 아니라 축복이 되도록 출산 지원을 강화하고 안심하고 양육할 수 있는 환경을 만들지 않으면 저 출산 문제는 해결이 불가능할 것하다. 아이를 낳고 싶은 나라가 돼야 여성 취업도 늘고 여성의 지위도 올라가 최초의 여성 대통령이라는 이름값을 할 수 있게 될 것이다.

동북아 끝자락에 붙어 있는 가난한 나라가 세계 10대 경제대국으로 성장할 수 있었던 것은 허리띠를 졸라매고 자녀를 교육시킨 부모세대의 뜨거운 교육열 덕분이다. 21세기 지식정보화시대에는 과거의 인재들과 차원이 다른 창의적이고 융합적인 인재가 필요하다. 박 대통령이 "모든 학생들의 잠재력을 찾아내는 일이 국가발전의 원동력이 될 것"이라고 말한 것처럼 개인의 소질과 능력을 꽃피울 수 있는 교육 환경을 만들어야 한다. 그러기 위해서는 인재양성의 구체적인 청사진을 빨리 제시해야 한다. 학벌이 아닌 능력 위주의 사회를 정착시키는 일도 중요하다. 모든 국민이 출발선에 상관없이 자신의 꿈을 펼칠 수 있도록 공교육과 평생 교육의 기회를 늘리고, 계층 상승을 돕는 '기회의 사다리'도 복원해야 한다.

박 대통령의 3대 국정목표 중 하나인 "문화 융성"은 그가 "문화대통령"이 되고자 하는 의지를 피력한 것이다.[211] 우리 민족의 유무형 자산인 문화는 일자리를 만들어 내는 차세대 성장 동력으로 각광받기 시작했다. 한류가 그 좋은 본보기다. 박 대통령은 정신문화의 가치를 북돋우는 일에도 적극 나서고 있다. 이를 위해 도서관 확충, 책과 신문 읽는 문화 조성 등 문화의 기초를 다지는 일에 적극 심혈을 쏟고 있다.

국민의 생명과 재산을 지키는 일에는 더욱 적극적이다. 국경이 아무리 튼튼해도 일상이 불안하면 국민은 행복하지 않다고 보고 박 대통령은 성폭력, 가정폭력, 불량식품, 학교폭력을 4대 사회악으로 규정하고 척결을 다짐하고 있다. 경찰 2만 명 증원도 이를 위한 것이다. "힘이 아닌 공정한 법이 실현되는 사회, 사회적 약자에게 법이 정의로운 방패가 되어주는 사회를 만들겠다"고 밝힌 데서 그의 의도를 알 수가 있다.

환경문제에 대한 관심도 지극하다. 전임 이명박(李明博) 대통령이 녹색 성장의 이슈를 선점하고 밑그림을 제시했는데, 박근혜 정부는 이를

---

211. bbs1.agora.media.daum.net/gaia

뿌리내리게 해서 새로운 경제 성장의 모델로 키워 기후변화로 인한 재난방지 시스템을 보다 정교하게 구축하여 "안전 사회"를 만들고자 하고 있다.

이러한 일련의 정책을 성공적으로 실시하여 박 대통령은 대통합을 이루려는 것이 박근혜 정부의 국정 목표이다. 국민 일부가 아니라 국민 모두가 행복한 나라를 만들려면 사회적 약자부터 배려해야 한다고 보고 여성 고졸자와 장애인 등을 공직에 채용하는 데도 앞장서고 있다.

안보 외교 환경에 대해서도 박 대통령은 "국민의 생명과 대한민국의 안전을 위협하는 그 어떤 행위도 용납하지 않겠다"고 강조했다. 박 대통령은 또 "한반도 신뢰 프로세스로 한민족 모두가 보다 풍요롭고 자유롭게 생활하는 행복한 통일시대의 기반을 만들겠다"면서 "확실한 억지력을 바탕으로 남북 간에 신뢰를 쌓기 위해 한 걸음 한 걸음 나아가겠다"는 뜻도 밝혔다. 북핵 불용을 천명하면서도 대화의 창은 열어둔 것이다. 북한과 생존과 평화공존의 길로 나아가도록 대화와 억제 정책을 병행하겠다는 것이다.

그러려면 한미동맹을 계속 강화하는 한편 한미동맹을 중국에 대한 견제와 미국에 대한 일방적 의존 수단이 아니라, 상호호혜적인 동맹으로 진화시키는 지혜를 짜내야 할 것이다. 동북아의 평화와 안정을 위해서는 중국과의 신뢰 구축이 매우 중요하기 때문이다.

역사는 시운(時運)과 인간의 합작품이다. 경제민주화, 창조경제, 국민대통합이라는 목표를 이루고자 박 대통령은 현재 대한민국이 갖고 있는 모든 역량과 자산을 결집시키는 리더십을 발휘하고 있고, 풍요롭고, 튼튼하고, 존경받는 대한민국을 만들고자 노력 중에 있는 것이다.

(2) 신뢰외교

박근혜 정부는 '행복한 통일시대의 기반 조성'을 외교정책의 기본목표로 설정하고 그 실현 메커니즘으로서 '신뢰(trust)외교'에 바탕을 둔 한반도 신뢰프로세스와 동북아 평화협력 구상을 제시하였다.

이러한 신뢰외교의 핵심은 한반도 신뢰프로세스와 동북아 평화협력을 도모하는데 있다. 박근혜 정부의 외교정책 공약으로 "국민적 신뢰, 남북 간의 신뢰, 국제적 신뢰"를 바탕으로 "새로운 한반도 시대"를 열기 위한 "3대 기조와 7대 정책과제"를 제시했다. 3대 정책 기조란 ① 지속 가능한 평화, ② 신뢰받는 외교, ③ 행복한 통일 등으로, "지속 가능한 평화"는 북한이 도발을 포기하고 국제사회의 책임 있는 일원이 되고, 우리의 대북정책도 유화 혹은 강경이라는 이분법적 접근법에서 벗어나 균형 잡힌 대북정책이 추진될 때 달성된다고 밝히고 있다. "신뢰받는 외교"는 지구촌 문제 해결에 책임 있는 역할을 다할 때 이뤄지며, 나아가 한반도 평화와 통일에 대한 국제사회의 지지도 확산될 수 있다고 주장한다. "행복한 통일"은 먼 훗날의 일로 미뤄서는 안 되며, 다가서는 통일이 되어야 하며, 국민들의 역량을 결집하고 국제사회와 협력을 통해 실질적으로 준비해야 한다는 것이다.

7대 정책과제란 ① 주권과 안보 수호, ② 북핵 문제 해결, ③ 남북관계 정상화, ④ 작은 통일에서 시작하여 큰 통일 지향을 지향하고, ⑤ 동아시아 평화와 유라시아와의 협력 촉진, ⑥ 경제외교의 upgrade 및 신성장 동력의 발굴, ⑦ 국민외교시대의 개막 등이다. 이들 과제 중 외교정책의 핵심은 "북핵 문제 해결", "남북관계 정상화", "동아시아 평화협력"에 있다.

이를 위해서 외교부는 "국민행복, 한반도행복, 지구촌 행복구현"을 외교 비전으로 삼아 한반도-동북아의 평화와 공동발전, 인류발전에 기여하는 신뢰받는 대한민국, 국민행복 증진과 매력한국 실현을 핵심목표로 제시했다. 또한 이러한 핵심목표를 달성하기 위해 ① 북핵 문제의 진전을 위한 동력 강화, ② 한미동맹과 한중 동반자 관계의 조화·발전 및 한일관계 안정화, ③ 동북아 평화협력 구상과 유라시아 협력 확대, ④ 세계평화와 발전에 기여하는 책임 있는 중견국 실현, ⑤ 재외국민

안전·권익 보호와 공공외교·일자리 외교 확대, ⑥ 경제협력 역량 강화, ⑦ 공적원조(ODA) 지속 확대 및 모범적·통합적 개발 협력 추진 등 총 7개의 국정과제를 중심으로 "국민과 함께하는 신뢰외교"를 전개해 나가겠다고 하고 있다.

이러한 외교정책의 추진 방향을 보면 한미동맹과 한중 동반자 관계를 어떻게 조화롭게 발전시키고, 동북아의 평화협력 구상을 어떻게 구체화 시키느냐가 주요 관건임을 알게 해준다. 우선 한미관계는 동맹체결 60주년을 계기로 안보와 경제를 포괄하는 동시에 한반도, 지역, 세계적 도전에 공동으로 대체할 수 있는 21세기형 포괄적 전략동맹으로 심화·발전시키며, 한중간에도 정치·안보분야의 협력을 강화하고 민감한 현안문제까지 공동으로 관리할 수 있도록 전략적 협력동반자 관계를 내실화 하겠다는 의도이다.

동시에 외교정책의 핵심과제로 제시된 동북아 평화협력 구상은 동북아 역내 국가들 간 경제적 상호의존의 증대에도 불구하고 군비경쟁과 역사·영토적 갈등 심화 등 지속되는 갈등 구조를 다자간 상호협력의 틀로 전환함으로써 한반도뿐만 아니라 동북아의 지속 가능한 평화와 발전을 도모하겠다는 것이다.

한반도 신뢰프로세스의 목표는 명확하다. 북한이 국제규범을 준수하고 한반도와 동북아의 평화에 기여할 수 있는 국제사회의 책임 있는 일원으로 만드는 것이며, 남북한 사이에 점진적인 신뢰구축과정을 통해 지속 가능한 평화를 창출하는 것이다. 따라서 한반도 신뢰프로세스의 궁극적인 목적은 북한의 행위와 구조의 변화를 유도하고 예측 가능한 신뢰구축을 통해 한반도 평화를 창출하는 것이다.

이를 위한 운용원칙은 첫째, 도발과 보상의 악순환 고리를 끊는 것이다. 박 대통령은 도발에는 항상 보상이 따랐기 때문에 북한을 변화시키는 데 실패했다고 보고, 나쁜 행위에 대해서는 반드시 대가를 치르도록 하고 좋은 행위에 대해서만 인센티브를 제공해야 이러한 악순환의 고리를 끊을 수 있다는 것이다. 둘째, 진보정권의 햇볕정책이나 MB 정부의 강압정책 모두 북한을 변화시키는데 실패했으므로 한반도 신뢰프로세스는 이전 정부 정책들의 장점들을 적용한 유연하고 원칙에 입각한 포용정책이라는 것이다. 셋째, 파기된 약속은 상호 신뢰를 손상시키는 만큼 약속의 이행은 반드시 신뢰구축을 기반으로 해야만 한다. 약속이 준수될 때만이 상호 교류와 협력을 보다 의미 있게 만들고, 신뢰구축을 용이하게 하며, 궁극적으로는 신뢰 구축의 제도화를 달성할 수 있게 한다는 것이다. 넷째, 신뢰구축은 상호 이익 위에 구축되어야 한다. 상호 이익이 존재하지 않은 상태에서 신뢰를 구축하는 것은 쉽지 않다. 따라서 한반도 신뢰프로세스는 쉬운 것부터 먼저하고, 어려운 것은 나중에 한다는 선이후난(先易後難) 원칙을 적용하고 있는 바 이는 김대중 정부의 화해협력 정책과 유사하다고 할 수 있다. 다섯째, 사안별로 일관된 균형이 이뤄져야 한다는 것으로 안보는 교류협력과 균형을 맞춰야 하고, 남북대화는 국제사회와의 협력과 균형을 이뤄야 한다는 것이다. 여섯째, 신뢰과정은 평화과정에 선행되어야 한다. 왜냐하면 전자를 통하지 않고 후자를 달성하는 것은 쉽지 않기 때문이다. 마지막으로 신뢰외교의 구상은 남북관계 개선이 단기간에 이루어지기 어렵다는 것을 인식하고 열린 자세로 장기적 목표에 역점을 두어야 하기 때문에 대북 정책은 인내심을 가지고 신중하게 그리고 지속적으로 전개해 나가야 한다는 것이다.

이에 대해 동북아 평화협력 구상과 강대국 외교에 대한 박근혜 정부의 구상은 한반도와 동북아의 평화 번영에 있어서 미국과 더불어 중국의 전략적 중요성이 점차 증대되고 있다는 역사적 흐름을 간파하고, 북한의 변화에 영향력을 행사할 수 있는 중국의 능력을 주요한 전략적 가치로 해야 한다는 인식하에 이루어지고 있다. 즉 강대국 외교의 핵심은 MB 정부 시절 악화된 중국과의 관계를 우선적으로 복원시키고, 미국 및 중국과의 관계를 새롭게 정립하는 데 있다. 이는 당선인 시절 박근혜 대통령이 이례적으로 중국을 첫 특사 파견국으로 선택한 데서도 잘 나타난다. 노무현 당선인은 미국을 첫 특사 파견국으로 선택했고, 이명박 당선인은 미국, 중국, 일본, 러시아 등 주변 4강의 동시 특사 파견을 선택한 것을 감안 하면, 박 당선인의 이러한 결정은 중국과의 관계 개선에 외교적 노력을 집중하겠다는 당선인의 의지를 보여주는 대목이라 하겠다.

이러한 외교정책 과제 우선순위에서 "한미동맹과 한중관계의 조화로운 발전"이 "북핵 문제의 진전을 위한 동력 강화"에 이어 2번째 핵심정책으로 부상한 것은 표면상 중국의 지위가 미국과 동일한 위치까지 상승한 것이라 할 수 있으며, 이러한 한국의 정책 변화에 대한 화답으로 중국도 박 대통령의 한반도 신뢰프로세스와 동북아 평화협력 구상을 적극 지지한다고 천명했던 데서 알 수 있다.

동북아 평화협력 구상은 박근혜 정부의 강대국 외교, 즉 동맹정치와 한중관계의 조화로운 발전을 위한 고도의 전략적 대응이라고 평가할 수 있다. 박근혜 대통령이 미국 의회 합동연설에서 설명한 동북아 평화협력 구상은, "동북아지역 내에서 그물망 같이 중층적으로 엮어진 상호의존의 틀 가운데 취약한 연결고리를 보강하고 공백을 채우기 위한 것으로, 환경, 재난구호, 원자력 안전, 테러리즘 대처 등 연성(soft)의 협력안보 이슈에서 작지만 의미 있는 협력을 축적하여 협력의 습관을 형성해 나가고, 궁극적으로 이러한 협력의 습관을 통해 신뢰를 구축함으로써, 평화롭고 협력적이며 책임 있는 동북아 시대를 실현하자"는 것이었다.

이 구상에 대한 중국의 반응은 상당히 우호적이었다. 중국 외교부 대변인인 화춘잉(華春瑩)은 박 대통령의 이러한 제안에 대해 환영의 의사를 표하면서 "관련국들이 역내 평화와 안정을 위해 함께 많은 노력을 기울일 것을 바란다"고 밝혔다. 한중 정상회담에서 시진핑 주석도 한국 정부의 대북정책 기조인 "한반도 신뢰프로세스 구상, 남북평화통일 실현, 그리고 동북아평화협력 구상"을 지지해 주었고, 또한 고위안보 대화

채널 구축, 경제통상 협력 확대, 국민교류 형태 확대, 그리고 인문유대 강화도 해 나가기로 합의하였다. 바야흐로 본격적인 한중 양국의 협력 시대가 막을 올리고 있는 것이다.

3. 문화와 성장의 교향악

1) 한중 양국 경제발전의 문화적 기초

일반적으로 문화란 인간생활의 필요에 따라 「정보가 편집」되어 역사 속에 누적된 것을 말하고, 문명이란 편집된 정보에 의해 집적된 지식에서 인류에 필요한 것이 창출된 것을 말한다. 따라서 편집된 정보 중에 좋은 정보와 나쁜 정보가 어느 정도 들어 있느냐에 따라서 문화국으로서의 대국과 소국으로 나뉘는 것이다.

이처럼 문화의 발전·쇠퇴와 역사발전은 함수관계에 있기 때문에, 문화가 발전하면 국민총생산을 충족시킬 수가 있어 전성기를 구가토록 하게 하고, 문화가 쇠퇴하면 국민총생산을 충족시킬 능력이 없으므로 전복되거나 멸망으로 귀결되고 마는 것이다. 이러한 관계는 그리스, 로마, 이집트, 인도, 중국 등의 역사 속에서 잘 볼 수가 있다.

그러나 한편으로 문화적 정도의 발전에 의해 전성기를 구가한다고 해도, 그러한 문화의 발전이 상대의 희생이나 정복을 통해 이루어졌거나 왜곡 발전하게 될 경우에는 화해나 공생을 통해 안정을 추구하는 것이 아니라 자기들만의 축배를 들기 위해 선·후진국, 근대 이후 제국주의자들의 식민지·반식민지인들에 대한 우월의식, 백호주의(白濠主義) 등 인종차별주의 차별의식이 나타나게 되어 전쟁과 테러, 억압과 학대 등의 공포주의 세계를 만들어 내게 된 것이다.

이런 점을 고려하여 동아시아세계의 문화적 특징을 보면, 북경원인과 자바원인에 대한 연구결과를 통해서 알 수 있듯이 과학기술의 발달, 두뇌와 신체적 조건의 합리적 구조 등에서 나타나듯 동아시아세계에서 잉태된 문화의 가치는 타 지역보다 우수성을 갖춘 채 보편화 되어 왔다는 점에서, 이러한 우수성을 현실에 맞게 재 창달하여 미래 인류세계의 구심점으로 환원시켜야 할 당연성이 있는 것이다. 이러한 우수한 문화의 재 창달에 의해 근대화 과정에서의 굴욕을 딛고 한중 양국이 새롭게 우뚝 일어서고 있는 것이다.

그러한 상황은 한중 양국이 경제개발 계획을 추진하는 과정에서 잘 나타났다. 먼저 한국의 경제개발 정책 수립 및 추진상황을 보면, 한국인이 가지고 있는 문화적 역량이 뒷받침 되면서 시대의 변화에 맞게 수정 보완해 가는데서 경제 개발을 성공적으로 추진해 왔음을 알 수가 있다.

한국은 정부수립 후 개발계획을 세우고는 있었지만 본격적으로 개발계획을 추진해 갔던 것은 1962년 제1차 경제개발 5개년 계획부터였다. 이 계획은 1996년에 완료된 제7차 5개년 계획을 마지막으로 끝이 났는데, 오늘날 한국 경제의 시금석이 되었던 계획이었다. 이 계획을 추진해 가는 과정에서 발휘된 한국인 정서 및 문화적 역량은 세계의 모범이 되기에 충분했던 것이다.

이러한 상황을 엿볼 수 있는 것은 개발계획을 추진해 가는 과정에서 많은 다양성과 적응성이 훌륭하게 나타났던 것을 통해서도 알 수 있다. 즉 계획 작성 과정에서 관계부처의 참여범위는 계속 확대되어 갔고, 계획 작성에도 점차 상당한 분권화가 이루어지고 전문화 되어 갔다. 특히 초기 외국인 전문가의 참여 또는 자문이 제2차 5개년 계획(1967~71) 때까지 최대로 확대된 이후부터는 계속 감소하여 국내 경제학자들의 자문이 증대됨으로써 순수 한국인의 힘만으로 경제발전을 이끌어 갔다는 점은 대단한 평가를 받기에 충분하다고 하겠다.

경제개발계획의 성격도 1·2차 계획 때는 기초자료의 부족에도 불구하고 경제 전체의 자원을 배분하려는 자원계획 또는 포괄적 계획의 성격을 갖고 있었다. 그러나 제3차 5개년 계획(1972~76) 때부터는 경제규모의 확대와 복잡성의 증대에 적응할 수 있도록 계획의 성격을 정책계획으로, 제5차 5개년계획(1982~86) 때부터는 정책계획의 실효를 높이기 위해 유도계획(誘導計劃)으로 전환시켰는데, 이러한 계획 성격의 변화에 따라 연차별 집행계획의 내용도 달라져 갔던 것이다.

이러한 연차별 집행계획을 통해서 경제여건의 변화에 따르는 원래 계획의 수정·보완 등이 이루어졌고, 정치·경제적 여건이 크게 변동한 경우에는 원래 계획 자체를 포기하고 수정계획을 채택하는 등 경우에 따른 능동적 대처정책의 실시가 가능토록 했던 것이다.

예를 들면 1960년대 초반 이후 경제·사회 여건이 변화하여 원래 계획의 달성 목표가 어려워지자 가장 시급했던 자립경제구조(또는 자력성장구조)를 실현코자 하는데만 매진하였다. 이 목표가 이루어지자 제3차 계획의 목표는 지역개발의 균형을 이루는데 두었고, 제4차 계획 때는 사회개발을 촉진하고 소득분배의 개선을 달성하는데 두었으며, 제5차 계획 때는 경제안정기반의 정착을 그 기본목표로 했던 것이다. 제6차 계획(1987~91) 때는 "능률과 형평을 토대로 한 경제선진화와 국민복지의 증진"을 기본목표로 제시하여 형평의 문제를 새롭게 부각시켜 "소외계층과 낙후부문에 대한 중점지원"을 중요과제로 제시하였던 것이다.

이러한 목표들을 달성하기 위한 개발전략으로, 첫째는 모든 계획을 불균형성장 전략에 기초를 두었고, 둘째는 대외 지향적 공업화 전략의 개념을 확실하게 정립하였다. 셋째는 자립경제와 일관성을 갖도록 해외저축 도입을 적어도 국제수지 면에서 감당할 수 있으면 최소한도로 줄여야 한다는 전략을 제시했던 것이다.

이들 계획과 개발 전략의 목표는 경제성장률·국내투자율·상품수출입증가율 등 총량적 성장 면에서 모두 초과달성 되었다. 산업별 투자배분과 산업구조변화 실적도 당초의 계획수치와는 꼭 일치하지는 않았으나, 산업구조의 고도화 목표와 일관성을 유지할 수 있었고, 국제수지·국내저축률·인플레이션 등에 관한 계획목표도 모두 이루어 냈던 것이다. 다만 비록 주택보급률 등 사회개발지표면에서의 계획은 제대로 실현되지 못했지만 장기적인 건전한 경제성장발전을 설정·추구하는 데 는 충분한 역할을 하여 오늘날 한국의 경제성장을 가져오는 초석이 되었던 것이다.

종합하면 이러한 개발계획은 첫째로 계획 작성과정을 통해 관계자들의 경제문제에 대한 지식수준을 높여줌으로서 그들의 정책결정 능력을 향상시켰던 것이고, 둘째는 계획의 발표효과로 인해 민간기업의 활동이 경제발전을 촉진시키는 방향으로 유도케 하는 데 크게 도움이 되었으며, 셋째로 전 국민이 일치단결할 수 있는 동기부여를 줌으로써 한강의 기적을 가져올 수 있게 하였던 것이다.[212] 이러한 성과를 거두는데 기여한 궁극적인 것은 바로 국민이 스스로 자신들의 역량을 집중시키고, 항상 연구 증진시킬 수 있게 하는 문화적 요소가 큰 작용을 하였음을 알 수 있는 것이다.

중국의 경우도 한국과 같은 맥락이었다. 그러나 한국문화의 원천이었던 중국이 스스로 자신들의 문화를 자각하여 국민의식을 끌어올리고 정부의 정책에 신뢰를 가지며 적극 참여한다면 그것은 한국보다 더 큰 성과를 이룰 수 있음은 당연한 논리였다. 그러한 시작이 1978년 중국공산당 제11기 3중전회(三重全會) 직후 개최된 경제학회의에서 시장경제에 대한 문제가 제기되면서 부터였는데, 즉 개혁·개방이론의 탐색과 실천을 통해 중국식 사회주의시장경제 체제의 골격을 이루어 내고자 했던 것이다. 이어 1984년 중국공산당 제 12기 3중전회에서 "경제개혁에 관

---

212. 그러한 대표적 운동이 새마을운동이었는데, 이 운동은 1970년 4월 22일 전국 지방장관 회의에서 박정희 대통령이 처음 제창함으로써 시작되었는데, 그 요지는 "우리 스스로가 우리 마을은 우리 손으로 가꾸어 나간다는 자조·자립정신을 불러일으켜 땀 흘려 일한다면, 모든 마을이 멀지 않아 잘 살고 아늑한 마을로 그 모습이 바꾸어지리라고 확신한다"는 것이었다. 그러다가 1980년대에 들어서부터는 범국민적인 정신혁명으로 승화시켜 의식구조개혁 운동의 일환은 물론 문화국민으로서의 질적 향상에 역점을 두고 전개되어 갔다.

한 결정"을 통과시키면서 사회주의경제를 "생산요소의 사회주의 공유제에 기초한 계획적인 상품경제" 라고 정의했으며, 이 용어는 1993년 3월 29일 제8기 전국인민대표자대회 제1차회의에서 개정된 헌법에 명시됨으로서 중국이 지향하는 경제체제가 확립되게 되었던 것이다.

중국식 사회주의시장경제란 국가의 거시적 경제조절 하에서 시장이 자원분배에 그 기초적 작용을 하는 것이라고 할 수 있고, 동시에 국가가 경제에 대한 거시조절기능을 개선·강화함으로써 보다 나은 경제정책, 경제법규 및 계획지도와 필요한 행정관리를 통해 시장을 보다 건전하게 발전할 수 있도록 인도하겠다는 것이다.[213]

결국 이러한 결정은 근대화 실패 이후 엄청난 시련을 경험한 중국이 기존의 서방제도와 정책을 따르지 않고 자신들의 옷에 걸 맞는 새로운 발전의 틀을 만들어 낸 것이고, 오늘날의 발전을 통해서 완벽한 정책임을 증명해 보여주고 있는 것이다. 이처럼 자신에 맞는 정책을 만들어 내고 특히 이를 잘 추진해 갈 수 있도록 13억이나 되는 인민의 역량을 집중시킬 수 있도록 한 것은 뿌리 깊은 중국문화가 있었기 때문임을 간과해서는 안 될 것이다.

2) 한중관계의 조화로운 발전을 위한 제언

박 대통령의 강대국 외교는 여러 면에서 과거 어느 때보다 전향적이라고 평가 할 수 있다. 그러나 한계가 없는 것은 아니다.

그 첫 번째 문제는 북한 문제를 다루는데 있어서의 미국 및 중국과의 차이점들을 어떻게 수렴해 나가느냐 하는 점이다. 박 대통령의 신뢰외

---

213. 2012년 다보스 포럼에서 자본주의의 위기를 구원할 수 있는 대안으로 중국식 사회주의 시장경제가 논의 되었고, 신흥대국으로 부상하고 있는 BRICs 등이 이러한 모델에 관심을 가져야 한다는 주장이 제시되기도 했다.

교를 긍정적으로 평가하는 이유는 한국이 대화와 협상을 통해 북핵 문제를 해결하려는 원칙을 견지하고 있기 때문이다. 하지만 북한의 군사적 도발을 중단시키기 위해 "잘못된 행동에 보상은 없다"며 "북한의 올바른 선택"을 요구하는 압박은 남북 간 신뢰구축이 그리 쉽지만은 않을 것이라는 느낌을 준다. 이러한 압박 정책에 대해 중국이 쉽게 동조할 것으로 보이지도 않는다. 박근혜 정부는 북한을 압박하기 위해 한·미·중 3자 간 전략적인 대화를 천명하고 있지만, 중국은 기본적으로 6자회담, 북미 양자회담, 남북회담 등 먼저 대화부터 하고 난 후 궁극적으로 4자회담의 재개를 원하고 있는 상황이기 때문이다. 또 한중 정상회담 공동성명에서 북한만의 비핵화가 아니라 한반도의 비핵화를 강조했다는 사실과 북한에 대한 언급이 전혀 없다는 점에서도 한중 양국 간 대북 정책에 간극이 있음을 시사해 준다.

두 번째 문제는 박근혜 정부가 추진하려는 "동맹과 다자안보협력의 조화"도 그리 쉬워 보이지 않는다는 점이다. 본질적으로 이 둘은 상충적이기 때문이다. 중국 정부는 박근혜 정부가 동북아의 평화와 협력을 유지하기 위해 추진하는 신뢰외교에 깊은 관심을 표하고 있다. 비전통적인 안보위협 분야에서 신뢰를 구축하고 점진적으로 전통적인 안보 분야까지 파급시켜나가겠다는 기능주의적 이론에 대해 논쟁의 여지는 없다. 그러나 시진핑 주석은 동맹보다는 다자안보협력을 통한 집단안전보장체제의 구축에 관심을 보이고 있다. 이는 시진핑 국가주석이 "국제사회가 포괄안보·공동안보·협력안보를 지향해야 한다"고 강조한 데에서도 알 수 있다. 하지만 박 대통령은 기본적으로 동맹에 초점을 맞추면서, 미국과의 양자관계를 아태 지역에서 미국의 재균형(Pivot to Asia) 정책의 린치핀(lynchpin) 역할 수행과 미사일 방어 협력 강화를 위해 포괄적 전략동맹으로 심화시켜야 한다고 했다.

세 번째 문제는 박근혜 정부가 역내에서의 다자안보협력보다 동맹에 방점을 두고 있다는 점이다. 전작권 전환 연기문제도 이러한 맥락에서 크게 벗어나지 못한다. 이는 중국인들의 일반 정서에 비추어 보아 문제가 될 수 있다. 왜냐하면 미국의 '동아시아 회귀 정책'에 대한 중국의 부정적인 인식이 더욱 확산되고 있기 때문이다.[214] 미중관계 전문가이자 베이징대 국제관계학원 왕지쓰(Wan Jisi) 원장이 "세계문제에 대한 미국의 궁극적인 목표가 패권과 지배를 유지하고, 미국의 위상을 증진시키는 데 있으며, 중국이 강대국으로 부상하는 것을 억제할 것이라고 인식하는 중국의 견해가 더욱 심화되었다"고 지적한 것처럼, 이런 상황 하에서 동맹에 대한 과도한 강조는 한중간에 외교적 마찰을 가져 올 가능성이 있기 때문이다.

네 번째 문제는 시진핑 주석이 미국과 새로운 강대국 관계를 구상하는 상황에서 한국과 중국의 관계설정도 문제다. 지난 2013년 미중 정상회담에서 시 주석은 "신형대국관계"를 언급하며 세 가지 사항을 강조했다. 첫째, "갈등과 대립의 청산"을 위해 양국은 상대국의 전략적 의도를 객관적이고 합리적으로 봐야 한다는 것이고, 둘째, 양국은 각국의 핵심이익과 주된 관심사를 존중해야 한다는 것이며, 셋째, 제로섬 게임에서 벗어나 협력을 추구해야 한다는 것이었다.

여기서 신형 대국관계로부터 두 가지의 함의를 도출해 낼 수 있다. 만약 중국과 미국이 G-2 틀에서 협력적 관계를 성공적으로 구축해 나간다면 한국은 어려운 입장에 놓이게 될 것이라는 점이다. 다시 말해 새로운 양두(Bigemony) 지배체제가 형성되면 한반도의 미래도 영향을 받을 수밖에 없다는 것이다. 반면, 양국 간에 잠재적인 갈등이 발생하게 된다면, 한국은 미국과 더불어 중국을 견제(balancing)하거나 동맹국인 미국을 포기하고 중국에 편승(bandwagoning)해야 하는 외교적 딜레마에 빠지게 될 수 있다. 박근혜 정부의 전략적 선택이 본질적으로 어려운 이유가

---

214. 2012년 중국인들을 대상으로 실시한 여론조사에 따르면, 미중 관계를 적대적으로 인식한다는 의견이 2010년 8%에서 2012년에는 26%로 증가했다. 이러한 인식은 일반 대중은 물론, 정부 관료, 학계, 싱크탱크 전략가들 사이에서도 광범위하게 공유되고 있는 정서이다.

여기에 있는 것이다.

　이러한 문제들이 산적해 있지만 그럼에도 불구하고 앞으로의 외교노선 방향은 한미동맹과 한중관계의 조화로운 발전을 추구하는데 진력하게 될 것이다. 그것은 북한이 도발 행위와 핵개발 야욕을 멈추지 않는 한 한미동맹을 통해 군사력을 억지시킬 수밖에 없는 상황이기에 강화될 수밖에 없는 것이고, 한중관계의 조화로운 발전은 북한문제만이 아니라 경제문제, 동북아 안보의 균형문제, 일본 우익정부의 영토문제 도발 등에 대처하기 위해서는 피할 수 없는 선택이기 때문이다. 그러나 이러한 상황은 역으로 박근혜 정부가 외교정책의 핵심과제로 제시한 한미동맹과 한중관계의 조화로운 발전을 추구하는데 있어서 본질적 제약이 될 수도 있다. 한편에서는 동맹이 보다 강화되어야 한다고 역설하면서, 다른 한편에서는 전통적인 안보문제까지 협의할 수 있는 "동북아평화협력 구상"을 추진하겠다는 것이 상충의 여지가 많기 때문이다. 이러한 정치적 시각에서의 문제점을 해결하는 방법은 민간교류의 확대 외에는 달리 뾰족한 방법이 없을 것이다. 민간교류를 더욱 활성화시켜 양국 국민이 서로의 입장을 이해하는 폭을 넓혀가야 한다는 것이다. 결국 정치는 국민의 힘으로부터 이루어지는 것이기 때문이다. 그런 점에서 역사교육을 통해 과거 선조들이 해왔던 교류협력의 지혜를 인식시킬 필요가 있는 것이다.

한중 양국 국민이 서로를
이해하는 지혜가 필요한 시대

과거의 실천적 행위에 대해 해석할 때 해석은 언제나 각자의 환경에 따라 다를 수가 있다. 그러한 다른 시각을 도출해 내지 않기 위해서는 객관적인 연구태도가 우선시 되어야 하며, 이를 위한 방법으로는 공동연구 외에는 달리 방법이 없다고 본다. 그렇게 해서 도출해낸 공감적 연구결과만이 양국이 서로 윈-윈할 수 있는 유일한 길임을 한중 양국의 학계에서는 반드시 인식하여야 할 것이다.

1. 중국 역사학계의 한중관계사 연구시각에 대한 검토와 제언

1) 자해적(自害的) 시각의 동북공정(東北工程) 연구

'동북공정'은 중국사회과학원(中國社會科學院)에 소속된 변강사지연구중심(邊疆史地研究中心)에서 2002년 2월부터 2007년 1월말까지 5년간 실시한 연구사업을 말한다. 원래는 '동북변강역사와 현상 계열의 연구공정(東北邊疆歷史與現狀系列研究工程)'이라는 긴 이름인데, 줄여서 '동북공정'이라고 불렀다. 이것은 중국의 동북 3성 지역의 역사, 지리, 민족에 관련된 여러 문제들을 집중적으로 연구하는 국가적인 사업이었다. 즉 이 지역에서 일어났던 과거의 역사와 앞으로 일어날 수 있는 일들에 대해 체계적으로 연구하려고 실시한 사업이 동북공정이었던 것이다.[215]

동북공정 과제 수행의 지침에는 고대 중국의 강역에 대한 이론 연구, 동북 지방사 연구, 동북 민족사 연구, 고조선·고구려·발해사 연구, 한중관계사 연구, 중국 동북변강과 러시아 극동지역의 정치·경제 관계사 연구, 동북변경의 사회 안정에 대한 전략적 연구, 한반도 형세 변화가 중국 동북변경의 안정에 미치는 영향에 대한 연구 등 우리의 고대사에서부터

---

215. 王景澤, 高福順, 「中國東北史硏究面任着理論考險」, 『北華大學學報(社會科學版)』 第9卷 第4期, 2008년 8월, 참조.

현재와 미래에 관계된 모든 문제들이 총 망라되어 있다.[216]

그런데 그 결과물이 하나 둘씩 발표되면서 한중 양국 사이에 갈등이 일어나게 되었다. 그러자 2004년 8월에 한중 두 나라의 외교부 대표가 만나, 이 문제를 학문적인 차원에서만 한정하고 더 이상 확산시키지 않는다는 약속을 포함한 구두양해 각서를 주고받기에 이르렀다. 이로 인해 동북공정은 최초의 계획대로 진행되지는 못하게 되었으나 동북공정식 인식을 담은 연구와 논리는 여전히 오늘날까지 이어지고 있는 상황이다.[217]

'동북공정'에서 과제로 삼은 항목은 연구류가 73항, 당안 문헌류가 8항, 번역류가 (동북변강과 관계된 한, 러, 일의 저작물)18항, 자료정보수집 2항목 등으로 되어 있었다. 이러한 항목별 연구 성과에 대해 중국 학계에서는 "많은 자금과 정력을 동북 3성과 국외 유관 연구 성과 자료를 모으는데 각 부분별로 많은 성과를 이루었고, 국민들과 이와 관련 있는 부문의 인력들에게 동북변강의 역사와 현황을 일층 이해시키기 위한 편집과 이들 출판물의 보급을 위해 현재 추진 중에 있다"고 보고하고 있다.[218] 이러한 보고의 구체적 내용을 종합해 보면 아래와 같다.

첫째, 학술성과 방면에서는 아주 수준 높은 연구 저작물이 많이 완성되었다. 그 다음에는 많은 진귀한 자료 및 문헌, 그리고 이와 유관한 외국 저작물들의 번역물이 정리 출판되어 일반에 많이 보급되었으며, 마

---

216. 동북아역사재단 『(STRATEGY21』(2006년 겨울호)에서 밝힌 '중국의 동북공정과 한국의 대응'

217. 勵聲, 「改革開放30年來中國邊疆史地研究學科的繁榮與發展 - 兼述中國邊疆史地研究的第三次研究高潮 -」(『中國邊疆史地研究』제18권 제4기), 2008년 12월. 劉信君, 「改革開放30年來中國邊疆史』(『社會科學專線』제8기) 2008년. 楊雨舒, 「2009年東北邊疆歷史與文化學術研討會綜述」(『東北史地』제6기) 2009년. 陳尙勝, 「近16年來中國學術界關于淸朝與朝鮮關係史研究述評」(『當代韓國』秋季號), 2009년. 耿鐵華, 「改革開放三十年高句麗研究成果統計與說明」(『東北史地』第2期) 2009년. 등 참조.

218. 勵聲, 앞의 논문, 9쪽.

지막으로 일정한 규모의 자료와 정보 데이터가 구축되었다.[219]

둘째, 인재배양 방면에서는 100여 개에 대한 항목의 연구가 완성됨에 따라서 청장년 연구원들이 대거 출현하게 되었고, 이들이 향후 동북아변강사(東北亞邊疆史) 연구의 후계자가 되어 그동안 이 분야의 인재 부재 문제를 해결할 수 있게 되었고, 또한 중국 내에서 이 분야에 대한 연구가 중시 되어 오지 않았는데, 이 문제 또한 일거에 해결할 수 있게 되었다.[220]

셋째, 이 분야에 대한 전문 연구기관 및 중점 학과의 설치 : '동북공정'의 연구과제를 위하여 요녕대학, 요녕성사회과학원, 동북사범대학, 길림성사회과학원, 연변대학, 장춘사범대학, 흑룡강대학 등 동북삼성의 대학 및 연구소 등에 이와 관련된 연구기관이 많이 설립되어 이와 관련된 연구 과제를 중점적으로 연구하게 되었다.[221]

넷째, 동북변강역사와 동북민족관계학사 연구가 현저하게 강화되었고, 이와 관련한 학과 체계가 형성되게 되었다. 동시에 동북변강 현상의 안정과 발전적 연구가 한 계열을 형성하게 되어 공산당과 정부의 정책을 결정하는데 중요한 참고 의견으로써 기여할 수 있게 되었다고 자평하였다.[222]

그러나 이러한 성과에 만족하지 못하고 있는 중국학계는 또한 향후 이 방면에 대해 지속적으로 연구하기 위한 제반 의견을 제시하고 있는데, 이러한 의견을 한 눈에 볼 수 있었던 회의가 2009년 7월 24일에서 25일까지 이틀간 길림성 창천(長春)에서 열린 "2009년 동북변강사와 문화학술연토회(東北邊疆歷史與文化學術研討會)"였다. 이 회의는 중국사회과학원과 길림성사회과학원이 연합하여 주최했고, 요녕성사회과학원, 흑

---

219. 付百臣, 「改革開放以來中國高句麗史研究述評」(『東北史地』第2期), 2009년, 참조.

220. 耿鐵華, 앞의 논문, 19-20쪽.

221. 耿鐵華, 앞의 논문, 18쪽.

222. 勵聲, 앞의 논문, 10쪽.

룡강사회과학원이 협조하여 거행되었다. 참가자들 중에는 정계의 고위층 인사 및 중국사회과학원 부원장 등 최고위 계층이 참석했다는 점에서 중국 정계·학계 전체의 의견을 반영해 주는 회의였음을 알 수 있고, 여기서 제안된 향후 관심사에 대해 살펴보면 앞으로 중국학계에서는 계속해서 '동북공정'과 같은 시각에 바탕을 둔 연구가 계속 진행될 수 있음을 엿보게 해준다.

이 회의에서 제시된 고구려와 발해 분야의 연구 풍토에 대해 제시된 문제시각은 다음과 같다.

첫째, 동북변강문제는 장기적으로 중시되지 못해왔던 문제로서 연구방법이 단일하고, 당안 자료의 발굴 및 정리와 이용이 아직 멀었는데, 그것은 정치 및 국제관계의 영향 때문이라는 것이었다. 따라서 동북변강역사와 문화연구의 영역이 백화제방 및 백가쟁명이 안 되는 분위기를 만들어 주었는데, 다시 말해서 이 문제는 여러 가지 중대한 쟁의를 일으킬 수 있는 뜨거운 감자가 될 수도 있고, 또한 해결이 어려운 문제이기 때문에 이 문제를 건드리는 것에 대해 '금지구역'이라는 전제가 있다고 하면서 현재 중국정부에서 취하고 있는 이 분야에서의 부자연스러운 연구 환경을 토로하고 있다.[223]

둘째는 고구려와 발해사의 문제인데, 동북공정 개시 후 고구려와 발해사 연구[224]는 매우 민감한 문제가 되어 국외학자 및 유관 국가의 정계, 매스컴 등에 오르내렸고, 나아가 역사연구를 벗어난 범주에서의 문제가 야기됐으며, 영토문제로까지 확대되어 국가와 국가 간의 갈등관계를 상승시켜, 국외 학계에서는 함부로 말하기에 이르러 중국내 학술계의 정상적인 연구 활동이 국외학술계 및 정계, 심지어는 대중의 시위와 항의를 받는 지경에까지 이르게 되었다는 것이다. 이는 바로 학술

---

223. 楊雨舒, 앞의 논문, 89쪽.

224. 魏國忠, 「渤海國史」, 北京, 中國社會科學出版社, 2006年, 孫進己, 「東北民族史研究(一)」, 鄭州, 中州古籍出版社, 1994年 등 참조.

계의 문제가 정치화 한 것이고, 역사문제가 현실화 되게 된 것이다. 이런 상황에서 최근 몇 년간 고구려와 발해사 연구는 중국 동북지방사 연구계의 하나의 중대하고도 곤혹스런 문제가 되었으니, 이로 인해 현재 중국학술계는 개별적으로 고구려, 발해사 논문 외에 저작물(熱點問題, 難點問題, 敏感問題)도 간행할 수 없는 상황에 있으므로, 이 문제를 일찍 해결하지 않으면 인재 배양은 물론이고 현재의 인재마저 끊어지게 될 것이며, 또한 현재의 상황을 개선해 갈 수 있는 여지조차 없어질 것이므로, 이는 중국학술계의 고구려, 발해사 연구에 있어서 하나의 재앙이라고 했다.[225]

셋째는 '간도문제(間島問題)' 및 '도문강중한계무조관(圖們江中韓界務條款)' 문제인데, '간도문제'는 중국과 한국과의 문제도 아니고, 변계문제(邊界問題)도 아니며, 곧 중국과 일본 간의 문제로 보고 있다는 점이다. '간도문제'는 러일전쟁 후 일본의 중국에 대한 하나의 사기적 외교의 산물이고, '도문강중한계무조관'은 특정한 역사조건의 산물로서 비록 여러 방면에서 불평등성을 가지고는 있지만, 여전히 합법적인 외교문헌으로서 기본적으로 국제조약적 성질을 가지고 있다고 보고 있다.[226]

이러한 관점들을 제시하면서 이를 해결하기 위해서는 국내외 정부 및 학계에 대해서 의견을 제시했는데, 먼저 중국내 관계기관에 대한 제안으로는,[227] ① 중국내 학술계의 고구려 역사 연구의 주류 관점을 충분히 체현해 낼 수 있도록 고구려사 연구를 더욱 강화해야 한다. ② 어떤 장소, 어떤 시기에라도 중국학자의 관점과 소리를 발표할 수 있게 해야 한다. ③ 중국학자들에게 학술연구를 할 수 있는 정당한 권리를 주어서 고구려사 방면을 연구하는데 적극성을 띨 수 있도록 보호해 주어야 한

---

225. 楊雨舒, 앞의 논문, 90-91쪽.

226. 楊雨舒, 앞의 논문, 91쪽.

227. 黃松筠, 「2009年東北邊疆歷史與文化學術研討會'綜述'」(『中國邊疆史地研究』 第19卷 第4期) 2009년 12월 참조.

다. ④ 고구려사 연구 성과를 받아들일 수 있는 정상적인 학술궤도로 올려놓아 비교적 자유로운 출판환경을 창조해 주어야 한다[228]고 했다. 그런 다음 국외학자들에 대한 요구를 제시했는데, ① 고구려 문제는 이미 역사문제로 현안이 되어 있기 때문에 고구려사의 전반적인 문제를 포괄적으로 고려하며 연구해야 한다. ② '구동존이(求同存異, 다른 것은 일단 제쳐 놓고 같은 것부터 뜻을 모아간다)'할 것을 요구하며, 고구려사 연구 상 각자의 서로 다른 학술관점을 허락토록 해야 한다. ③ 학술방면에서 상호간에 신뢰감을 간직하고 학술의 평등성을 견지하여 학술연구를 통한 공통된 인식을 이루도록 점진적으로 추구해 나가도록 하자[229]는 것이었다.

이러한 중국학계의 견해를 살펴보면 상당히 객관적이고 합리적인 것처럼 보이지만, 그 내면에는 상당히 가식적인 점이 들어 있다는 점을 곧바로 알 수 있는 것이다.

동북공정 이후 중국연구자들의 한국관계 방면의 연구시각을 부문별로 살펴보면 대체적으로 민족기원 부문, 고구려 부문, 발해 부문, 영토문제 부문, 조선족 부문 등 총 5개 부문으로 나누어진다.

첫째, 민족기원 부문의 연구로서 "한민족의 형성 시작을 예맥족(濊貊族)으로 보았는데, 그 이유는 이들이 살던 지역에 남아 있는 문화들이, 이곳에서 먼저 살던 주민과 그들의 문화가 완전히 다르기 때문이라는 것이다. 예를 들면, 무문토기(無紋土器), 거석문화(巨石文化), 청동기문화(青銅器文化)의 형태가 전연 다르고, 그것이 위만조선까지 연계되어 있기 때문이라고 했다"[230] 또 "서방과 일본세력의 충격 하에서 중화세계가 해체되자 한국과 중국의 종번관계(宗藩關係)가 소멸되었고, 열강의 침략으로 인해 민족의 처지가 위급해지게 되자 단군을 민족시조로 만들어 대한민족의 단결을 강화시키고 민족정신의 영혼을 응집시키기 위해 최대로

---

228. 劉信君, 앞의 논문, 15쪽.

229. 楊雨舒, 앞의 논문, 91쪽.

230. 『安徽文學』, 제7기. 347쪽.

존중을 하게 되었으며, 그 여파로 기자에 대해서는 도외시 하며 배척을 하다가 결국에는 말살해 버리게 되었다고 했다. 그리고 이러한 한국학계의 연구태도는 민족동질설을 만들어 내는 하나의 방편으로서 고대사를 해석하는 경향이 강하게 나타나고 있다"[231]고 결론지었다. 이에 대해 또 다른 시각은 "조선(한)민족은 여러 계통이 복합된 민족으로 그 내원은 범 동이계통(東夷系統, 선사시기의 유문토기시대에 영향 줌), 범 백월계통(百越系統, 무문토기시대, 청동기시대 전후에 영향 줌), 범 북적계통(北狄系統, 원나라 시대에 영향 줌)이 수천 년간에 걸쳐 중국대륙으로부터 한반도로 이주해 온 헤아릴 수 없는 수많은 각 민족의 융합체가 한민족의 기초이다"라고 보았다.[232] 또 다른 견해는 "기자조선은 객관적으로 존재했다. 기자조선은 800여 년간 존속했지만, 그 절대 다수 시간에 대한 역사적 기록이 없는데, 이는 우연적 현상이고, 또한 그에 대한 이유가 있다. 그 이유란 서주(西周)의 사관(史官)들이 변방지역의 제후국에 관한 기록이 상당히 적었기 때문인데, 이러한 점은『죽서기년(竹書紀年)』에서 암시하고 있다고 했다. 또 기자조선과 서주의 내왕이 극히 적었기 때문이고, 서주시기의 제후국은 독자적으로 자기의 역사를 기록할 수 없었기 때문이며, 서주시기의 역사서인 『일주서(逸周書)·기자해(箕子解)』가 진대(秦代) 이전에 소실되어 이후의 역사서에서 누락되었다면서 전국시기 기자조선의 국력은 극성기로서 그 영토가 매우 넓었고, 서쪽으로는 청천강(淸川江) 이남, 동쪽으로는 현 러시아 연해지역 이남, 남쪽은 진국(辰國)을 이웃으로 하는 광대한 지역에 이르렀는데, 대외정책을 잘못하는 바람에 연(燕)나라의 치명적인 공격을 받아 국력이 쇠퇴하게 되면서 연나라로부터 도망 나온 위만(衛滿)에게 멸망한 것이니, 위만조선이 기자조선을 대신하게 됨으로서 800년간의 역사가 끝나게 되었다"[233]고 설명하였다.

231.『復旦學報』(社會科學版) 5기, 32쪽.

232.『延邊大學學報(社會科學版)』第43卷 第2期, 80쪽.

233.『黑龍江史地』第220期, 169-170쪽.

이처럼 중국학자들은 한민족의 단일민족설을 부정하거나 고조선을 만들어낸 역사로 간주하고 있으며, 기자조선을 긍정하여 중국과의 연계성을 부각시키고 있는 것이다.

둘째는 고구려의 기원에 관한 문제인데, "고구려족의 기원이 중국 경내의 고로민족(古老民族)이라고 하면서 이들에 대한 연구는 고구려 민족 및 그 국가의 역사와 영토 귀속 등의 문제에 대한 연구 시에 매우 중요한 의의를 갖는다"[234]고 주장하였다. 그러면서 "고구려는 중국 동북 고대의 중요한 민족의 하나로 그 민족 및 그 정권이 존재하는 기간 동안 중원왕조의 영향 하에서 고구려는 발전하였고, 동북의 제 민족 가운데 중원왕조와 가장 활발한 교류관계를 가졌던 주류였다"[235]고 했다. 또 "고구려의 주몽신화는 5세기에 이르면 다른 판본이 존재하게 되는데, 그의 신화적 색채가 없어진 채 주몽의 신분내력, 남쪽으로 내려왔다는 사실과 관련한 모호한 기사들이 포함되어 있다. 주몽의 생부는 우부루(于夫婁)가 세상을 떠난 후 부여(夫余)의 내란기에 사망했을 가능성이 있고, 주몽은 그의 유복자로서 금와(金蛙)의 양아들이 되었으며, 주몽의 모친은 당지의 토호대족(土豪大族) 출신일 것으로 보이는데, 이는 주몽이 남으로 내려올 때 그 모친의 부족들에게 도움을 받았다는 데서 알수 있다. 주몽에 관한 여러 기사에서 처음에는 부여인과 고구려인의 이름이 나오지만, 후에 모친이 있는 지역으로 내려와서는 많은 한어(漢語) 이름이 나타나는 것이 그 증거이다. 즉 이러한 것은 그가 이미 한문화의 영향을 많이 받았다는 사실을 증명해 준다. 다만 고구려 왕실에서 공개적으로 주몽 신화를 선전하면서 이런 내용을 포함시키지 않았던 것이다. 이러한 사실들을 종합해 보면 주몽은 그 주체가 부여인이 아니라 토착 예인(濊人)과의 혼혈이었음을 알 수 있다. 이로부터 그가 건립한 고구

---

234. 「長春師範學院學報(人文社會科學版)」 第27卷 第4期, 37-40쪽.

235. 「東北史地」 제1기, 14쪽.

려는 족원(族源) 상에서 볼 때 부여와는 명확히 구별되는 것이다. 이러한 것은 그가 먼저 칭했던 졸본부여(卒本夫余)를 고구려로 개칭하는 원인의 하나였다"[236]고 주장했다. 여기서 더 나아가 한국 측 사료에 대해 비판했는데, 즉 "『삼국사기(三國史記)·고구려본기(高句麗本紀)』의 기사에는 많은 문제가 있다. 이 부분은 비록 중국사서의 기록을 대량으로 인용하고 있지만, 본기 제1-5는 중국의 역사서와 모순되는 것이 너무 많고, 본기 제6-10까지의 상황은 중국의 『자치통감(自治通鑑)』을 위주로 한 중국의 역사서 기록을 대량으로 초록하였다. 그렇지만 이 초록에는 새로운 내용들이 많이 결핍되어 있고, 또한 뜻을 개변시키거나 뺀 것이 많아 기사 내용이 불완정 하거나 심지어는 사람들에게 고구려사의 새로운 문제를 일으킬 수 있게 한다는 인식을 주기도 한다. 그런 점에서 이 본기의 반 이상의 내용은 사료적 가치가 매우 낮은 것으로 볼 수 있다"[237]며 고구려사 연구의 기본적인 틀마저 깨고 있는 것이다.

이처럼 고구려 민족은 중국경내에 살던 오래된 민족이거나, 타 부족과의 혼혈족으로 평가하는가 하면, 중국동북의 한 부족이며 중국문화 아래서 발전한 나라라고 보고 있다. 나아가 고구려사 연구의 기본 사료인 『삼국사기·고구려본기』의 사료적 가치를 극히 폄하하고 있기도 하다.

셋째, 발해 부문을 보면, "발해 건국에 참여한 집단은 주로 백산말갈인(白山靺鞨人), 속말말갈인(粟末靺鞨人), 고구려유민(高句麗遺民) 등이다. 건국 후 발전하는 가운데 여러 종족들이 흡수 통합되면서 다 종족 국가로 되었다. 발해사회 중기 통치 지위에 있던 종족은 말갈족이었고, 피 통치층도 말갈족 중심이었다. 그런 점에서 말갈족은 발해국의 주체민족이었다. 발해국의 역사발전 중에는 소위 발해족이라는 것이 형성되지를 않

---

236. 『동북사지』 제6기, 54-58쪽

237. 『東北史地』 第2期, 11-20쪽.

앉기 때문에 발해국의 주체민족을 발해족이라고 하는 것은 불가능한 일이다"[238]고 주장했다. 이에 한 발 더 나아가 중국에서의 발해사 연구가 현재 면하고 있는 문제를 세 가지로 분석하기도 했는데, "① 연구 대오를 수립하는 문제로서 현재 연구인 수가 적고 이를 이어서 연구할 인재가 없다. ② 여러 방면에서 많은 지지와 지원이 필요하다. 특히 연구 경비에 대한 지지와 정책적인 지원이 필요하다. ③ 연구역량을 한 곳으로 모으고 전반적인 계획 하에서 연구를 진행시켜야 한다. 이러한 것이 필요하게 되는 것은 현재 국제형세의 발전 추세가 이 문제의 중요성을 부각시켜 주고 있기 때문이다. 따라서 먼저 비교적 논점이 큰 쟁점에 대해서 이를 돌파할 수 있도록 발해사 연구를 더욱 촉진시켜 이로써 강역을 보호하는 사업, 중화민족의 정신문화를 보위하는 사업에 매진토록 해야 한다"[239]며 현재 이들 문제를 연구하는데 자유스럽지 못하고, 또한 지원조차 유보되고 있는 현실에 대해 불만을 토로하고 있다.

넷째는 영토문제인데, "장백산은 만족(滿族)과 조선 양 민족의 공동적 민족발원지이다. 만족의 장백산 기원 신화는 모계 씨족인 원시사회 초기로, 여진인은 가장 일찍이 장백산에 거주한 민족임을 잘 보여준다. 신화전설 중 '만족의 시조가 강 연안 하류로 내려와 삼성(三姓)의 땅에 이르렀다'고 하는 내용은 여진인(女眞人)들이 조기에 거주했던 장백산 지역으로부터 멀리 이전해 왔음을 말해준다. 이처럼 신화 내용에 반영된 원시사회의 단계별 시기구분에서 볼 때, 조선민족의 단군신화는 만족의 신화보다 훨씬 늦은 뒤에 나타났음을 명확히 알 수 있다. 또한 곰이 사람으로 되어 웅녀와 환웅제(桓雄帝)가 결합한다는 것은 조선민족이 역사상 중국의 천조(天朝) 상국(上國)에 봉공(封貢)해 온 체계를 존중해 왔다는 것을 의미하며, 이는 또한 조선의 공주가 장기적으로 중국의 역대

---

238. 『北方文物』 71-77쪽.
239. 『通化師範學院學報』 第28卷 第1期, 1-4쪽.

황실과 혼인의 연을 맺어왔다는 사실을 매우 상징적으로 보여주고 있는 의의를 가진 신화라 할 수 있다. 이처럼 장백산 신화전설은 만족과 조선민족의 민족발원이 매우 가까운 연분이 있음을 잘 설명해 주고 있다고 하겠다"[240]고 했으며, 백두산의 명칭을 분석하여 백두산을 중국의 것이라 밝히고 있다. 즉 "불함산(不含山, 禹益時期)"이라는 명칭이 장백산의 가장 오래된 명칭이다. 그 이름이 포함하고 있는 의미는 색깔이 흰색이나 염기를 포함하고 있지 않다는 의미이다. 도태산(徒太山, 남북조시기), 태백산(太白山, 唐代) 등은 장백산(長白山, 金나라 이후)의 별칭이다. 개마대산(盖馬大山, 單單大嶺) 등은 다른 산맥을 가리키는 말로 장백산과는 무관한 말이다. 『삼국사기』 중의 태백산과 『삼국유사』 중의 태백산이 가리키는 것은 모두 장백산이 아니다. 백두산과 장백산은 '조선 문헌 중 비교적 복잡한 의미를 포함하고 있다. 다만 중국 경내의 장백산을 지칭한다고 할 때는 그다지 구별이 없다'"[241]면서 백두산이라는 명칭 자체를 부정하고 있다.

이러한 관점들은 모두가 백두산이 원래부터 중국 영토 내에 있었다는 식의 주장으로 백두산을 중국의 산으로 인정하는 논술이었다.

다섯 번째로 조선족에 관한 문제인데 "근대 일본의 식민 침략에 의해 발생한 간도문제는 조선족들에게 '중화'라는 정체성을 갖게 하는 맹아적 계기가 되었다. 그리하여 이 사건 이후로부터 조선족은 이민을 온 타민족이라는 관념에서 중국 국민이라는 관념을 갖게 되는 방향으로 전환되게 되었다. 이후 여러 역사적 전변과정을 거치면서 조선족은 서서히 스스로의 의지에 의해 또한 스스로의 자각에 의해 중화민족이라는 의식을 갖게 되었다. 그러한 관념을 처음 인식하게 된 시초가 간민(墾民)들의 자각에서 비롯되었다. 즉 간도 문제가 일어나자 간도의 땅은 중화

---

240. 『吉林省敎育學院學報』, 第25卷 第7期, 76-77쪽.

241. 『中國邊疆史地硏究』第19卷 第4期, 109-116쪽.

의 땅이고, 간도의 민중은 중화의 민중이라는 애국정신이 넘치는 구호
가 넘쳐흘렀고, 이후 반제국주의 투쟁과정에서 조선족의 진보 인사는
공개적으로 자신의 신분을 '중화'라는 정체성으로 표명하게 되었다"[242]
고 했다. 또한 "조선족이 그들 집거 지역에서 화목하게 사는 것은 국가
와 민족이라는 두 방면의 차원에서 스스로 동질성을 갖게 되었기 때문
이다. 즉 중국 조선족은 자신들의 국가는 중국이라는 정체성을 갖게 되
었는데, 이는 중국에 들어와 사는 동안 자연스럽게 형성된 인식이며, 나
아가 조선족은 중국의 하나의 소수민족이라는 인식을 갖게 되어, 조선
족은 자연스럽게 한국과 중국 사이에서 두 방면에 대한 정체성을 스스
로 부여하게 되었다"고 하였다.[243] 그러면서 "조선족의 의식 중에는 국가
에 대한 동질성, 민족에 대한 동질성, 족군(族群)에 대한 동질성 등 다양
한 동질성을 갖는 구조가 되었다. 이러한 세 가지 동질성을 분석해 보면
조선족은 자신들이 중국인이라는 동질성을 내재하고 있다는 것을 명확
히 알 수 있고, 동시에 여러 나라에 흩어져 있는 조선족들도 이러한 세
가지 계통의 동질성을 공통적으로 갖고 있어 당지화(當地化) 되고 있다
는 점에서도 이러한 사실을 확인할 수가 있다. 국제화가 진행되면서 조
선족은 점점 더 명백히 중국사회에 동화 되었다. 이러한 상황은 다른 지
역에 살고 있는 한민족들에게도 공통적으로 보이고 있는 기본적인 현
상이라 할 수 있다."[244]는 식으로 조선족이 한민족의 후예라는 인식에서
떨쳐내려는 주장을 펴고 있다.

이상에서 본 바와 같이 동북공정 결속(結束) 이후에도 중국학자들은
동북공정 하에서의 역사적 시각을 벗어나지 못하고 있으며, 스스로 자
신들의 연구가 과학적이고 정확하다고 말하고 있고, 상대적으로 한국
학계의 시각은 비과학적이거나 무시하는 차원에서의 연구가 이루어지

---

242. 『學報 大連民族學院』 第6期(總第41期), 84-86쪽.
243. 『中國邊疆史地硏究』 第17卷 第2期, 99-106쪽.
244. 『東疆學刊』 第25卷 第3期, 37-43쪽.

고 있다고 비평하고 있다. 물론 나름대로의 사료 분석을 통해 해석하는 경우도 있으나, 이는 한마디로 말해서 상대방의 사료 분석방법 및 해석, 객관적 논리성 등을 전혀 고려하지 않고 자국의 입장만을 고수하는 일방적인 연구태도라고밖에는 할 수가 없는 것이다.

따라서 이러한 시각을 불식시키기 위해서는 중국학계에서도 연구자 자신이 스스로 자유로운 학문을 할 수 있는 연구 환경이 조성되어야 하고, 그러기 위해서는 정부 지원 하에서의 연구를 해서는 안 된다는 점을 상기시킬 필요가 있다고 본다.

2) 한국학계의 한중관계사 연구시각에 대한 중국학자들의 비판

중국학자들은[245] 자신들의 이러한 연구시각 내지 태도 등에 대한 자성은 전혀 하지 않고 오히려 한국연구자들의 중한 관계 기술 시각에 대해서 철저히 비판하고 있다. 이러한 비판 가운데 가장 신랄한 비판은 한국학자들이 '선택성 기술'을 하고 있다는 지적이다. 그리고 그러한 기술로 인해 오늘날 국제외교시대에서 민족심리가 일종의 내재적인 의식형태로 나타나게 되어 국제관계 시에 점점 더 큰 작용을 하는 등 큰 영향을 주고 있다고 비난하고 있다. 이러한 견해 차이로 인해 한중간에 벌어지고 있는 역사 및 문화에 대한 논쟁은 쉽게 수그러들지 않을 것으로 보인다.

중국학자들은 일반적으로 한국학자들이 역사를 서술하는데 있어서 선택성 기술을 하게 되는 원인으로 '역사영웅주의(歷史英雄主義)'와 '역사

---

245. 본 장에서는 北京大學 國際關係學院 부교수인 李揚帆의 논문 「韓中對中韓歷史的選擇性敍述與中韓關係」(『國際政治研究』 2009년 第1期)를 중심으로 한국학자들의 동북공정에 관한 시각에 대해 중국학자들은 이를 어떻게 보고 있는지를 살펴보고자 한다. 비록 한 편의 논문이지만 여러 연구자들의 시각을 종합하고 있다는 점에서 우리에게 시사하는 바가 크다고 볼 수 있다.

비정주의(歷史悲情主義, Historical Sentimentalism)'에 빠져 있기 때문이라고 했다. 역사영웅주의란 역사상 민족영웅 및 그들이 창조한 위대한 공적을 집중적으로 서술하는 것으로서 스스로 자호감(自豪感)을 갖도록 하기 위한 시술 방법이라고 하였고, 역사비정주의란, 역사상 한민족에게는 불행한 일이 많이 발생하여 비극적이고 굴욕적인 문제에 대하여 감정이 상해 비이성적인 집체적 기억을 하게 되었고, 이로부터 비롯된 것이라고 하였다.[246]

이를 이용해 민족의 심리를 조성하고 민족정신을 발양케 하는 교육을 진행시키게 되는데, 비단 이것은 근대사의 불행을 겪었던 동아시아 지역 여러 나라에서 일어난 현상이기도 하지만, 특히 한국의 역사연구에 대해 강조하면서 이러한 교육이 가져오는 가장 중요한 문제는 일단 집체적으로 이러한 의식이 공유되게 되면 국가의 대외관계상에서 중대한 작용을 하게 되는 것이라고 경고까지 하였다. 즉 집체정서를 갖게 되면 역사문제를 단편적으로 보게 되고, 선택적인 기억에만 의지하여 전면적인 과거의 사실을 볼 수 없다고 하면서, 자신의 불행한 역사를 보면서 현재 자신의 위치에 민감하게 되어, 이로 말미암아 다른 사람의 시각에 대해 항상 자신의 인식과는 반대적인 시각으로 보게 되며, 이러한 인식 하에서 현실적 층면의 많은 문제들에 대해 자기 나름의 견해대로 결론을 맺게 된다고까지 충고하고 있다. 이러한 한국학자들의 '역사비정주의'는 한국과 중국의 특수한 역사관계 및 지연정치상(地緣政治上) 하에서 협심적(夾心的)인 인식을 갖게 되었고, 일본의 식민사관에 저항하기 위해 동원된 의식적인 민족주의사관에 의해서 역사를 보기 때문에 나타나게 된 것이라고 분석하고 있다. 그렇기 때문에 향후 한반도와의 관계사를 연구할 때는 이 문제에 대해 중국연구자들은 직시할 필요가 있

---

246. 郁達夫, 『沈淪』, 上海, 秦東書局 1921년, 48쪽.

다고 주위를 환기시키고 있다.[247]

그러면 이러한 비판적 시각을 갖고 있는 중국학자들의 논리적 근거는 무엇인지 몇 가지 예를 들어 살펴보고자 한다.

첫째로, 한민족의 국가형성 및 발전과정에서 중요한 작용을 한 중국 역사의 연계성을 매우 약하게 서술하고 있기 때문이라는 점이다. 즉 대다수 중국이나 한국인은 단군조선, 기자조선, 위만조선, 삼한, 고구려, 백제, 조선 간의 관계를 명확히 밝히지 않은 상태에서 한국학자들은 자기 입맛에 맞는 부분만을 선택하여 역사를 서술하는데 있다고 했다.

한국학자들은 단군신화를 자기 민족의 내원(來源)으로 만들어 놓고 중국 역사서에 명확히 기록되어 있는 기자조선을 무시하고 있다고 하면서, 이는 민족국가형성기에 있어서 다른 나라의 요소를 제외시키고 오로지 민족의 주체성만을 부각시키려 하였기 때문이라고 했다.[248]

이들은 또 단군신화는 『제왕운기(帝王韻紀)』와 『삼국유사』에 실린 구비설화로서 사료라고는 할 수 없는 것이며, 그렇기 때문에 정사인 『삼국사기』에 기술되어 있지 않고 있다면서, 단군은 단지 민족정신을 현창(顯彰)하고 민족의 단결을 위해 만들어진 이야기에 불과하다고 했다.[249] 그리고 단군신화설이 만들어지는 과정을 시기별로 지적하면서 진정한 역사기록이 있는 것은 기자조선뿐이라고 강조했다. 따라서 중국이 기자조선을 동북공정의 중요한 과제로 선택하게 된 것이라고 강조했다. 즉,

"일본학계와 조선반도학계가 기자에 대하여 실존하지 않은 인물이라며 부정적 태도를 보이고 기자조선을 단지 하나의 역사전설로 생

---

247. 李揚帆, 앞의 논문, 46쪽.

248. 王志國,「檀君神話和弘益人間思想」,『吉林華僑外國語學院學報』, 2005년 제1기.
　　趙楊,「寒國和朝鮮神話研究之比較」,『東疆學刊』, 2005년 제3기.
　　張璉瑰,「檀君與政治」,『中共中央黨校學報』, 1997년 제3기 등 참조.

249. 鄭成宏,「檀君神話成事實」,『世界知識』 2007년 제11기.

각하며 그 역사적 존재를 인정하지 않고 있다. 어떤 학자는 모종의 정치적 필요성에 의해서 기자와 기자조선은 한나라 왕조가 날조한 것이라고 주장하고 있으나 역사적 존재라는 사실을 도외시 할 수는 없는 일이다. 조선의 역사 중에서는 기자조선을 인정하지 않고 오히려 기자조선과 관련한 역사내용을 고조선으로 대체하고 있다. 또한 『삼국유사』에 기록된 고조선이 신화전설로서 그의 역사를 사실화 하여 단군조선을 만들어냈기에 고조선사 연구에 혼란을 조성하고 있다……기자조선이 있었기에 위만조선이 있는 것이고, 그러므로 또한 한사군이 있는 것이며, 고구려사, 발해사가 있어 동북 고대사, 동북민족과 강역사(疆域史)의 기본 계열이 구성되는 것이니 기자조선은 중국동북사의 시작인 것이다"[250]

라는 입장이었고,

둘째로, 고구려와 고려의 역사를 뒤섞어 놓아 민족국가 내원의 연속성을 확립했다는 설이다. 그러면서 고구려에 대해 다음과 같이 정의하였다.

"한나라에서 당나라까지 있던 고구려의 발원은 중국 한나라 치하의 동북지구였다. 기원전 194년 한고조가 봉한 연나라에서 도망간 흉노족의 그 부장인 위만이 왕검성(지금의 평양남쪽)을 점령하여 스스로 왕이 되어 국호를 조선이라 칭하였으니 이를 역사상에서 위만조선이라 한다. 이것이 기원전 108년 한 무제에 의해 궤멸되어 이곳에 한사군을 두었다. 이곳을 지키는 장관은 한나라 중앙에서 파견하여

---

250. 張碧波, 「箕子與箕子朝鮮研究」(「東北工程6號」, 中國社會科學院中國邊疆史地研究中心, http://chinaborderland.cass. cn/show-Neus.aspid='6891'

통치하였다. 한 무제는 위씨조선을 멸망시킨 후 고구려를 현으로 하여 현토군(玄免郡)에 예속토록 했다. 고구려가 국호를 정한 것은 기원전 37년 부여국왕의 서자 주몽이 건국하기 시작하면서부터이다. 현재 요녕성(遼寧省) 신빈현(新賓縣) 만족자치현(滿族自治縣)에서 길림성(吉林省) 집안시(集安市) 일대에서 시작하여 후에 조선반도 북부로 통치지역을 확대하였다. 따라서 이 나라의 역사에 대해서 중국학자들은 중국사의 한 부분으로 여기고 있으나 한국학자는 이를 인정하고 있지 않다."[251]

이런 식으로 고구려의 역사를 소개하면서 동북공정의 결과를 근거로 한국학자들이 고려를 고구려의 계승국이라고 말하는 것은 모순이라고 했다. 즉 고구려 역사 700여 년 동안 427년 평양으로 천도하기 전까지의 고구려는 중국 고대 강역에 있던 하나의 소수민족 정권이라 하고 있다. 그 증거로 고구려의 발원지는 중국 길림 집안이고 주요 역사도 중국 경내에서 이루어졌으며, 집안의 고구려 왕성, 왕릉, 귀족 분묘 유적지 등이 세계문화유산에 등록되어 있으므로 중국강역의 나라였다고 보아야 한다는 것이다. 그러면서 고구려와 고려의 역사시기 차이가 250년인데 한국 학자들은 이를 섞어서 고려가 고구려의 계승국이라는 설을 억지로 만들어 내고 있다고 비난했다.

그 한 예로 고려라는 이름은 '고산여수(高山麗水)'라는 의미이고, 고구려는 한문의 음역으로 만들어진 명칭이라는 점에서 두 나라는 근본적으로 다른 나라이고, 서로 상속한 나라가 아니라고 보고 있다. 즉 고려와 고구려는 95%이상이 중복되는 점이 없고, 언어가 다르며[252] 역사적

---

251. 李揚帆, 앞의 논문, 49쪽

252. 고구려의 언어는 구미와 일본의 언어학자들에 의해 많은 연구가 이루어졌는데, 고구려와 백제는 그들의 언어가 일본어에 가깝고 신라의 언어와는 매우 큰 차이가 있다고 했다. Christopher I. Beckwith, 「日本・高句麗語系의民族和早期中國」 참조.

기간이 250년이라는 큰 거리가 있으므로 고구려는 중국 역사상 하나의 지방정권으로 보아야 한다고 강조하고 있다. 그럼에도 불구하고 한국에서는 중국의 고구려사를 중국역사에 편입시키려는 연구를 즉각 중지하라고 요구하고 있다며 한국 측을 공격할 정도다.

이상 간단하게 중국학자들이 동북공정 결속 이후에 한국연구자들의 시각에는 전혀 관심조차 두지 않고 자신들만의 주장을 어떤 식으로 고집하고 있는지를 두 가지 예로써 살펴보았다. 물론 그들이 지적하는 선택성 연구라는 비방에 대해서 경청할 만한 소지가 없는 것은 아니나, 자신들만의 시각에 의해 논리를 전개하면서도 한국학자들이 하고 있는 과학적인 연구 방법이나 객관적 역사 인식 등에 대해서는 거의 언급하지 않고 있다는 것은 올바른 역사연구 태도가 아님을 스스로 인정하고 있는 것이나 다름없는 행위가 아닌가 한다.

이처럼 중국에서 5년간 추진했던 동북공정은 중국학자들의 역사연구 방법, 태도, 인식 등에 엄청난 영향을 주었음을 알 수 있다. 비록 정치적 협상에 의해 잠시 위축되고 있는 것은 사실이나, 여전히 그 시각에 의한 연구가 지속되고 있다는 사실이 이를 증명해 주고 있는 것이다.

중국학계가 역사연구에 있어서 점점 형식적인 요건을 갖추어 나가고는 있으나, 아직은 그 기간이 짧은 관계로 그동안 구미 각국 및 한국·일본 등지에서 연구된 연구결과나 연구시각, 연구방법 등에 대해서 충분히 이해를 하지 못하고 있음을 보여주는 것이라 하겠다. 다시 말해서 자신들의 시각에 의해 쓰여 진 연구가 객관적이고 입증된 합리적인 결과라고 인식하고 있다면 아직은 역사연구에 대한 포괄적인 시각이 부족하다고밖에는 평할 수가 없는 것이다.

물론 구미나 일본 등에 거주하면서 활동하고 있는 중국계, 대만계 학자들의 연구 태도와 시각은 대륙학자들과는 확실히 다르다고 할 수 있다. 그러한 차이란 대륙학자들이 한중관계사 부문에 있어서 여전히 중국정부의 지원 하에서 연구하고 있기 때문에 국가 이익 및 정부의 요구에 부합하는 차원에서의 연구를 할 수밖에 없는 상황에서 비롯되는 현상이라고 할 수 있다. 거기에다 중국대륙의 역사학자들 가운데 한글문헌을 읽을 수 있는 학자가 매우 적다고 할 수 있으므로 한국학자들의 구체적인 시각에 대해서는 잘 이해하지 못하고 있는 점도 간과할 수 없는 일이다. 최근에는 한중간에 빈번한 학술교류가 진행되고 있어서 이런 문제들이 많이 해결되어가고 있다고 볼 수도 있지만, 일단은 서로의 연구결과물을 지속적으로 번역하여 서로의 연구결과를 충분히 인지한 후에 대화와 토론 등을 통해 역사인식 및 역사관에 대한 사상적 공유를 도모할 필요가 있으며, 궁극적으로는 보다 수준 높고 더욱 많은 관심을 기울일 수 있는 공동연구 및 학술교류가 지속될 수 있는 환경을 조성해 나갈 필요가 있다고 본다.[253]

역사 속에서만이 양국이 윈-윈(雙嬴)할 수 있는 지혜를 찾아낼 수 있다는 사실은 이미 많은 역사학자들에 의해 증명된 바 있고, 이를 찾기 위해 노력하는 것이 또한 역사학을 연구하는 이유라는 점에서 한쪽의 일방적인 연구 결과가 상대국의 역사성을 인정하는 그런 잘못은 이제 지양되어야 한다고 본다.[254]

"그곳에 산이 있기 때문에(Because it's there)…… 산에 오르는 것이다"라는 명언으로 잘 알려진 조지 멜로리(George Mallory, 1886 ~ 1924)가 말한 대로 단순하게 역사를 대해서는 안 되는 것이다. 우리가 역사를 필요로 하는 것은 우리가 미래를 지향해서 살아가려 할 때, 그 미래를 지향하

---

253. 최근 한중 학계의 교류가 활발해지고, 양국 유학생들의 증가는 미래지향적으로 양국 간의 역사인식을 좁혀나갈 수 있는 발판이 될 것이라고 보이지만, 아직까지는 한국에서의 사회생활 혹은 학교생활의 경험이 오히려 한국에 대한 안티적 심리를 유발시키는 반대급부적 결과로 나타나는 듯하다. 즉 한국에서의 생활경험이 있던 유학생이나 중국학자들의 논문에서도 일반적인 중국학자들의 인식과 별다른 차이를 보이지 않고 있다는 점이다. 오히려 더 비판적 시각을 가지고 있다는 생각까지도 들게하는 논문도 있다. 따라서 한국에서 생활하는 중국 유학생이나 학자들에 대한 지원과 협력, 그들과의 교류 등에 대해 한국학계의 관심과 반성이 더욱 필요하다고 본다.

254. 일제통치시기 일본학자들의 식민지 지배를 뒷받침하기 위한 소위 식민지사관이란 오명 하에서의 연구도 이러한 동북공정식 연구와 같은 맥락이 아닌가 생각된다.

는 우리가 구체적으로 도대체 어떻게 존재하게 될 것인가에 대해 생기는 두려움과 의문을 해소하기 위해 이미 주어져 있는 역사 속에서 지혜를 찾고자 하는 행위이지, "역사가 있기 때문에 역사를 연구한다"는 단순한 행위여서는 안 된다는 것이다. 다시 말해서 역사를 연구한다는 것은 미래를 지향하는 우리가 그 일 때문에 과거에 눈을 돌리는 실천적 행위인 것이다.

그러나 과거의 실천적 행위에 대해 해석할 때 해석은 언제나 각자의 환경에 따라 다를 수가 있다. 그러한 다른 시각을 도출해 내지 않기 위해서는 객관적인 연구태도가 우선시 되어야 하며, 이를 위한 방법으로는 공동연구 외에는 달리 방법이 없다고 본다. 그렇게 해서 도출해낸 공감적 연구결과만이 양국이 서로 윈-윈(雙嬴)할 수 있는 유일한 길임을 한중 양국의 학계에서는 반드시 인식하여야 할 것이다.

2. 중국은 기회의 땅인가?

1) 중국식 사회주의 시장경제에 대한 한국인의 시각

일본의 고도성장에 애증이 교차하는 한국인들은 1990년대 이래 일본이 장기간 경제 불황에서 헤어나지 못하자 속으로 쾌재를 부르면서 그 틈을 타 총력을 기울인 끝에 2014년에는 연간 총 수익이 일본을 넘어서는 성과를 올리기까지 했다. 그러나 그것은 한국 경제의 발전 정도가 뛰어나서 라기 보다는 일본의 경제가 너무나 죽을 쒔기 때문이라는 전문가들의 분석이다. 일본의 불황을 개선코자 일본제국주의 시대처럼 우경화를 통해 국민의 총의를 모으고, 그러는 가운데 아베노믹스의 제창을 통해 일본을 구원해 보겠다고 하는 아베 수상의 노력이 승패를 볼 수 있는 시점이 향후 2 년 후라는 예견은 차치하더라도 현실적으로 한국의 경제는 벌써 일본 아베노믹스의 영향을 받아 요동치고 있다. 국토, 인구 등 면에서 한계를 가지고 있는 한국이 경제성장을 지속하려면 아직까지는 수출산업구조를 유지하는 외에는 새로운 돌파구가 보이지 않고 있는 상황에서 한화(韓貨)의 환율이 절상되고 있어 수출경쟁력이 떨어지고 있는 데다, 예전처럼 정부 주도의 개혁이 이제는 많은 저항을 받아야 하는 국내 상황이 모든 것을 어렵게 만들고 있는 것이다.

더구나 글로벌 경제의 3대 축인 미국, 유럽, 중국 경제의 동시다발적인 감속은 한국경제의 수출전략을 더욱 어렵게 하고 있다. 2008년 금융위기 이후 무제한의 재정 투입을 해도 도무지 회복되지 않고 있는 미국경제, 보이는 것보다 훨씬 심각하게 침체된 유로존 경제, 금융완화로 만들어진 기대심리로 버블 붕괴 이후 처음 주가가 급상승하고 기업들의 실적 개선 투자의욕이 커지고는 있지만 연속적인 무역적자가 1000조 엔(円)을 넘는 정부 부채로 인해 여전히 낙관할 수 없는 일본경제 등으로 인해 세계경제를 이끌어 가야할 선진국의 시장에 대한 기대를 무너뜨 렸다. 이는 몇 년간 상대적으로 호황을 누릴 수 있었던 신흥국 경제에도 연쇄적으로 영향을 미쳤다. 글로벌 경제 전체에 먹구름이 드리워져 있는 것이다.

이러한 시점에서 세계 제2의 경제대국으로 발돋움한 중국경제 또한 이러한 상황을 피해 갈리는 없을 것이다. 그러니 비록 생산연령 인구의 감소, 개혁과 성장의 갈림길에 선 중국 내의 갈등 등이 문제 요인으로 지목되고 있기는 하지만, 중국은 거시경제정책을 대대적으로 손질하며 경제개혁을 추진하고 있는데다, 많은 인구와 그동안 다져진 튼실한 경제구조 등을 기반으로 하여 내수 진작을 지향하는 정책만 잘하더라도 중국의 경제는 그리 쉽게 무너질 가능성은 없다고 보인다.

이에 비해 한국은 최근 몇 년간 경제성장률이 3%문턱을 넘지 못하고 있다. 이러한 저성장 기조는 기업의 투자 부진, 가계 소비 부진, 저 출산 고령화에 의한 경제구조상의 문제까지 겹치면서 디플레이션에 대한 우려마저 증폭되고 있는 상황이다.

박근혜 대통령은 2014년 연두기자회견에서 이러한 국내 상황을 염두에 두고 "남북통일은 대박"이라는 표현까지 써가며 통일을 그러한 돌파구의 한 계기로 예상하였지만 이는 요원한 발상임에 틀림없다. 북한의 조짐이 통일의 전주곡처럼 들리는 요즘이지만 그리 쉬울 리 없는 통일에 목을 매기에는 너무나 낙관적인 발상이기 때문이다. 그야말로 국면 전환을 위한 국민에 대한 위로의 말 수준인 것이다.

보다 실질적인 개선책을 말한다면 새로운 사업의 범위를 넓혀서 아직까지 경험하지 못했던 미 분야까지 산업 섹터를 확대시켜 이에 대한 검토를 통해 사업의 포트폴리오를 총체적으로 재점검해야 하는 방법과 기존의 사업대상이었던 시장, 고객, 채널을 변화시켜야 하는 방법이 필요한 시점이다. 그러한 대상으로서 가장 주목받는 대상은 아직까지는 역시 중국 외에는 없다고 보인다. 그런 점에서 필자는 중국을 기회의 땅으로 보고 있는 것이다. 그렇다면 그러한 이유는 무엇인지를 알아보자.

　현대의 중국을 보는 한국인의 눈에 비치는 경향은 복잡하여 이해하지 못하는 경우가 많다. 그 첫 번째 원인은 변화가 빠르다는 점에 있다. 같은 지역이라도 반년만 지나면 딴 세상으로 변화되기 때문이다. 한국도 빠르게 변하는 편에 속하지만 중국은 몇 배나 더 빠르게 변하기 때문이다. 물론 지역에 따라 다른 양상을 보이기는 하나 한국인들이 볼 수 있는 지역은 도시지역에 집중되어 있기에 더욱 그러한 생각이 든다는 것이다. 그러는 중에도 건물이 들어서는 등의 외면적인 변화는 쉽게 이해를 하는 편이지만 경제 정세라든가 비즈니스정세가 모르는 사이에 180도로 변하는 점에 대해서는 입을 다물 수가 없다. 그것이 외국인이 중국에서 하는 일마다 실패할 가능성이 많다고 여기는 주요 요인인 것이다. 따라서 중국에 대해서는 시간 축에서의 이해가 필요하다.

　또 다른 변화는 지방에 따라 그 차이가 너무 심하다는 점이다. 너무나 큰 대륙이기에 남북지방의 풍속습관이 다른 것은 당연지사이나 발전 정도에 의해 나타나는 차이가 이러한 현상을 더욱 부채질 한다는 점이다. 더 특이한 것은 같은 지방과 도시에서조차도 전혀 다른 현상이 눈에 띤다는 점에서 더욱 놀라게 된다. 중국에는 현실적으로 평균치가 존재하지 않고 있다는 말로서 대변할 수 있을 것이다. 따라서 중국을 이해하려면 최대공약수로써 파악하는 것이 비교적 좋은 방법이기는 하지만 그렇다고 중국을 이해할 수 있다는 말은 아니다. 한마디로 말해서 한국인은 중국을 이해하는 일이 불가능하다고 할 수 있다.

　그러면 그렇게 된 원인은 무엇일까 하고 생각했을 때 얻어지는 결론은 다음과 같다. 첫째는 전국적인 정책의 실시가 아니라, 지방의 형편에 맞는 정책이 실시되고 있다는 점이다. 다시 말해서 "위에 정책이 있으면 아래는 대책이 있다"는 말로 요약할 수 있다는 말이다. 둘째는 중국인 사이에는 아무렇지도 않게 성립되어 있는 속 모습과 겉모습의 이중적 표준이 있다는 점이다. 그렇기 때문에 한국인의 습관상 이러한 점을 이해할 수 없는 것이다. 셋째는 1당 체제의 정보에 대한 판단이 자신의 현실과 입장에 따라 여러 가지로 억측을 낳게 할 수 있는 애매함이 존재한다는 점이다. 당연히 이들 세 가지 외에도 상식을 초월하는 각종 차이와 다양성이 존재하고 있음은 말할 여지도 없다. 중국학자가 말한 "중국이라는 한 나라에는 구미가 있는가 하면 아프리카도 있다"는 말이 이를 대변해 준다고 하겠다. 이 말은 다시 말해서 광대한 다민족 국가인 중국에는 선진국 같은 현대 소비사회와 도시가 있는 반면, 아직도 전근대적인 사회가 병존하고 있다는 말로 대변할 수도 있을 것이다. 쉽게 말하자면, "가짜 물건이 판치는 곳이 있다면, 유인 우주비행 및 우주선 도킹을 성공시키는 나라"가 바로 중국인 것이다.

그런데 중국을 이렇게 만든 원인에 대해 한국인들에게는 전통적으로 그렇게 살아왔다고 보는 관점을 가진 사람들이 있는가 하면, 개혁개방 정책의 진행과 성과 때문이라고 보는 이들이 있는데, 전자보다는 후자를 그 배경으로 보는 사람들이 90%이상을 차지한다는 점이다. 이러한 개혁개방에 대한 한국인의 이해는 다음과 같다.

인민공화국이 건국된 지 30여 년 동안은 통제경제, 동서냉전, 중소대립 등의 원인으로 자력갱생만이 강조됨으로서 생산력과 기술수준이 서방 선진국에 크게 뒤지게 되었고, 정치적으로는 1966년부터 10년에 걸친 문화대혁명으로 인해 사회가 혼란스러워졌으며, 1976년에는 국가의 기둥이었던 저우언라이와 마오쩌둥이 사망했고, 문화대혁명을 주도해 온 4인방이 체포되는 등 국민들 사이에 새로운 질서 및 통치구조가 요구되어지게 되자 1978년 12월 중국공산당 제11기 중앙위원회 제3회 전체회의(3중전회)에서 개혁개방 노선이 제창되게 되었던 것이다.

당시 중국정부의 방침은 계급투쟁에서 경제건설로 대전환을 이루자는 것으로, 농업, 공업, 국방, 과학기술의 현대화라는 슬로건을 내세우며 개혁개방 정책을 도입하여 이를 현실적으로 검증해 보고자 했던 것이다. 즉 사회주의를 견지하면서도 부분적으로 자본주의적인 요소를 취해서 경제를 활성화 시켜 뒤쳐진 기술, 부족한 자금을 해외와의 협력을 통해 좋은 것을 취하자는 정책이었다. 소위 백묘흑묘론(白猫黑猫論; 자본주의적인 수법이든, 사회주의 수법이든 불문하고 생산력 발전 그것만이 제일이라는 것을 외친 프라그마티즘[pragmatism, 실용주의])식 정책이었던 것이다.

이 정책은 중국인에게 해보자고 하는 마음을 이끌어내는데 주력하였다. 그 바탕에는 한국식 새마을운동 같은 방식이 하나의 모델이 되기도 했다는 설도 있다. 어쨌거나 개혁은 병폐한 농촌부터 시작되었다.

당시까지는 인민공사식 집단농업이었는데, 개혁개방 이후에는 농가마다 정액을 상납하면 그 후에는 자유로운 생산청부제가 도입되어 자신의 수입을 올리게 되자 농민 한 사람 한 사람의 생산의욕이 극히 높아지게 됨으로서 식량 등 생산량의 비약적 증대를 가져와 1978년 – 1985년 7년간 농촌의 순수입은 2.7배나 증가했고, 만원호(萬元戶, 한 세대의 연수입이 1만 위안 이상인 가정 – 필자 주)라 불리 우는 부농이 탄생하게 되다. 이러한 농촌에서의 성공을 기초로 해서 1984년부터의 개혁은 도시에 중점을 두는 식으로 전환되어 계획경제로 인해 정체되어 있던 경제에 인센티브를 도입하는 방식으로 "해보자고 하는 마음"을 이끌어냈던 것이다.

이후 여러 가지 정책이 도입되고 그러는 와중에서 여러 어려운 문제에도 부딪쳤지만, 중국인 고유의 지혜에 의해 무난히 해결되면서 오늘에 이르고 있는 것이다. 그러나 이러한 과정에서 무엇보다도 중요한 역할을 했던 것은 중국인들에게서 "해보고자 하는 마음"을 이끌어낸 개혁개방 정책의 영도력에 관건이 있었다고 한국인들은 보고 있다.

2) 세계경제의 주역인 중국과의 교류는 한국의 운명

　이러한 개혁개방정책의 실시 결과는 이미 역사의 한 획을 넘은 중국의 존재감을 진 세계에 과시하고 있다. 중국의 경세는 이미 세계 제2위 경제대국이 되었는데 당시까지 2위 자리를 지키고 있던 일본의 GDP(국내총생산)를 2010년 6월에 뛰어넘음으로서 세계경제를 좌지우지하게 된 것이다. 세계 성장에 대한 중국의 기여도가 이미 2007년에 27%로 미국을 넘어섰다는 점이 이를 대변해 주고 있다.

　2008년 미국 발 금융위기 이후, 소위 선진국들은 경제적 타격을 크게 받은데 비해 중국은 일찍이 이를 극복하면서 세계경제가 중국을 중심으로 한 신흥국(BRICs)에 의존하며 발전하는 추세로 몰려가고 있는 것이다. 이러한 중국경제가 국제사회에 미친 영향은 '세계의 공장'이 되어 공급을 주도하고 있고, 세계 인구의 5/1을 차지하는 인구의 구매력으로 소재, 에네르기, 식료 등 가격을 중국이 좌지우지하는 상황에 처하게 하였다.

　2007년은 중국경제의 존재감이 세계경제 중에서 한 획을 넘어선 시점으로 온난화 가스 배출량이 미국을 넘어 섰고, 2008년 리먼브라더스의 쇼크로 선진국의 경제 지반이 침하되기 시작하자 중국이 급부상하게 되었다. 그 대표적인 현상으로 금융위기에 신속하게 대응할 목적으로 2008년 11월 G20회담이 시작은 되었지만, 각국 간, 각 지역 간의 이해관계로 합의에 이르는 것이 복잡해지자, 미중 두 나라(G2)가 중심이 되는 구도로 전개해갔다는 사실이다. 비록 중국은 "선진국이 아니라 개발도상국이다"라는 기본적 입장을 고수하고 있고, 또한 동맹과 대립관계를 이미지화 하는 표현에 저항적이며, 중국이 국제사회에서 보다 큰 책임을 지게 되는 것을 아직은 경계하기 때문에 G2로 불리어지기를 기피하고는 있지만, 인간, 물건, 돈, 기업, 중국인의 행동양식 등 가치관이 세계 각지에 직·간접적으로 영향을 미치게 되면서 강한 중국을 체감하게 되어 있고, 따라서 세계 어디를 가나 중국의 영향을 받지 않으면 안 되게 되어 있는 지금의 상황은 중국의 파워를 느끼게 하기에 충분하다고 할 수 있다.

2011년 한중 양국을 상호 방문한 여행객은 668만 명으로 중국인 250만 명이 한국을 방문했고, 한국인 418만 명이 중국을 방문했다. 상품 교역 총액은 1992년 수교한 해의 교역액이 64억 달러였던데 비해 2013년에는 2,742억 달러로 약 45배나 증가했다.[255] 이중 대중 수출 규모는 한국이 세계에서 가장 컸는데, 일본이 1,622억 달러, 대만이 1,566.9억 달러, 미국이 1,525.8억 달러였던데 비해 한국은 1,830.7억 달러였던 것이다.[256] 중국에 대한 투자도 1992년 2억 달러였던 것이 2011년에는 500억 달러를 넘어섰고, 중국에 진출한 기업들도 삼성이 600억 달러의 매출을 올렸고, 현대와 기아 자동차도 114만 대나 생산 판매하는 기염을 통했던 것이다. 유학생 수도 한국인 유학생 68,000여 명이 중국에서 유학하고 있고, 중국인 유학생 64,000여 명이 한국에서 유학하고 있는 중이다. 이러한 교류는 세계적으로도 유례가 없는 상황으로 양국 간의 교류협력 신뢰도가 이제는 다른 나라와는 비교할 수 없는 깊은 관계에 도달해 있음을 알게 해준다. 이러한 신뢰도는 수교 이래 20여 년 동안 발전해온 한중관계가 경제, 통상, 인적교류, 문화, 정치, 외교 등 면에서 눈부신 발전을 거듭해 왔다는 사실을 대변해 주고 있는 것이다.

미얀마의 영웅 아웅산 묘역의 참사 이후 잠자는 사자였던 중국과의 교류를 틀 목적으로 한 북방정책은 이 사건을 계기로 주춤해 있다가 1992년 개혁개방의 총설계사 덩샤오핑 주석의 남순강화를 기점으로

---

255. 수출과 수입액을 합한 대 중국 무역액은 미국이 5,210억 달러, 일본이 3,125억 달러로 중국에 대해서 수입 초과국이었는데 비해 한국은 수출 초과국이었다는 점에서 중국에 대한 한국경제 의존도를 엿볼 수 있다. 『매일경제』, 2014, 1, 11.

256. 『매일경제』, 2014, 1, 11.

해서 다시 개혁개방의 불씨를 지핀 중국은 동반자가 필요했다. 그 동반자는 기업 정서적으로 비슷한 양상을 띠면서도 당시 중국의 경제발전에 필요한 적합한 기술력을 갖고 있던 한국이 그 주요 대상으로 떠올랐던 것이다. 결국 이러한 정황은 중국으로 하여금 한중 수교에 대한 결단을 내리게 하였다. 사실 중국 내에서 후에 내려진 평가지만 한중수교는 중국의 개혁개방 정책과 실사구시 정책의 성공사례로써 손꼽히는 작품이었다. 그리고 이는 그만큼 한중 양국의 경제성장에 크게 기여하였던 것이다. 그 결과 과거의 적대관계에서 2008년에는 수교 17년 만에 한중관계가 "전략적 협력 동반자 관계"로 격상되는 전환기를 맞이하게 되었던 것이다.

물론 이러한 좋은 동반자적 관계로까지 이르고 있지만 내면에 도사리고 있는 문제 또한 적지 않은 게 사실이다. 바로 북핵문제, 탈북자문제, 역사왜곡문제, 문화원조 논쟁, 서해 불법조업문제 등이 산적해 있는데다, 2010년 북한의 천안함 폭침, 연평도 포격 시 중국은 한국에 사태가 악화되지 않게 냉정히 처리할 것을 주문하는 등 북한에 편향된 태도를 취하여 한국을 실망시키기도 하였다.

그럼에도 불구하고 중국의 부상은 한반도 정국 변화에 미치는 영향이 너무나 크기 때문에 한중관계는 소홀하게 다루어 질 수 없다는 운명관계에 있다. 양국 관계가 어떠한 상황으로 치닫느냐에 따라 축복 혹은 재앙이 될 수 있다는 말이다.

2013년 6월 한중정상 회담에 즈음하여 재단법인 한반도미래재단이 여론조사 전문기관 리얼미터(REALMETER)에 의뢰해 한중관계에 관한 여론조사를 실시했는데, 향후의 한중관계는 한일관계보다 중요하다는 응답이 83.0%나 되었다. 비록 중국과의 관계에서 우려되는 사안으로는 "동북공정을 통한 역사왜곡"이 40.7%로, "탈북자 북송 등 인권문제"가 24.5%, "중국 어선의 서해안 불법조업"이 18.6%, "반한감정이나 혐한기류"가 7.1% 등의 순으로 조사되기도 했지만, 그럼에도 불구하고 향후 중국과의 관계에 대해 "어느 정도 기대가 된다"는 의견이 54.5%로 가장 높았고, "매우 기대가 크다"는 의견이 19.9%로 나타났으며, 반면 "부정적인 기대" 의견은 21.8%, "별로 기대가 안 된다"가 20.1%, "전혀 기대가 안 된다"가 1.7%로 낮은 수준을 보였다는 것은 중국에 대한 한국인의 인식이 많이 좋아졌음을 대변해 준다고 하겠다.

특히 한중 FTA에 대해서는 한국인의 63.6%가 찬성하고 있는 것으로 조사되었는데, 이는 2011년 실시한 한미 FTA 국회비준에 대한 찬반여부 조사 결과와 비교해보면,[257] 찬성의견이 20% 이상 높아졌다는 점에서 중국에 거는 기대가 크다는 사실을 알 수 있는 것이다.

이처럼 향후 한중관계에 대해서 한국인 대다수(85.1%)가 긍정적인 전망을 하고 있는데, 향후 희망하는 한중관계에 대해서 한국인은 "협력관계"(64.8%)를 가장 원하는 것으로 나타났다. 이는 2004년 KBS 조사 결과에서 "한국과 중국은 경쟁자 관계로 생각한다"가 79.8%로 나타난 것과 비교하면 격세지감을 느낄 정도다.

특히 한국인이 가장 민감하게 생각하고 있는 한반도의 평화와 안정을 위해서 최우선적으로 협력관계를 구축해야 할 국가로 '미국'이 46.0%로, '중국'이 28.9%를 차지한 점은 과거에는 생각할 수 없던 일로 한국인의 중국에 대한 기대가 얼마나 큰 지를 잘 보여주는 수치라고 할 수 있다.

---

257. 2011년 리얼미터가 실시한 한미 FTA 국회비준에 대한 찬반여부 조사결과는, 찬성 40.1%, 반대 31.1%.

3. 한국은 작은 나라인가?

1) 거인병에 걸린 중국의 자가당착

중국 사람들의 대국(大國)의식은 거의 병적(病的)이다. 중국의 이 대국병(病)은 주변국에게 항상 불안감을 느끼게 한다. 중국이 대국이라는 사실은 누구나 다 아는 사실이다. 그러나 역사적으로 볼 때 한족이 세운 왕조 중 대국병에 걸려 주변국을 압박한 경우가 없다는 것은 역사학자들의 공통된 견해이다. 곧 한족이 이끈 중국 역대왕조들은 언제나 동아시아세계(중화문화권)가 큰 변화 없이 안정적으로 지내는 데에만 온 힘을 기울였다고 보고 있다는 말이다. 여기에는 동아시아세계만이 갖고 있는 특별한 유기적인 관계 구조를 그들은 잘 알고 있기 때문이다. 다시 말해서 동아시아세계 어느 지역에서건 전쟁, 자연재해, 무역마찰 등이 발생하면 중국 자신은 물론 동아시아세계 전체 판도가 뒤바뀌는 형국을 너무나 많이 경험해 왔기 때문이다. 이러한 형국의 발생은 결국은 중국 왕조 자체의 운명과도 직결된다는 사실을 그들은 누구보다도 잘 알고 있었다는 말이다.

그래서 역사상의 한중관계는 비록 조공 책봉적 상하관계식 구조를 띠었지만, 상호 존중하고 서로에게 이익이 되는 차원에서 교류가 진행됐던 것이다.[258] 그러나 근대 이후 특히 청일전쟁 이후 이러한 관계구조

---

258. 蔣非非 등 저, 『중한관계사』, 북경, 사회과학문헌출판사, 1997.

는 일본에 의해 깨지게 되었고, 동아시아세계 각국은 반식민지 혹은 식민지 국으로 전락되게 되었던 것이다. 이렇게 되어 약 100여 년간의 암흑기가 동아시아세계에 드리워지게 되었고, 역사상에 없던 갈등과 오해가 만연되게 되었던 것이다.

그러나 국제적 상황의 급변화 속에서 잠자고 있던 동아시아세계의 용틀임이 1970년대 이후 시작되게 되었고, 급기야 잠자고 있던 거룡(巨龍) 중국이 1978년 개혁개방을 모토로 기지개를 펴면서 오늘날의 형국으로 변하게 되었음은 주지의 사실이다. 그러나 이러한 과정에서 간과해서는 안 될 중요한 문제가 나타났는데, 그것은 바로 중국의 젊은이들이 구미지역과 일본으로 유학을 떠나면서 전통적 우호관계를 지속하며 서로에게 많은 영향을 주었던 주변 국가들에 대한 시각이 변화하게 되었다는 점이다. 다시 말해 구미지역과 일본에서 선진문화를 접하면서 대국병이라는 비전통적 성향이 중국인들에게 병적으로 나타나기 시작했다는 점이다.

당연히 G2국으로서의 위상이 높아졌고, 미국과 경제력, 군사력, 우주항공 등 면에서 각축하고 있는 금일의 정황은 중국인들의 자만심을 고취시키기에 충분하지만, 그러나 중국 역대왕조들이 주변국에 취했던 정책과 교류 등이 중국이 향후 세계를 영도해 나갈 때 중요한 모범이 되어야 한다는 사실을 간과해서는 진정한 세계적 영도국이 될 수 없다는 점을 주지했으면 하는 마음에서 하는 말이다. 마치 현재 일본이 주변국의 감정은 아랑곳 하지 않고 자신들만의 이해관계에 따라 행보하는 바람에 세계 각국으로부터 손가락질 당하는 그런 나라가 돼서는 안 된다는 점을 잊지 말아야 한다는 말이다.

그러나 현재 중국인들의 행보는 이와는 반대의 길을 가는 듯해서 안타깝기 그지없다. 예를 들면 방공식별구역의 일방적인 확장이나, 서해 배타적경제수역(EEZ)의 경계를 획정하는 문제를 계속 거부하고 있는 점이 그런 점이다. 한·중 양국 간에는 섬에 대한 영유권 분쟁이 없기 때문에 바다 경계를 획정 짓지 못할 이유가 없으므로 양국 간에 중간선을 택하기만 하면 되는데도 중국은 이를 거부하면서 이치에 맞지 않는 논리를 펴고 있는 것이 그런 예 중의 하나이다. 또 일본을 겉으로는 싫어하는 척하면서도 학술회의 등에서는 일본을 우러러 보는 듯한 발언을 하고, 한국 등 주변국가에 대해서는 일언반구조차 하지 않는 중국학자들의 행태를 보면, 그 속마음을 이해하기가 어려운 경우가 많다.

한 가지 에피소드를 들어보자. 어느 미국 대학에서 유학 중인 한국 학생이 중국 학생과 역사 문제로 논쟁을 벌였다. 중국 학생은 손을 펴더니 엄지손가락을 까딱까딱했다고 한다. 중국 대륙에 붙어 있는 조그만 것이 까분다는 뜻이었다. 상하이 엑스포에 갔던 우리 기업인들은 어느 행사에서 외국 대표단들이 앉는 구역이 아니라 중국 소수민족들이 앉는 구역에 앉아야 했다. 그 자리에 있었던 한 기업인은 "주최 측의 실수였다고 생각하지만, 찜찜했던 기억을 지울 수 없다"고 했다.

중국의 대표적 국제정치학자인 왕지쓰(王緝思)는 1948년생으로 현재 베이징(北京) 대학 국제관계학원 원장이다. 그는 2010년 11월 한국 언론과의 인터뷰에서 "한국을 중국과 동등하게 보는 중국인을 보지 못했다"고 말했다. 한국은 "중국이 한국의 제1무역 상대국이고, 한중은 전략적 협력 동반자 관계이지만 중국은 한국을 이에 걸맞게 대접하고 있지 않다"고 말했다. 그는 "2010년 중국 전체 수출액 중 한국의 비중은 4.5%에 불과하다. 중국 31개 성시 중 하나인 광둥(廣東) 성의 소득이 조만간 한국 전체를 제칠 수도 있다."[259]고 하면서 한국이 보는 중국과 중국이 보는 한국은 다를 수밖에 없다는 주장이었다. 향후 이러한 시각차는 점점 더 벌어지게 될 가능성이 많다는 사실을 도외시할 수 없는 상황이라는 점이다.

왕지쓰의 견해를 더 자세히 보자.

---

259. http://www.cyberhmw.org

"한국은 세계 15위의 경제대국이고, 동아시아에서는 처음으로 주요 20개국(G20) 정상회의를 주최하는 나라다. 타국의 원조에 의존해 살다가 50년 만에 원조를 하는 한강의 기적을 이룩한 나라다. 한국이 남미에 있었다면, 국내총생산(GDP) 수위(首位)를 다투는 강국이고, 아프리카에서는 압도적인 1위다. 유럽에서도 한국보다 경제규모가 큰 나라는 독일, 프랑스, 영국, 이탈리아, 스페인 정도다. 하지만 한국의 이웃나라는 중국, 일본, 러시아, 미국이라는 4대 열강이다. 모두 한국보다 덩치가 크고 힘이 세다. 세계패권을 잡았거나 다투는 국가다. 올해 들어 중국이 미국, 일본 등과 도처에서 티격태격 하고 있다. 그러나 중국은 '희토류' 하나로 일본을 무릎 꿇렸다. 미국이 남중국해 개입 의사를 분명히 하자, 중국 인민해방군은 최근 남중국해에서 대규모 실탄 군사훈련을 실시했다. 또 위안화 환율 절상 요구를 일언지하에 거절했다. '중국 개혁개방의 총설계사'로 중국 부활의 토대를 닦은 덩샤오핑(鄧小平)은 생전에 '앞으로 50년간 조용히 힘만 기르라(韜光養晦)'고 당부했으나 현재 중국의 모습은 이 말과 거리가 멀다. 한반도를 둘러싼 열강들 간의 힘겨루기는 이처럼 한창 진행 중이다. 그 중심에는 중국이 있다. 게다가 부활한 중국의 눈에 이웃나라인 한국의 존재는 점점 작아지고 있다. 100년 전 열강의 격돌로 한반도는 일본 식민지로 전락했고, 60년 전 열강의 격돌에 한반도가 불바다로 변했다. 중국을 제대로 보고 공존의 길을 찾는 것에 한반도의 미래가 달려 있다."[260]

고 했다. 이런 그의 견해를 반박할 여지는 없다. 현실 자체에 논거한 말이기 때문이다. 그러나 그의 견해가 더욱 보편타당성을 갖고 과학적

---

260. http://www.cyberhmw.org

분석력을 가지려면 중국역사를 더 공부해야 할 것 같다. 중국이 주변국을 통치해온 수 천 년간의 역사적 교훈을 그는 모르고 있기 때문이다. 힘으로, 덩치로, 재주로, 자산으로 상대를 영도하는 것은 누구나 다 할 수 있는 일이기 때문이다. 왕지쓰 같은 시각으로 영도력을 발휘한다면 그것은 한치 앞도 못 보는 맹인이나 다름없다는 말이다. 역대 중국은 결코 힘으로써 주변국을 제압하지 않았고 문화의 공급자로서, 경제의 중심자로서, 외교의 공평성을 가지고 주변국을 이끌어 왔다는 지혜를 그는 모르고 있다는 점이 안타깝다는 말이다.

이러한 상황을 대변해 주는 것이 중국이 스스로를 평가한 다음과 같은 말일 것이다.[261]

> 1949년(중국 성립)에는 사회주의만이 중국을 구할 수 있었고,
> 1979년(개혁개방 시작)에는 자본주의만이 중국을 구할 수 있었으나,
> 1989년(천안문 사태)에는 중국만이 사회주의를 구할 수 있었고,
> 2009년(금융위기)에는 중국만이 자본주의를 구할 수 있다.”

이 말은 곧 변화되는 국면에 적절하게 대응하며 자신의 안전과 영도력을 지켜나간다는 말과도 같은 것이다. 바로 이와 같은 유연성이 중국에 필요한 것이지, 가지고 있는 것 만에 의지해서 다른 지역의 국가들을 이기려 하는 것은 진정한 영도력이 없음을 보여주는 것이기 때문이다.

왕지쓰는 미·중 갈등과 관련해 "솔직히 한국은 작은 나라가 아닌가? 중국이나 미국은 큰 나라다. 어떻게 작은 나라가 대국들을 이간질해서 득을 볼 수 있다는 것인가…. 우리가 한국이 미국과 동맹을 강화한다 해서 한국을 두려워할 것 같은가? 가당치도 않은 얘기다"라고 했다.(「문정인과 왕지쓰의 대담에서」 발췌) 이것이 지금 중국인들이 한국을 보는 정서일

---

261. 문정인, 『중국의 내일을 묻다』, 삼성경제연구소, 2010.

지도 모른다.

그러나 이렇게 보는 중국인들에게 한국은 정서적으로 잘 소화가 되지 않는 나라일 가능성이 많다. 왜냐하면 과거 속국이었고, 앞으로도 중국의 영향력 아래에 있어야 하는데, 그러기에는 한국이 너무 커져 버렸기 때문이다. 한국의 경제는 도저히 무시할 수 없고, 남북 합치면 인구가 8000만 명에 육박한다. 그냥 삼키기에는 너무나 커버린 것이다. 중국이 한국에 짐짓 대범한 척하지만 속으로는 정서적, 역사적 소화불량에 걸려 있을 수 있다고 생각케 하는 원인이다.

그런 한국에 대해 지금 미·중 양국 중 한족(漢族)을 선택하라고 강요하는 듯한 왕지쓰의 발언은 중국 스스로를 옥죄이게 할 가능성이 큰 것이다. 현실적으로 그의 눈에는 미국과 중국의 힘을 대등하게 보는 착각이 깔려있기 때문이다. 미국의 힘, 특히 군사적 능력은 이를 전문적으로 들여다보지 않는 사람들은 도저히 상상할 수도 없을 정도로 발전한 상태이다. 러시아 군사 전문가는 얼마 전 공개된 미국의 신형 항공모함 제럴드 포드호 하나가 중국 전체 해군력의 40%를 감당할 수 있다고 분석한 바 있다. 미국 항모전단 2개가 중국 해·공군력 전체를 상대하고도 남는다는 분석도 있다.

미국의 창조 역량과 경제력이 집결된 군사 분야는 다른 나라들과의 격차가 오히려 더 커지고 있다. 미국과 중국 사이에 전쟁이 일어날 수 없다고 하는 말은 서로에게 피해가 커서가 아니라 상대가 되지 않기 때문에 그렇다는 말이다. 그런 점에서 왕지쓰처럼 한국에 미국을 포기하라고 말하기 전에 중국 스스로가 미국을 능가할 수 있는 힘을 보여 준 후 선택하라고 강요한다면 수긍이 갈 수도 있다는 말이다.

그럼에도 불구하고 한국에게 있어서 중국시장은 매우 중요하다. 그러나 우리가 중국에 수출한 물건의 최종 도착지는 미국인 경우가 많다. 중국이 우리 수출을 막으면 나라가 흔들린다고 한다. 그러나 미국과 유럽이 중국 물건을 사지 않으면 중국도 견디지 못한다. 중국 인구 10억

명은 여전히 매우 힘든 정도의 생활수준에 있다고 알려져 있다. 숨겨진 내부 부실은 더욱 심각하게 보인다. 다시 말해서 중국을 미국과 같은 나라로 보는 것은 아직은 큰 착각임을 중국은 직시해야 한다는 말이다.

21세기의 "노스트라다무스(Nostradamus, 1503-1566, 프랑스의 천문학자, 의사, 예언가)"라고 일컬어지고 있는 군사정치 분석가 조지 프리드먼(George Friedman)[262]은 언론 인터뷰에서 정말 위험한 나라는 중국이 아니라 일본이라고 했다. 간단히 말하면 "국민이 더 우수하고 더 강한데 천연자원이 없어 언제든 공격적으로 바뀔 수 있다"는 이유에서다. 그는 "지금 세계에서 벌어지는 일은 미·중 간의 1부 리그 결승전이 아니라, 중·일·독일 등 2부 리그가 서로 경쟁하고 있을 뿐이다"라고 했다. 프리드먼은 한국에 대해선 "너무 스스로를 과소평가하지 말라"고 했다.[263]

왕지쓰의 논문 제목 중 하나가 「냉정, 냉정 또 냉정」이다. 중국이 견지해야 할 태도라는 것인데. 이를 한국에도 적용시켜 냉정히 한국을 바라보아야만 할 것이다. 즉 "한국도 큰 나라다. 중국은 한국에 대한 인식을 바꿔야 한다. 중국은 한국을 너무 모른다"라고 외치면서 중국인들에게 한국을 재평가하게 만드는 것이야 말로 중국이 진정으로 미국을 이기고 세계적인 영도국으로 나아갈 수 있는 첫걸음이라고 본다.

2) 한국도 큰 나라다

오늘날의 한국은 그다지 큰 나라라고는 할 수 없다. 유엔 가입국 193개국 중 대한민국(남한)의 국토면적은 109위. 남한만의 인구는 24위에 불과하기 때문이다. 그러나 한국의 경제규모(국민총생산량)는 세계 10위

---

262. 코넬대 정치학 박사 출신인 그는 1996년 루이지애나 주립대 교수를 그만두고 정치·경제·외교 싱크탱크인 '스트랫포(Stratfor·Strategic Forecasting의 약자)'를 열었다.

263. ecaro@chosun.com

권에 이르고 있고. 경제발전은 세계역사상 전무후무한 기록을 달성하며 이미 무역량으로만 보면 세계 7위권에 이르고 있는데다 향후 경제구조의 개혁과 통일을 위한 기반이 구축되면 1인당 국민소득이 4만 달러, 인구는 8,000만 명이나 되어 그야말로 대국이라는 소리를 듣기에 충분하다는 점을 염두에 두어야 한다는 말이다. 그리되면 한국을 무시할 나라는 지구상에서 존재하지 않게 될 것이다.

남북이 통일되어 인구가 8,000만 명 수준에 이른다면 이는 독일(8200만 명)에 버금가는 수준이 된다. 경제협력개발기구(OECD) 34개 회원국 중에서는 5번째에 해당하는 인구이다. 경제적으로도 8,000만 명이란 숫자는 자국의 인구만으로 내수시장을 형성해 경제의 외풍을 막고 적정 수준의 노동력으로 안정적 성장을 할 수 있는 수준으로 평가된다.

단지 인구만 느는 게 아니라 통일로 인해 북한의 젊은 노동력을 활용할 수 있게 된다면, 한국 사회의 고령화 속도는 확 떨어지게 된다. 통일이 안 된 한국의 2050년 전체 인구 중 경제활동인구의 비중이 54%로 줄지만, 통일 한국이 되면 그 숫자는 58%로 높아진다. 북한의 풍부한 자원도 한국 경제에 막대한 이익을 가져다 줄 수 있다. 철, 동 등 한국이 수입하는 주요 자원의 절반만 북한에서 조달해도 국내 기업들은 연 12조 원 이상을 아낄 수 있다. 또 현재 소요되는 막대한 국방비를 기업 투자로 돌릴 수 있는 점도 큰 이득을 가져다 줄 수 있는 것이다. 통일이 언제 될지는 미지수이나 반드시 통일이 된다는 것은 기정사실이다. 이는 중국이 아마도 더 잘 알 것이다.

그러나 이러한 물리적 숫자만으로 한국을 큰 나라라고 규정하는 데는 한계가 있어 보이는 것 또한 사실이다. 그렇기 때문에 세계에서 한국만이 가지고 있거나 한국만이 할 수 있는 그런 무언가를 인정받아야만 실질적인 큰 나라가 될 수 있을 것이다. 그런 점에서 한국이 가질 수 있는 두 가지 면은 다음과 같다. 하나는 "선진국과 개도국 간의 교량역할을 하여 다자간 교역에 있어서 큰 혜택을 받을 수 있는 나라"라는 점이고, 다른 하나는 "한국인들은 무엇이든지 할 수 있는 자신감을 갖고 있는 나라"라는 점이다.

호베르토 아제베도 세계무역기구(WTO) 사무총장은 "향후 글로벌 다자교역체계 구축에 있어 한국이 선진국과 개발도상국 간에 중요한 교량 역할을 할 것이다"라고 진단했다. 그는 "한국은 다자간 교역으로 그동안 많은 혜택을 누린 나라로서, 개도국에 큰 영감을 주고 있으며 다자간교역체계 협상에서 중심 국가로 부상했기 때문에 선진국과 개도국 간 교량 역할을 할 수 있다"[264]고 단정 지어 말했다.

그는 "한국이 지난 50년 동안 국내총생산(GDP)이 300배로 증가하고, 연간 수출 증가율이 최근 10년간 20%를 유지하는 등 놀라운 발전을 거듭하고 있다"며 "글로벌 교역의 다자협상체제의 성공을 위해 이 같은 한국의 지원은 매우 중요하다"고 덧붙였는데, 그 예로서 2013년 말 제9차 WTO 각료회의에서 최종 타결된 '발리 패키지'에서도 한국이 협상 성공의 '주역'을 했다고 평가했다. 발리 패키지는 WTO가 도하개발어젠다(DDA)의 돌파구를 마련하기 위해 합의한 타협안인데, 이 패키지는 관료주의적 무역 장벽을 낮추고 통관 절차를 간소화하는 내용과 농업 보조금을 줄이고 최빈국 지원을 늘리는 방안이 포함된 세계적 현안을 해결하는데 중요한 타협안이었다.

아제베도 사무총장은 DDA 타결을 위해 서비스·농업·공산품 등 3대 이슈에 대한 회원국 간 합의를 이루지 못하면 글로벌 무역의 진전을 이루기 어렵다고 진단했고, 다자간교역체계를 활성화시키면서 양자와 지역 협정이 보완되어야 하는데 이러한 역할을 할 수 있는 나라로 한국을 지목했던 것이다. 그는 "한국은 결코 작은 나라가 아니다. 중국이나 인도와 비교하면 작겠지만, 그렇다면 미국도 작은 나라이다. 한국은 국민

---

264. 2014년 5월 16일 신라호텔에서 세계경제연구원 주최로 열린 '세계무역환경 변화와 WTO의 새로운 역할'이라는 주제로 한 특별강연에서.

의 교육 정도나 생활수준, 복지 등 어느 면에서도 결코 작은 나라가 아니다"라고 한국의 현 상황과 세계무역에서 담당할 수 있는 능력을 평가하면서 "한국은 큰 나라"임을 계속해서 강조하였다. 그는 "한국은 고요한 아침의 나라가 아니라 실제로는 에너지와 혁신이 넘치는 나라인 것 같다"고 평하면서 한국이 향후 해야 할 책임과 임무에 대해 주위를 환기시켰던 것이다.[265]

한편 세계적인 경영컨설턴트 톰 피터스 박사(66)는 "한국인들은 무엇이든 할 수 있다는 생각을 해도 되는 나라"라고 하면서 자신감을 가질 것을 당부하였다. 그는 "스웨덴은 인구가 800만 정도밖에 안 되는데도 세계를 이끌어가는 기업들을 갖고 있기 때문에 자기 나라를 결코 작은 나라라고 하지 않는다"고 하면서 "한국도 삼성과 현대 등 전 세계에서 이름이 알려진 기업들이 있는 만큼 작은 나라가 아니다"라는 생각을 갖고 글로벌경제에 나서야 한다고 말했다.

피터스 박사는 "초우량 기업의 조건" "경영파괴" "미래를 경영하다" 등의 저서를 통해 창조적인 경영론을 설파해 "현대 경영의 스승"으로 일컬어지는 경영컨설턴트로서, "초우량기업의 조건"이라는 저서는 2003년 미국 경제전문지 『포브스』가 "미국 기업 최고경영자(CEO)들이 지난 20년간 가장 감명 깊게 읽은 책"으로 선정하기도 했다.

그는 한국 정부가 추진하고 있는 신성장동력에 있어 중소기업의 역할을 강조했는데, "실리콘 밸리에서 지켜본 바로는 새로운 분야로 진출하고 그 분야를 발전시켜 나갈 때 대기업보다 중소기업이 앞장서 추진하는 게 많았다"고 하면서 "진정한 글로벌 리더가 되기 위해서는 중소기업을 잘 키워야 한다"고 말했고, 또 "어떤 경제도 중소기업 없이 혁신을 이룰 수 있는 곳은 없다"고 덧붙였다. 그러면서 한국 중소기업의 기술적 약진을 높이 평가했는데, 이러한 점은 중국이 향후 전 대륙 각 지역의

---

265. 2014년 5월 17일 『국민일보』

고른 성장을 위해 필요한 1000만 개의 중소기업을 건립하는데 있어서 일본보다는 한국의 중소기업 진출이 보다 합리적인 도움이 될 것이라고 한 진단에서 볼 때도 매우 바람직한 현상이 아닐 수 없는 것이다.[266]

특히 한국이 특정분야에서 진정한 리더가 되려면 "이것만은 한국이 최고다"라고 하는 것이 있어야 한다며 "앞서 나갈 수 있는 차별화된 경쟁력을 가지고 기업가 정신을 갖고 추진할 수 있는 나라"라고 높이 평가하였다는 점을 중국도 인정해 주어야 한다고 본다.

한편 구글의 소셜네트워크서비스(SNS) 구글플러스를 총괄하고 있는 브래들리 호로비츠 부사장은 SNS 등을 통해 '공유'의 장벽이 낮아진 것을 핵심 혁신 기술로 제시했는데, 그는 "과거 일부 사람들만 접근이 가능했던 기술과 콘텐츠를 블로그, 트위터, 유튜브는 물론 클라우드 기술을 통해 누구나 접할 수 있게 됐다"면서 "많은 사람들이 자신의 아이디어를 발전시켜 사업을 시작할 수 있게 되었다"고 말했다. 그러한 예로서 가수 싸이의 세계적 히트곡인 '강남스타일'을 들었는데, 그는 "이 노래가 전 세계의 관객을 확보하게 된 것은 유튜브를 통해서였다"고 하면서 "유튜브에서 패러디 비디오들이 쏟아지면서 콘텐츠의 생태계가 만들어졌다"고 했다. 이를 통해 그는 "한국인들은 혁신이 무엇인지 이해하고 있다"고 평가하면서 "구글처럼 기술뿐 아니라 세계를 변화시키는 문화적 도전을 하고 있다는 점에서 한국은 야망이 큰 나라"라고 정의했다.

그는 "우리는 직원을 한국으로 보내는 것을 가상의 타임머신을 태워서 미래로 보낸다고 한다. 교통시스템 등에서 미국도 언젠가는 한국처럼 됐으면 좋겠다고 할 정도로, 한국은 우리에게 모델이다. 이미 많은 미국인들이 한국의 기술을 만지고 주머니에 넣고 다니고 있는데, 한국에서 만든 혁신을 전 세계가 누리고 있는 것이다"라고 했다.[267]

---

266. 중국의 향진기업은 매년 1000만 개의 일자리를 창출하고 있다.
   Renmin(http://www.woojoo.co.kr/)

267. 2012.11.13., 『문화일보』 | 미디어다음

이러한 평가를 보면 상대국을 예의 차원에서 두둔하고 호평하고 있음을 간과할 수는 없는 일이지만, 그렇다고 눈앞의 실적만으로, 국토와 인구의 크기만으로 대국과 소국을 가르는 것은 문제의 소지가 많다는 사실을 알아야만 할 것이다. 중국이 성숙하면 주변국도 그만큼 성숙하고, 중국이 발전하면 주변국도 당연히 발전하게 마련이다. 그렇게 된 후에야 중국만이 가지고 있는 역사적 경험과 우수한 문화 가치관과 전통적 교류협력 정신이 금세기에 더욱 빛을 발하게 될 것이다.

특히 주변국들 가운데서도 모든 면에서 중국과 가장 밀접한 관계에 있고 동반자가 될 수 있는 조건을 가지고 있는 한국과 교류하면서 이러한 점들을 발휘하게 된다면, 세계를 영도하는 위치에 오를 수 있는 충분한 자격을 갖추게 된다는 사실을 중국인들은 직시해야 할 필요가 있음을 고언(苦言)하는 것이다.

제9장

한중관계의 재정립과
미래의 역할

동아시아지역 국가는 화이질서라고 하는 구조와 중화의식이라는 관념을 공
유하면서, 각각의 고유한 전통적 국제질서를 형성해 왔다. 예를 들면 청국의
중화세계질서, 조선의 중화세계질서, 일본형 화이질서 등 다양한 화이질서
가 공존했다는 말인데, 이런 의미에서 동아시아지역에는 다양한 질서 체제
가 나름대로 작용했던 다중 질서체제로, 이들 체제가 서로 유기적으로 연계
되면서 역사적 기능을 해왔다고 할 수 있는 것이다.

1. 동아시아 전통지역질서에 대한 새로운 인식의 필요성

중화세계질서(chinese world order)에 대한 일반적 인식은 근대 이전에는 중화세계라 하여 중화질서의 화이관념에 기초한 질서, 즉 화이질서로 인식하고 중화를 정점으로 주변제국과의 조공, 책봉체계(tributary system)를 통한 동아시아의 국제관계 질서로서 이해하였다. 이 지역에 포함되는 지역은 중국 고대의 경천사상(敬天思想), 화이질서에 기초한 사위인식(四圍認識)에서 비롯된 천하관념을 공유하고 있는 중국대륙의 중원(中原)을 중심으로 한 동아시아 주변 제국까지 포함하는 범위였다.

이러한 질서체계는 6~7세기 이후에는 중국문명을 중심으로 하는 「자기완결적인 문화권(동아시아세계)」을 형성하였고, 중국을 정점으로 하여 주변국이 조공-책봉관계에 의해 종속됐다고 하는 중화세계 질서의 단일원리(單一原理)에 기초해 만들어진 「자기완결적 체제」로 이해되어 왔다. 그러나 이제는 중화세계 전체가 "자기완결적 문화권"이라는 시각에 대한 정립이 필요한 시기이다. 즉 동아시아세계에 대한 새로운 인식이 필요하다는 말이다.

동아시아지역은 중국의 직접 혹은 간접 통치 지역이었지만 각각의 다양한 문화·문명을 가지고 있었고, 자율적인 발전을 해오면서 공존했던 역동적 지역이었다고 볼 수 있다. 좀 더 구체적으로 말한다면 많든 적든 중국의 문화·문명의 영향을 받아 이를 도입·계승했다는 의미에서는 공동의 문화·문명권이라고 할 수 있지만, 중국 문화·문명자체가 변형(變形)되어 전해졌고, 다른 지역·국가가 그 변형되어 전해진 것을 자신들의 고유 문화·문명에 맞게 재차 활용하면서 자체문화로서 구축·유지해 갔다고 하는 의미에서 주변 각국 또한 「자기완결적인 문화권」을 형성했다고 할 수 있는 것이다. 다시 말해서 동아시아지역질서는 중화세계질서의 전형(典型)이기는 하지만, 여기에만 기초하여 만들어진 「자기완결적인 질서」는 아니라는 것이다.

동아시아지역 국가는 화이질서라고 하는 구조와 중화의식(화이의식)이라는 관념을 공유하면서, 각각의 고유한 전통적 국제질서를 형성해 왔던 것이다. 예를 들면 청국의 중화세계질서, 조선의 중화세계질서, 일본형 화이질서 등 다양한 화이질서가 공존했다는 말인데, 이런 의미에서 동아시아지역에는 다양한 질서 체제가 나름대로 작용했던 다중(多重) 질서체제로, 이들 체제가 서로 유기적으로 연계되면서 역사적 기능을 해 왔다고 할 수 있는 것이다.

따라서 향후 동아시아세계의 성격과 특징을 연구하려면 시간 축에 의한 역사성 속에서 갖고 있는 연속성과 변화성을 찾는 연구가 필요하고. 공간 축에 의한 다양성 속에서 공통성과 이질성을 찾는 연구가 병행되어야 할 것이다.

화이질서의 이념과 현실은 유교를 신봉하는 사대부(士大夫)에 의해 공유된 세계상으로 계층적 불평등 질서라고 할 수 있는데, 모든 인간의 도덕적 완성 능력·도덕적 방향에 의한 사회질서의 실현을 의미하는 것으로, 민중의 교화(敎化)와 사회를 질서화 시켜야 하는 의무를 가진 가장 덕이 있는 자인 지배자(황제)에 의한 덕(德)에 의한 지배와 인치(人治)를 말하는 것이었다. 즉 천자의 천하(전세계)의 일원적인 지배이념이고, 천자의 교화와 예(禮)의 유무에 의한 현실세계의 「화(華)」와 「이(夷)」와의 구별을 통해 유교경전에 정통하고 도덕 능력을 갖는 사대부(관료)에 의한 문화적 지배로서 국내질서와 국제질서의 연속성을 갖는 통치이념이었다. 이러한 유교적 세계상을 인간 내지 인간집단의 상호관계, 또는 국제관계로까지 통용시켜 규정화시킨 「예적 질서(禮的秩序)」가 바로 화이질서였던 것이다.

이러한 질서를 유지시켜 나가기 위해서 「무(武)」보다는 「덕(德)」에 의해 천하사위(天下四圍)를 교화시키는 것이 주된 방식이었는데, 이는 공맹(孔孟)의 도(道, 東道)·삼강오륜(三綱五倫) 등의 유교적 원리가 이러한 방식의 전범이고 예법이었다. 곧 문화적 우월성을 갖는 중화문명이 덕(德)에 의해 주변 사위를 교화시키는 것이 이 질서의 이념과 사명이었던 것이다.

그러나 「국제질서」로서의 「화이질서」는 구미의 국제질서처럼 외교나 국제관계의 인식구조나 국경선의 확정에 의한 영토관계는 아니었다. 「화」와 「이」의 구별은 지역보다는 문화를 중시하는 중화관념(화이관념)에 의해 결정되었고, 「내」와 「외」의 구별은 영토관념이 아니라 판도관념에 의한 「애매(曖昧)」한 것이었다. 그것은 자기 판도를 갖는 지역·국가는 「내정·외교」에 있어서 자주권을 갖고 있었기 때문이었다. 그런 점에서 화이질서는 천하주의·대동주의·문화주의·사대교린 등의 조화·공존이념에 의해서 타 지역·국가에 개방되어 있었던 것이다. 이처럼 화이질서 속에는 이념과 현실·윤리성과 정치성·왕도와 패도·유가와 법가사상 등 양면성이 있었던 것이다.

그러나 화이질서를 위해서는 비록 조화·공존의 이념에 기초를 두고 있기는 했지만, 현실적으로는 각종의 탄력적인 정책·교섭수단 등이 이용되었다. 즉 현실적으로 유교이념에 의한 「예」뿐만이 아니라, 「형(刑)」·「힘(力 = 武)」에 의한 통치술도 포함되어 있었던 질서였던 것이다. 또 타 지역·국가가 덕치·예 등의 조화·공존의 이념에 따르지 않는 경우는 회유·기미(羈縻, 상대의 요구를 일부는 들어주면서 이쪽의 의향을 따르도록 하는 것)·정복·복종 등의 수단이 사용되기도 했던 것이다. 그 대신 다른 지역·국가가 화이질서를 위협할 경우에는 배외주의(排外主義)에 의해 저항하는 이중적 민족주의가 작동하여 자신의 안위와는 상관없이 저항했었다는 사실을 반드시 인식해야만 할 것이다.

2. 한중 양국의 관계발전을 위한 역사적 모형

    지금까지의 세계적인 경영시스템이란 부국들을 중심으로 한 지역에 잉여생산물을 집중시켜 각국은 그 가운데 되도록 유리한 위치를 점하게 하여 국가 상호 간의 흡인력과 반발력의 역학관계에 따르면서 정치 권력을 발휘하는 그런 시스템을 취해왔던 것으로, 이는 경제지상주의와 자연·생물·정신의 상품화에 의해 진행되어 온 것이라 할 수 있다. 이러한 자본주의의 자기운동에 대해서 동아시아지역은 인접성을 조직원리로 하여 개인과 개인을 연결하는 화교적인 상인자본의 세계라고 할 수 있고,[268] 이러한 시스템이 오늘날에도 여전히 존재하고 있는 사회라는 것이다. 그리고 이러한 개인과 개인을 연결하는 주요 장치가 바로 교역이라고 하는 원초적인 형태에 의존해 왔다고 할 수 있다. 교역의 공간은 상인과 상인 간의 개인적 유대관계의 공간이고, 이러한 개인적 공간이 바로 국제적 공간의 한 부분이 되어 왔던 것이다. 즉 상인은 이익을 얻기 위해 먼 곳의 싼 물건을 들여와 비싸게 팔거나, 현지의 것을 먼 곳에까지 가지고 가서 이익을 보는 거리적 편차를 이용하기도 하며, 혹은 시차를 이용하여 물건 차액을 통해 이익을 거두는 것이 상업자본의 운동이다. 이러한 동력은 바로 원격지 교역에 의해서 이루어지는 것인데, 상품경제의 지역에서 현물경제적 지역으로의 침입, 「문명」에 의한

---

268. 廖赤陽, "華商のネットワークの歷史的展開", 濱下武志編, 『東アジア世界の地域ネットワーク』東京, 山川出版社, 1999, 139쪽.

「미개」의 파괴를 야기시키는 사람들이 상인인 것이다. 다시 말해서 상인들은 이익을 얻으려하는 측면도 있지만, 그러한 이익을 창출하는 과정에서 일반 사람들의 발길이 닿지 않는 곳까지 가서 문명을 전하고 미래에 이익을 창출할 수 있는 물건의 이동을 통해 미래 시장에 대한 개척을 한다는 점에서 이들의 교역은 문화의 전도사들이었던 것이다.[269]

서양처럼 근대화가 이루어지지 않았던 동아시아지역에서의 상인의 역할은 이렇게 개인과 개인의 손을 거쳐, 근접한 지역에의 연접 점을 통해 문화권을 형성해 갔던 것이다. 즉 각각의 지역적인 교류권은 「국경을 넘는 지역」이었기에 민족적·언어적인 이종혼교(異種混交)가 진행되었고, 이러한 경향은 지금까지도 명맥을 잇고 있는 것이다. 이에 대해서 시장경제라고 하는 형태에서 출현한 근대 상업자본주의와 근대의 세계 시스템은 민족적·문화적·언어적인 동질성에 대해서는 병적일 정도로 결백했던 것이다.[270]

이처럼 서양과는 다른 문화적 배경을 가지는 동아시아적 교역네트워크는 서양에서는 볼 수 없는, 그리고 서양적인 사고로서는 이해할 수 없는 다이나믹한 특성을 가지고 있었는데, 그 원천은 역시 인간과 인간과의 얽히고설킨 복잡한 내면적 시스템에 의해 이루어졌다는 데에 그 원인이 있다고 할 수 있다.

다극 공존하는 세계적 시스템에서 지역적인 서브시스템은 사람과 물건의 이동과 교류가 사람들을 연결시켜 여러 차원에서 결합과 통합을 반복해 가면서 네트워크를 형성해 왔다. 그러는 가운데 권력통치기구인 국가와 민중의 생활세계인 사회 사이에서는 양자의 공간을 뛰어넘는 「공동적인 공간」이 존재하게 되었고, 이 공동 공간이 형성한 모든 현상 가운데 하나의 특징으로서 자리 잡은 비형식적인 네트워크가 있고, 이

---

269. 杉原 薰, "華僑移民ネットワークと東南アジア經濟", 溝口雄三等編, 『アジアから考える[6]-長期社會變動』, 東京, 東京大學出版會, 1993, 76쪽.

270. 三谷博, 「'西洋國際體系'を準備した'鎖國'」, 濱下武志編, 앞의 책, 41-56.

것에 의해 국가와 사회가 연결되는 계기를 갖게 했던 것이다. 이는 바로 네트워크라는 것이 권력의 문화적 연쇄를 말하는 것이고 상호작용의 과정 속에서 만들어지는 것임을 알 수 있게 하는 것이다.

이러한 대표적인 네트워크가 바로 상인들의 네트워크라고 할 수 있다. 즉 지연(地緣)·인연(人緣)·물연(物緣)과 현실적인 호혜관계가 교류의 기초가 되는 소위 민제교류(民際交流)의 원형이라고 할 수 있는 민족횡단적인 인간관계망이 바로 상인 네트워크의 본질인 것이다. 다시 말해서 상인 네트워크란 단지 이민(移民)의 문제만이 아니라 조직적인 원격지 상인의 문제이고, 전통적인 통상권과 이를 지탱해 주는 생산·유통·소비의 일련의 구조를 발전시키는 요소가 되고 있다는 데 주목을 할 필요가 있는 것이다.[271] 이를 바탕으로 상인들의 교역이라는 것은 국경을 책정해서 내와 외로 나누어 교역을 하는 것이 아니라, 지역 간에 특히 인간과 인간의 연쇄(連鎖)라는 형태에서 국제무역이 이루어지고 있다는 점에서 본다면, 동아시아교역권의 지속성·연속성이 전근대로부터 계속해서 이어져 왔다는 것을 검증할 수가 있고, 동시에 그 의미의 중요성을 알 수 있게 되는 것이다.

이러한 상인 네트워크를 담당하는 주역은 개인적인 연결고리에 의해서 이루어진 것이라 할 수 있다. 그렇기 때문에 비관료적인 메커니즘이라고 할 수 있고, 세계시장도 국가도 이러한 네트워크에 의존하지 않으면 작동할 수 없기 때문에 동아시아지역은 엘리트계층과 대중과의 대립관계, 즉 이러한 네트워크에 참가하는 자와 참여하지 않는 자와의 격차가 나타나게 마련인 것도 하나의 특징이라고 볼 수 있다. 이러한 특징 때문에 동아시아지역 개발독재의 가족주의적 이데올로기의 이론적 근거로 보는 관점을 제기하는 사람도 있지만, 그만큼 동아시아지역의 네

---

271. 中島樂章, 桃木至朗, 「'交易の時代'の東 東南アジア」, 桃木至朗編, 2008, 『海域アジア研究入門』, 東京, 岩波書店, 2008, 92-93쪽.

트워크는 다양성을 갖고 있다는 것이고, 그러한 다양성이 연결된 형태와 관계성에 의해서 「부단한 교류」가 이루어지는 완결된 순환적 모델이라는 것을 증명해 주는 것이기도 하다.[272]

이처럼 동아시아의 네트워크는 교역·이민·송금·결제·정보전달 등 교통의 편익을 촉진시키면서 이문화(異文化) 간에 상호 교류와 교섭을 촉진시키는 권역을 구성했던 것이고, 생활양식으로서의 문화가 공명하는 공간이기도 했던 것이다. 그리고 이를 유지하기 위한 정치경제원리, 교역이념을 윤리적으로 표현한 종교원리 등을 갖는 독자기능을 하는 구조이기도 했으며, 「생(生)」의 충족을 인지하는 사람들의 연결공간이기도 했다. 나아가 이 권역네트워크를 통해 상품의 연결점에 도시를 만들고 국가 원초형태의 기초가 되기도 했다는 것을 반드시 알아야 하는 것이다. 그렇기 때문에 오늘날 동아시아지역이 자본주의경제에 포섭되어 나가면서도 전통적인 상인자본주의적인 행동이 현저하게 보여 지는 것이고, 외발적(外發的)으로 강제되는 산업적 심성에 특화되지 않고 여전히 상업적 심성이라고 하는 환경적 조건이 에토스로서 민중 사이에 널리 존재하고 있는 것이다.

이러한 기본적인 네트워크를 동아시아세계에 접목시켜 형성한 것이 바로 중화이념에 기초하여 만들어진 중화세계 소위 한자문화권 세계이고, 이를 유지해 온 조공과 책봉에 의해 정치권·문화권·교역권·교통권이라 불리 울 수 있는 중층적 구조의 세계를 이루어왔던 것이며,[273] 이는 다시 동아시아 이외의 다른 동아시아 제국들과도 연결되어졌고, 나아가 외부 세계와도 교역을 통해 연결되어지는 특성을 유지해 오고 있는 것이다.

그렇기 때문에 지금까지 유지해 오고 있는 이러한 동아시아지역 소위

---

272. 佐藤幸南,「アジア地域國際關係の原像」, 溝口雄三等編, 『アジアから考える[2] - 地域システム』, 東京, 東京大學出版會, 1993, 30-35쪽.

273. 西嶋定生, 『日本歷史の國際環境』, 東京, 東京大學出版會, 1992, 4쪽.

중화문화권의 다양하고 유기적이며 마치 불연(佛緣)과 같은 연계성을 갖고 있는 특성을 이어간다는 연장선상에서 한중 교류를 도모해야 하고 궁극적으로는 이러한 시스템을 유지 발전시켜 갈 수 있는 리더쉽을 발휘하도록 해야 하는 것이 미래 한중 양국이 협력하며 걸어가야 할 길인 것이다.

3. 세계의 형상을 변화시키자

19세기 동아시아의 근대적 개편은 구미제국과 일본의 반복된 도전으로 말미암아 이루어져, 전통적 화이질서의 유교적 세계상과 원리에 기초해 있던 조화와 공존의 이념이 퇴색되었고, 구미국제질서의 권력정치에 의해 촉발된 「힘(力)」에 의한 정복=복종의 현실주의와 편협한 중화의식(화이의식)에 의한 침략주의와 배외주의가 만연하게 되었다.

그러다가 두 차례 세계대전을 지나면서 그 자체가 변화하면서 전쟁과 침략주의가 부정되어져 식민지 해방이 시작되었으나 곧바로 냉전체제로 진입하면서 미소의 패권주의, 자유주의권과 사회주의권의 대립·갈등, 세계 각 국가별 권력정치와 현실주의가 지속되는 가운데 국제연합의 평화주의 제창 속에 세계 각국의 협조와 공존이 이루어지면서 발전해 왔던 것이다.

그러다가 20세기 말에 이르러 국제질서의 대 전환기를 맞이하게 되었으니 그것은 20세기 말에 나타난 국제질서의 변용에 대해 대처하기 위함에서였다. 그러한 변용이란, 첫째 국제정치 및 경제의 변용에 따라 국제사회의 기본적 시스템이나 메카니즘이 변용되었다는 점이다. 둘째는 국가 이외의 국제 주최가 증가했는데, 바로 다국적기업, 비정부조직, 개인의 역량이 국제사회에 큰 영향을 미치게 되었다는 점이다. 셋째는 국가의 규모·능력 및 역할이 다양화·계층화 되었다는 점이다. 넷째는 국제사회의 주체가 되는 단체나 집단 간의 상호의존의 진전에 따른 상호작용의 다원화 및 유동화가 국제문제의 국내화 혹은 국내문제의 국제화를 야기 시켰다는 점이다.

이로 인해서 지구 차원의 문제점들이 나타나기 시작했는데, 문명의 갈등 및 충돌 가능성이 팽배해졌다는 점, 구미 중심적 가치관에 기초해서 해결 불가능한 문제가 증가했다는 점, 남북문제, 무역마찰문제, 무기 및 기술의 이전문제, 민족·인구·인권·환경·핵 등의 문제가 나타나기 시작했다는 것이다.

그럼에도 불구하고 국제사회를 조율하여 이들 문제를 해결할 수 있는 국제질서가 한계에 이르렀다는 점은 향후 세계의 나아갈 전망을 어둡게 하고 있다. 즉 현실주의자들이 말하는 권력정치론과 신 현실주의자가 말하는 탈 국가적인 상호의존론에서 벗어나지 못하고 있음으로 해서, 이들이 말하는 이론의 중심인 구미 중심적이고 구미적 국제질서가 남긴 「부의 유산」을 청산하지 못하고 있는 것이다.

따라서 21세기에 예상되는 국제질서로서는 첫째가 미국·유럽·중국 등 3극(極)의 균형적 견제에 의한 안정체제가 나타날지, 둘째로 이들 3극간의 갈등체제로 나타날지, 셋째로 3극 이외의 세계가 이들 3극에 대해 도전하는 체계로 나타날지, 넷째로 3극과 이들 이외의 세계와 조화·공존하는 체제가 나타날 것인지 등이 추측되어 진다. 이들 국제질서들 중 나아가야 할 바람직한 방향은 역시 네 번째가 아닐까 한다. 이를 위해서는 탈 구미 중심적 원리에 기초한 국제질서의 모색·구축에 의해서만 실현 가능할 것으로 보이는데, 그러려면 과연 어떤 국제질서가 나타나야 21세기에 걸 맞는 새로운 국제질서가 될 것인지, 이에 대한 신축론(新築論)이 제기되고 있는 것이다.

다만 필자는 이러한 국제질서를 신축하기 위해서는 근대 이전 동아시아지역 질서를 바탕으로 새로운 체계를 모색·재편할 때에만 가능할 것으로 예상한다. 그러면 이전의 동아시아지역 질서를 새롭게 모색·재편하기 위해서는 어떤 것들이 필요한지를 생각해야 할 것이다. 그것은 지금까지 전개되어온 국제질서의 원리에다, 1세기가량 묻혀온 화이질서 속에 감추어져 있던 조화와 공존의 이념을 재발견하여 덧씌울 필요가 있는 것이다.

그러려면 편협한 중화의식(화이의식)을 지양하고 중화의식이 갖고 있는 본래의 취지를 오늘날에 합당한 의식으로 갱생시킬 필요가 있는 것이다. 그리고 구미 중심적 원리에 의해 보편화 된 세계관·인간관·가치관 등을 보충하는 차원에서 유교적 원리를 시대에 맞게 새롭게 해석할 필요가 있는 것이다. 그래야만 동아시아지역의 평화·공존·공영의 지역질서를 모색하는 가운데 새로운 국제질서의 구축을 위한 전망이 가능해질 것으로 여겨지는 것이다.

그러한 이유는 지금 세계가 동아시아에 관심을 집중시키고 있는 데서도 알 수 있다. 이러한 관심은 지금까지 세계를 주도해 온 구미적 입장에서 볼 때 동아시아지역의 경제적, 정치적 변화를 보면서 자신들의 발전패턴과는 다른 동아시아적 발전 패턴을 발견했기 때문이다. 좀더 자세히 살펴보면, 그것은 경제적으로 동아시아 권역 내에서 경제교류권이 형성되어 가고 있는 점, NIES처럼 자원과 자본도 없으면서 세계경제에 영향을 줄 정도로 급성장해 온데 대한 경외감, 아세안(동남아국가연합) 제국이 이를 뒤따라서 개혁에 앞장서고 있다는 점, 동아시아지역 이외의 여러 사회주의 국가가 모두 자본주의 시장경제 체제로 옷을 바꾸었음에도 중국, 베트남, 캄보디아 등은 자신들 방식의 사회주의 시장경제 체제로 전환하면서 발전을 구가하고 있다는 점과 정치적으로 경제성장에 따른 빈부격차의 출현과 증진하는 문제에 대한 이의제기 과정에서 점진적으로 민주화 요구가 고양되고 있다는 점 등 세계에서 가장 활력이 넘치는 "성장지대"로 등장하고 있다는 사실에서 연유되고 있다고 하겠다.

이러한 상황은 세계적 공통과제로 대두된 21세기 질서변용에 대한 대응 방법으로서 나타난 유럽과 동아시아적 모델에 대한 선택의 여지를 남겨두고 있다. 즉 역학적인 법칙성을 유지하면서 단계별로 진행시켜 나가고자 하는 유럽식 방법을 선택할 것인지, 아니면 지역적 공통성이 없어서 예측할 수 없는 가운데 유동적·파행적으로 경제발전과 정치개혁이 진행되고 있으면서도 각각 독자적으로 지정학적 조건에 따라 전통적 세력균형질서(조공체제)로 회귀하고 있는 동아시아적 형태를 선택할 것인지 히는 문제라는 것이다. 그러나 이러한 선택은 "발전하는 유럽" "뒤떨어진 동아시아"라는 잘못된 2분법으로 도배되어 온 시각에 의해서는 불가능한 일이다. 왜냐하면 이제는 세계가 동아시아를 더 주목하기 시작했기 때문이다. 그 이유는 "경제성장에만 주안점을 두는 것이 아니라 동아시아가 다양한 이문화(異文化)를 쌓아 왔으면서도 지역적인 원리에 따라서 그 지역에서 살아가는 사람들이 '공생(共生)'해 왔다는 것에 세계의 눈이 주목하고 있기 때문이다." 즉 서양의 "기독교적 개인주의"와 동아시아의 "유교문화가 갖는 가족적 집단"이라는 도식적 대비만으로는 설명할 수 없는 현상임을 구미학자들도 알게 되었다는 것이다.

사실 이를 위해 동아시아의 경제발전을 유교문화에 의해 체계적으로 설명하려는 시도도 있었으나 실패하고 말았다.[274] 또한 이러한 시도로 인해 전통적 요소에 대한 지나친 해석을 가져오는 파장을 불러일으키기도 하였다. 그러나 이러한 시도보다도 가장 중요한 문제의식은 서구적인 요소가 어떤 형식으로 전통적인 비서구적 요소와 연결될 수 있는가를 파악하여야 할 것이다. 이를 위해서는 무엇보다도 동아시아지역 국제관계의 특징인 정치적, 사회적, 문화적 다원성을 이해하는데 중점을 두어야 할 것이다.

이러한 다원성의 배경에는 다음과 같은 것이 있었다. 첫째는 다른 지역과 비교해서 동아시아는 유교와 불교를 비롯한 다수의 종교문명의 세례를 받았고, 다양한 토착문화와 융합하여 문화적 다원성의 소지를 가지고 있었다는 점이다. 둘째는 라틴 아메리카, 아프리카의 제 지역이 균일적으로 식민지화 되었던 것에 비해 동아시아에서는 열강의 상호 조

---

274. 이를 연구한 대표적인 학자로는 재미 중국학자인 위잉스(余英時)이다.

정이 결여되었기 때문에 식민지 지배 그 자체가 다원성을 띠고 있었다는 점이다. 셋째는 중국을 정점으로 한 조공질서의 영향을 받았기에 정치문화의 차이가 현저했다는 점이다. 넷째는 국경의 내외와는 관계없이 소위 자연발생적인 경제지역이 존재하여 국지적인 경제권을 여러 겹으로 포괄하고 있었던 지역이었다는 점이다.

이러한 다원성의 특징으로는 다음과 같은 것이 있다. 첫째는 동아시아에서 보이는 다원성은 지역사회적인 경제 공간의 차이에 문화적 아이덴티티를 담당했던 생산물의 복합적인 교환과 소비에 의해서 더욱 보강되었다는 점이다. 둘째 사회역사와 정치문화에 의해 크게 규정되었던 경제가 그 다양성의 원천이 되었다는 점이다. 즉 "사회에 묻혀 있던" 경제가 동인이 되었다는 점이다. 셋째, 구미세력에 의한 동아시아의 지배와 식민지화는 동아시아의 국가형성에 커다란 영향을 미쳤는데, 유럽인이 교역의 중심지로서 도시를 정비하고 무력에 의해서 영역지배를 확립하는 것을 통해 근대 국민국가가 만들어졌다는 점이다.

이러한 다양성이 나타나게 된 배경과 특징을 갖고 있는 동아시아이기 때문에 구미인들은 그동안 동아시아세계에 대해 이해를 못하고 있었던 것이지만, 이제는 이에 대한 관심을 갖고 연구함으로써 어느 정도는 이해할 수 있는 수준에 이르게 되었기 때문에 동아시아에 관심을 돌리고 있는 것이라고 볼 수 있는 것이다. 따라서 이러한 배경과 특성이 향후의 세계 질서를 형성시키는데 어떤 영향을 줄지는 몰라도 중국을 정점으로 주변국가와의 긴밀한 유기적 관계를 유지하면서 오늘에 이르고 있는 동아시아의 경제, 정치, 문화적 시스템을 현대사회에 접목할 수 있게 변형시킬 수만 있다면 지금까지 구미 제국이 만들어온 글로벌적 시스템보다는 훨씬 평화적이고 안정된 상황에서 화해(和諧)하고 공생(共生)할 수 있는 공감대가 형성될 수 있지 않을까 하는 생각이 든다.

현재 세계에서 가장 위태로운 지역으로 평가되고 있는 동아시아지역의 불협화음은 글로벌 경쟁시대에서 스스로 불리한 입장을 부추기고 있다고 밖에는 설명할 수가 없다고 본다. 이러한 염려는 단지 정치적, 경제적 차원에서의 불리성을 염두에 두고서 하는 말이 아니라, 서양적 가치관에 의한 세계적 운영체제가 점점 약해져 가고 있는 상황에서, 이를 대처할 수 있는 유일한 이념으로써 평가되고 있는 화해와 공생의 동양적 가치관을, 그 주체 지역인 동아시아지역이 스스로 매몰시킬 수도 있다는 염려에서 말하는 것이다.

수 천 년간의 역사성을 유지해 온 동아시아의 국제관계 시스템과 유기적 네트워크, 그리고 서로를 존중하면서 상호 간의 알력과 분쟁을 최대한 억제해 오며 교류와 협력을 추구해 왔던 동아시아지역의 전통적 화해와 공생이라는 가치관을, 보다 명확히 학술적으로 정리해서 향후 세계 인류의 발전과 안정에 기여할 수 있는 바로미터를 세워야 하는 것이 우리 한중 양국이 교류 협력하면서 해결해 내야할 미래의 과제가 아닐까 한다.

후기

이 책은 중국인민대학출판사가 기획한 "외국에서 본 중국"이라는 시리즈물 가운데 두 번째로 출간되는 책이다. 책의 제목에서 알 수 있다시피 한중관계의 역사를 통해 서로에게 영향을 준 결과가 어떤 것이었는지를 되돌아보며 미래의 한중관계에서는 서로에게 도움이 되어 윈-윈(雙贏)할 수 있는 그런 관계를 설정하는데 기초가 되기 위한 시각에서 쓰고자 했다. 그러다 보니 지나치게 학술적인 내용도 포함되어 일반 독자들이 읽기에 다소 불편한 점도 있겠지만, 본서의 목적은 한중 양국이 추구해온 양국 관계가 무엇이었는지를 객관적으로 살펴보기 위한 의도에서 쓴 것이기 때문에 이론적인 논리 전개도 필요했던 관계로 그런 내용이 포함되었음을 독자들이 이해해 주기를 빌어마지 않는다.

그리고 이 책을 통해 현재 한중 양국이 필요로 하는 관계가 무엇인지를 다시 한 번 살펴보고자 했고, 향후 양국의 발전을 도모하기 위한 관계는 어떤 시각에서 시작되어야 하는지에 대해서도 점쳐보고자 했다. 따라서 이 책이 그러한 목적에 부합될 수 있도록 한중 양국 국민이 서로에 대한 이해의 폭을 더 넓힐 수 있는 계기가 되었으면 하는 바람이 이 책을 쓴 목적이라고 할 수 있다.

끝으로 이 책을 기획해 주신 허야오민(賀耀敏) 총편집께 먼저 감사드리고, 이 책이 나올 수 있도록 물심양면으로 도움을 준 이용창(李勇强) 사장과 멍차오(孟超) 부사장께도 감사의 말씀을 전한다. 또한 이 책을 내는데 있어서 중국어 표현 내지 중국 사정에 대해 조언을 해준 류광위(劉光宇) 주임, 류예화(劉葉華) 부주임, 쟈한쥔(賈函鈞) 군에게도 감사의 마음을 전하고자 한다.

지은이 씀
2014년 4월 1일

한중관계의 오해와 진실

초판 1쇄	인쇄 2016년 2월 20일
초판 1쇄	발행 2016년 2월 28일
지 음	김승일
발 행	김승일
펴 낸 곳	경지출판사
출판등록	제2015-000026호

판매 및 공급처 / 도서출판 징검다리/경기도 파주시 산남로 85-8
Tel : 031-957-3890~1 Fax : 031-957-3889
e-mail : zinggumdari@hanmail.net

ISBN 979-11-86819-12-8   03340